KB139964

朝鮮時代 地方兩班의 存在樣相

朝鮮時代 地方兩班의 存在樣相

朴眞哲

景仁文化社

"이 저서는 2017년도 조선대학교 특별과제(단독 저역서 출판)
연구비의 지원을 받아 연구되었음"

책머리에

　조선시대를 이해하는 데 있어서 최고 신분층이었던 양반에 대한 이해
는 필수적이다. 양반에 대한 이해 없이는 조선시대의 정치·경제·사회·문
화 그 어느 것도 바르게 이해하기는 어려울 것이다. 그렇기에 조선시대에
관심을 가진 역사연구자라면 누구라도 양반에 대하여 주목하여 왔을 것이
다. 그럼에도 불구하고 양반의 객관적 실체를 개념적으로 정확하게 규정
하기는 쉽지 않다. 그 이유는 양반이란 신분층이 법제적인 절차를 통해서
형성된 계층이 아니라 사회관습을 통하여 형성된 계층이기 때문이다. 이
러한 양반은 수도인 서울이나 그 주변에 대대로 거주하는 재경在京 양반
과 지방에 거주하는 재지在地 양반으로 크게 나눌 수 있다. 이 책에서 다
루고자 하는 것은 조선시대 지방 사회의 주도층이었던 양반兩班, 즉 재지
사족在地士族 또는 재지양반在地兩班이라고도 일컬을 수 있는 지방양반地方
兩班이다.
　양반이란 용어는 문반文班과 무반武班을 합칭하는 관료라는 의미이다.
이에 비해 사족士族이란 말은 '사대부士大夫의 족속族屬'이라는 의미이다.
그렇기에 양반이라는 말 보다는 사족이라는 말이 조선시대 지배신분층을
가리키는 정확한 용어라는 의견도 있다. 하지만 조선시대에 관료층을 의
미하는 양반이라는 말은 현직 관료뿐 아니라 예비 관료와 그 친족까지도
가리키는 용어로 그 의미가 확대되어 갔다. 그러므로 실제적으로 양반이
라는 말과 사족이라는 말은 그 의미상 거의 같은 계층을 가리키는 것이
다. 그러므로 이를 명확히 구분하여 써야할 필요성이 크지 않다고 할 수
있을 것이다. 더구나 일반인들은 사족이라는 말을 낯설어한다는 측면에서
이 책에서도 양반이라는 말을 주로 사용하고자 하였다. 이러한 측면에서

재지在地라는 용어도 주로 지방地方이라는 말로 바꾸어 사용하였다. 그러나 문맥에 따라 양반兩班과 사족士族, 지방地方과 재지在地을 크게 구분하지 않고 사용하였다.

이렇듯 이 책은 이들 조선시대 지방양반의 사회적 위상과 존재양상의 실체를 다양하고 구체적인 지역 사례 연구를 통해 밝히고자 하는 것이다. 조선시대 지방사회를 이해하기 위해서는 지방양반에 대한 이해는 필수적 요소라고 할 수 있다. 이 저술은 이러한 인식을 바탕으로 조선시대 지방양반에 대한 구체적이고 실체적인 모습을 객관적이고 종합적으로 제시하고자 하였다.

아울러 이 책은 필자가 이미 발표한 글들 가운데 조선시대 재지사족, 즉 지방양반과 관련된 글들을 골라 고쳐 쓰고 다듬은 것이다. 목차의 순서에 따라 아래에 관련된 이들 글의 목록을 제시하고, 이 책에 수록된 상황을 밝혀둔다.

제1부
제1장 : 「조선시대 과거 합격자를 통해 본 지방양반의 실태」『한국민족문화』제56집, 부산대학교한국민족문화연구소, 2015.08.31.
제2장 : 「조선시대 지방 거주 사족의 사회적 지위 유지 노력과 사마시」『이화사학연구』제41호, 이화사학연구소, 2010. 12.20.
제2부
제1장 : 「조선후기 향교의 청금유생과 지방양반의 동향」『한국사학보』제25호, 고려사학회, 2006.11.30.
제2장 : 「조선후기 순천 지방양반의 향촌지배 실태와 동향」『담론201』제10집 1호, 한국사회역사학회, 2007.05.31.
제3장 : 「17세기 조선 장흥 향교의 교노비 실태」『지역과 역사』제 30집, 부경역사연구소, 2012.04.30.
제3부
제1장 : 「향교 문서를 통해 본 조선후기 지방양반의 실태와 사회적 연대」『영남학』

제26호, 경북대학교 영남문화연구원, 2014.12.31.

제2장 : 「조선후기 지방양반의 존재 실태와 청원 활동」『한국학연구』제53집, 고
려대학교 한국학연구소, 2015.06.30.

제3장 : 「19세기 조선 지방양반의 위상 변화와 권익 수호 방식」『한국민족문화』
제49집, 부산대학교 한국민족문화연구소, 2013.11.30.

목 차

책머리에

序 論 1

제1부 地方兩班과 科擧 9

제2부 地方兩班과 鄕校 71

x

〈표 목차〉

序　論

이제까지 조선시대 지방양반에 대해서는 다양한 분야에서 많은 연구가 진행되어 왔다. 이러한 기존의 연구는 주로 유명한 인물이나 관리를 배출한 가문, 양반 사족의 영향력이 큰 지역 등을 중심으로 이루어져 왔다. 여러 사례 연구를 통해 다양한 종류와 계층의 양반 사족이 존재하고 있었음이 조금씩 밝혀지고 있다. 조선시대에는 관리를 배출하거나 정치적으로 세력이 큰 가문보다는 그렇지 못한 계층의 양반 사족들이 더 많았을 것이다. 이렇듯 다양했던 조선시대 지방양반의 실태에 접근하기 위해서는 좀 더 많은 구체적 사례 연구가 필요하다. 이 책은 이러한 인식을 바탕으로 조선시대 지방양반의 존재양상의 실체를 다양하고 구체적인 지역 사례 연구를 통해 밝히고자 한 것이다.

지금까지 진행되어 온 지방양반에 대한 연구들을 살펴보면 다음과 같다. 정진영(『조선시대 향촌사회사』, 한길사)의 연구에서 지방양반의 개념에 대하여 설명하고 있다. 원래 지방양반 즉 '재지사족在地士族'이란 '재경在京'에 대칭되는 지역적인 범위로서의 '재지在地'와 '이족吏族'에 대칭되는 신분으로서의 '사족士族'을 지칭한다는 것이다. 이와 함께 지방양반 또는 재지양반으로 인식되는 기준들은 미야지마(미야지마 히로시/ 노영구 옮김, 『양반 - 역사적 실체를 찾아서』, 강, 2001)의 연구에서 제시되고 있다. 미야지마는 재지양반에 속하는가 속하지 않는가는 어디에서라도 통용되는 객관적인 기준으로는 판정할 수 없지만, 우선 다음의 여러 조건을 충족시키고 있는가가 재지양반으로 인식되는 기준이었다고 설명한다. 그 여러 조건이란 1) 과거 합격자, 또는 과거에 합격하지는 않았지만 당대를 대표하는 저명한 학자를 조상으로 모시고 있을 것이며 그와 함께 그 조상으로부터의 계보 관계가 명확할 것. 2) 여러 대에 걸쳐 동일한 집락集落에 집단적으로 거주하고 있을 것. 3) 양반의 생활양식을 보존하고 있을 것. 4) 대대의 결혼 상대, 즉 혼족婚族도 1)에서 3)의 요건을 충족시키는 집단에서 고를 것 등을 들고 있다. 이러한 1)부터 4)까지의 요건을 완전히 충족시키면 재지양반으로 사회적 인지를 얻는 데는 충분했지만, 실제로 그런 집단은 많지 않았으므로 재지양반인가 아닌가의 판단은 상황에 따라 유동적이었다고 주장한다. 또한 지방양반 계층은 일종의 사회적 운동으로서 형성된 것이고, 널리 농촌 지역에서 사회적으로 형성된 것이라는 점이 중요하다고 한다. 이 밖에 지방양반에 대한 연구로는 이해준, 김인걸 외, 『조선후기 사회사연구법』, 한국정신문화연구원, 1993 ; 한국역사연구회, 『조선시기 향촌사회사 연구의 성과와 전망』, 1998 ; 김현영, 『조선시대의 양반과 향촌사회』, 집문당, 1999 ; 이정우, 「조선후기 회덕지역 사족의 향촌지배 연구」, 충남대 박사학위논문, 1997 ; 최승희, 「조선후기 양반의 사환과 가세변동」『한국사론』 19, 1989 ; 전경목, 『고문서를 통해서 본 우반동과 우반동 김씨의 역사』, 신아출판사, 2001 등을 참조할 수 있다.

한편 조선후기 지방양반의 연구는 신분제와 관련하여 신분의 지속성과 변동이라는 상반된 견해로 대립되고 있다. 이와 관련하여 기존의 조선후기 향촌사회의 변동의 시기와 그 계기를 설명하는 데는 몇 가지 이론異論이 있어 왔다. 임란을 축으로 하여 기존의 체제가 크게 변동한다고 보는 견해와 17세기 이래의 체제가 본질적인 면에 있어서는 변동이 없으며 19세기까지 그대로 유지된다고 보는 견해, 그리고 18세기를 전후하여 커다란 변동이 있게 된다고 하는 견해가 그것이다. 대표적 연구로는 김인걸, 1988, 「조선후기 향촌사회 권력구조 변동에 대한 시론」『한국사론』 19 ; 김현영, 1999, 「조선시기 ‘士族支配體制論’의 새로운 전망 — 16세기 경상도 星州地方을 소재로 하여 —」『한국문화』 23와 정승모, 1989, 「사원·사우 및 향교 조직과 지역사회체계하」『태동고전연구』 제5집 등을 들 수 있다.

이 밖에 지역 사례 연구들이 있다. 예를 들면 박지현, 「朝鮮後期 長城地方 士族의 動向」, 한국정신문화연구원, 석사학위논문, 1993 ; 이정우, 「조선후기 지방양반의 동향과 유림의 향촌지배 – 전라도 금산군 서원, 향교의 치폐와 고문서류의 작성을 중심으로 –」『조선시대사학보』7, 1998 ; 이정우, 「19-20세기초 공주지방 유림의 동향과 향촌활동의 성격변화 – 서원, 향교의 운영과 고문서류의 작성을 중심으로 –」『충북사학』11, 12합집, 2000 ; 박진철, 「조선시대 지방 거주 사족의 사회적 지위 유지 노력과 사마시」『이화사학연구』41권, 2010 ; 박진철, 「조선후기 향교의 청금유생과 지방양반의 동향」『한국사학보』제25호, 2006 등이 있다.

이상과 같이 현재 조선시대 지방양반에 대한 연구는 다양하게 진행되고 있다. 하지만 조선시대 지방양반의 실체적 모습에 좀 더 접근하기 위해서는 아직도 보다 구체적인 사례 연구들이 필요하다고 할 것이다. 이 책에서는 이러한 인식과 선행연구를 바탕으로 지방양반들의 다양한 존재양상을 검토하고 분석하고자 하였다.

이를 위하여 먼저 제1부에서는 '지방양반地方兩班과 과거科擧'에 대하여 살펴보고자 한다. 지방양반들이 향촌사회에서 자신들의 사회적 지위를 유지하기 위한 방법 중에 가장 중요한 것이 과거科擧 합격이었다. 물론 지방양반들이 자신들의 사회적 위상과 지위를 지키기 위한 방법은 여러 가지가 있었다. 그럼에도 불구하고 역시 가장 중요한 것은 과거였고, 지방양반들은 과거에 합격하기 위하여 그 무엇보다도 힘써 노력하였다.

보다 구체적으로는 지방양반과 문과文科 그리고 사마시司馬試의 관계를 살펴보고자 한다. 조선시대 지방에 거주했던 양반 사족들은 자신들의 사회적 지위를 유지하기 위하여 많은 노력을 기울였다. 그 여러 노력 중에 가장 중요한 것이 바로 문과 급제를 통한 관직 획득이다. 하지만 현실적으로 조선시대 전 시기를 통해 지방에 거주하는 양반 사족이 문과를 통해 관직에 진출하는 것은 매우 힘든 일이었다. 특히 조선 후기로 갈수록 서울과 지방 사족 간의 관직 진출 격차는 더욱 커져 갔다. 이러한 현실 속에 지방 양반이 자신들의 사회적 지위를 유지하기 위해 포기할 수 없었던 것 중에 하나가 바로 사마시이다. 사마시 입격은 곧바로 입사가 보장되지는 않지만 국가로부터 사족으로서의 지위를 공인받게 된다는 점에서 지방양 반에게는 대단히 중요했던 것이다. 사마시에 입격하여 생원 진사가 된다 는 것이 향촌사회에서 양반 사족으로서의 신분과 지위를 유지하는데 더욱 중요한 요인이 되고 있음을 확인할 수 있을 것이다.

제2부에서는 지방양반과 향교鄕校와의 관계를 살펴보고자 한다. 향교 는 지방의 중심 교육기관이었을 뿐만 아니라 지방양반들의 결집처結集處 이기도 하였다. 동시에 향교는 지방양반들이 자신들의 영향력을 행사하는 기관으로서의 역할도 하였다. 그럼으로 지방양반과 향교와의 관계를 밝히 는 것은 지방양반의 실체를 밝히는 중요한 관건이 될 것으로 기대한다.

이를 위하여 지방양반의 구체적 모습을 청금록靑衿錄을 중심으로 살펴 보았다. 조선후기 향촌사회 권력구조에는 많은 변화가 있었다고 알려지고 있다. 지방양반 즉 재지사족 중심의 사회지배체제가 18세기 이후에는 크 게 약화되어 갔던 것으로 이해되고 있는 것이다. 그러나 이와는 반대로 18세기 이후 사족지배체제는 더욱 강화되어 갔다는 견해도 있다. 아직까 지는 어떤 견해가 확실히 옳다고 단언하기는 어렵다. 그러므로 특정 시기 특정 지역에 대한 보다 많은 지역적 사례 연구의 필요성이 요구된다고 하 겠다. 이러한 인식을 바탕으로 청금록을 중심으로 지방양반의 실태와 동 향 그리고 추이를 살펴 볼 것이다.

이어서 지방양반의 향교 운영에 대하여 살펴보았다. 조선 후기 사회변 화 속에서 지방양반의 동향을 향교 운영과 함께 살펴봄으로써 이들의 향 촌지배의 실상과 대응 양상을 파악할 수 있을 것이다. 사회 변화 속에서 도 지방양반들은 기존의 권위를 유지하고 강화하려고 끊임없이 노력하고 있었다. 그 구체적 실상을 그들의 향교 운영을 통해 확인하고자 한다. 이

는 각 지방 향교에 남아있는『향집강안』,『양사재유사안』,『청금록』등
여러 자료를 통해 분석되고 연구될 것이다.

　다음으로는 향교와 지방양반의 노비奴婢 경영에 대하여 살펴볼 것이다.
특히 향교에 남아있는『향교노비안鄕校奴婢案』을 통하여 지방양반들이 향
교와 향교의 노비들을 어떻게 경영하였으며, 이를 통하여 자신들의 사회
적 지위를 어떻게 유지해 나갔는지에 대하여 실체적 접근을 할 수 있을
것으로 기대한다.

　제3부는 지방양반의 권익權益 수호守護 방식에 대하여 살펴보고자 한
다. 조선시대 지방양반은 향촌에 대대로 거주하며 향교와 서원 등을 통해
지역을 지배하던 계층이었다. 이들에 대한 기존의 연구는 대부분 중앙과
정치적으로 연계되었거나, 양반 사족의 영향력이 큰 지역, 지역을 대표하
는 유명한 가문 등을 중심으로 이루어져왔다. 그러나 지방양반이라고 모
두 관리를 배출하거나 정치적으로 세력이 컸던 것은 아니었다. 조선후기
에는 오히려 관직에 진출하지 못하거나, 관직에 나갔더라도 미관말직에
불과했던 가문들이 많았다. 그러므로 조선시대 지방양반을 바르게 이해하
기 위해서는 다양한 계층의 지방양반이 존재하였음을 먼저 인식하여야 한
다. 그리고 이들에 대한 구체적인 사례연구가 필요하다. 이를 위하여 이
들 지방양반과 관련된 문서들인『향안鄕案』,『청금안靑衿案』,『유학안幼學
案』,『청금계안靑衿契案』등을 분석할 것이다. 이를 통하여 관직 진출이 거
의 없었던 지방양반의 존재 양상과 향촌 지배 방식의 일면을 확인할 수
있을 것이다. 또한 지방양반들은 자신들의 사회적 지위를 유지하고 동시
에 향촌 사회를 지배하기 위해 연대하면서 활동하였던 구체적 모습도 확
인하게 될 것이다.

　다음으로 지방양반의 청원請願 활동을 살펴볼 것이다. 지방양반들이 연
명정소聯名呈訴하면서 올린 등장等狀 등을 통하여 이들의 상호 연대하는
모습과 청원활동 등을 통해 자신들의 명예를 회복하기 위한 끊임없는 노

력을 보게 될 것이다.

끝으로 지방양반의 위상 변화와 대응 방식에 대하여 살펴보고자 한다. 조선후기 특히 19세기 세도정치기 지방 양반들 특히 지방양반들의 사회적 위상은 갈수록 약해지고 있었다. 이들이 전통적으로 가지고 있었던 '양반'이라는 신분적 우위는 관직에의 접근성이 약해짐에 따라 약화될 수밖에 없었다. 또한 지방 양반으로서의 향촌사회 지배력은 '수령-이·향 지배체제'의 확립과 '향품鄕品'과 '신향新鄕' 등의 도전으로 분화되고 약화되었다. 이렇듯 약화된 위상 속에서 지방양반들은 일반 농민과 함께 또 다른 수탈의 대상으로 전락하고 있었다. 이러한 문제의식을 바탕으로 19세기 지방양반의 위상 변화 양상과 그들의 권익 수호 방식을 살펴볼 것이다. 사족들은 자신들의 권익이 침해되었을 때 자신들이 동원할 수 있는 모든 방법을 동원하여 자신들의 권익을 지키고자 노력하였다. 우선은 향회鄕會와 정소呈訴와 같은 합법적 방법을 이용하였다. 동시에 이들은 자신들의 사회적 네트워크를 활용하였다. 이들은 이러한 방법들을 통해 권리 구제 활동을 전개하였다. 그리고 더 나아가 기록의 생산을 통해 자신들을 정당화하고, 그 책임을 향리들에게 전가하기도 하였다. 조선의 지방양반들은 자신들의 권익을 수호하고 사회적 위상을 유지하기 위하여 모든 수단을 강구하면서 고군분투하고 있었던 것이다. 이와 같이 이 책은 조선시대 지방양반들의 다양한 모습과 활동을 통해 존재양상의 실체에 접근하고자 한다.

제1부

地方兩班과 科擧

제1장 科擧 合格者를 通해 본 地方兩班

지방에 거주하는 양반, 다시 말하여 지방양반 대한 연구는 다양한 분야에서 많은 연구가 진행되어 왔다.[1] 즉 이러한 여러 사례 연구를 통해 다양한 계층의 양반 사족이 존재하고 있었음이 조금씩 밝혀지고 있다. 본장에서 다루고자 하는 전라도 장성長城 지방은 지방양반들의 실제 모습을 파악할 수 있는 좋은 사례를 제공할 것으로 생각한다. 그 이유는 장성은 지방양반들이 양반으로서의 사회적 지위를 유지하기에 유리한 기반을 갖춘 곳이기 때문이다. 장성 지방의 양반 사족들은 김인후金麟厚나 기정진奇正鎭 같은 전국적으로 유명한 인물을 현조顯祖로 내세울 수 있었다. 이 지역 지방양반들은 이러한 현조의 명성에 힘입어 양반으로서의 사회적 위상을 쉽게 유지할 수 있었다고 여겨진다. 그러나 과연 이러한 현조의 명성만으로 지방양반들이 자신들의 양반으로서의 사회적 지위를 유지할 수 있었을까? 아니면 그들은 자신들의 양반으로서의 사회적 지위와 위세를 유지하기 위한 또 다른 노력을 기울이고 있었을까?

조선시대 양반 사족들은 자신들의 사회적 신분과 지위를 유지하는데 크게 '혈통'과 '능력'이라는 두 가지 요소가 필요했다. 하지만 양반이라는 사회적 신분은 '혈통'만으로는 유지되기 어려운 측면이 있었다. 이에 자신들의 능력을 증명할 수단이 필요했고, 그것이 바로 과거科擧 합격이었다.

---

[1] 지방양반을 다른 말로는 재지사족이라고 한다. 이 책에서는 '재지사족(在地士族)'이라는 말과 '지방양반(地方兩班)'이라는 말을 같은 의미로 사용한다. 원래 '재지사족'이란 '재경(在京)'에 대칭되는 지역적인 범위로서의 '재지(在地)'와 '이족(吏族)'에 대칭되는 신분으로서의 '사족(士族)'을 지칭한다. 정진영,『조선시대 향촌사회사』, 한길사, 21쪽 참조.

원칙적으로 조선시대 양반으로서의 사회적 신분을 공인받을 수 있는 가장 확실하고, 중요한 것이 바로 과거 합격을 통한 생원·진사와 같은 자격 획득이나, 문과 급제를 통한 관직 획득이기 때문이다. 양반이라는 사회적 신분이 과거 합격 이외의 방법으로도 획득될 수 있다는 주장들이 있다.[2] 그럼에도 불구하고 조선시대 그 어느 양반도 과거 합격이라는 수단을 소홀히 하거나 쉽게 포기하지는 못했을 것이라는 것이 필자가 주목하는 측면이다. 이 장은 바로 그것을 실제 사례로 살펴보고자 하는 것이다. 뚜렷한 현조를 가진 지방양반이 과연 현조의 명성만으로 자신들의 사회적 지위와 위세를 유지해 나갔는지, 아니면 그러한 현조의 명성을 가진 집안도 과거 합격에 얼마나 노력하였고, 실제로 얼마나 합격하였는지를 살펴보고자 하는 것이다. 장성 지방 지방양반의 과거 합격 실태를 살펴봄으로써 지방양반의 사회적 위상과 그 유지를 위한 노력의 실상을 파악할 수 있기를 기대한다.

1. 地方兩班의 社會的 位相과 文科

조선시대 양반으로서의 지위를 유지하기 위하여 가장 필수적인 것이 관직 진출이었다. 또한 관직에 진출하기 위해서는 과거에 급제하여야 하였다. 특히 문과의 중요성이 컸고, 문과에 대한 연구는 당시 지배층의 형성과 유지, 변화 및 성격을 파악하는데 중요하다.[3] 이 문과급제자의 명단인『문과방목文科榜目』을 국가는 지속적으로 작성하고 관리하였다.[4] 그러

---

2) 예를 들면 과거 합격자가 없어도 고명한 학자를 조상으로 가진 일족도 양반 자격을 인정받았다는 것이다. 이와 함께 재지양반으로 인식되는 기준들은 미야지마 히로시/ 노영구 옮김,『양반-역사적 실체를 찾아서』, 강, 2001, 44쪽 참조.
3) 이원명,「조선조 '주요 성관' 문과급제자 성관분석 -『문과방목』을 중심으로-」『사학연구』제73호, 2004, 93쪽.
4) 원창애,「문과방목에 담긴 양반사회의 구조와 변화」『한국사 시민강좌』제46집,

므로 문과방목은 조선시대 양반을 이해하는데 필수적인 자료라고 할 수 있다. 그러나 문과방목은 일부 정보가 불완전하다. 이러한 문과방목의 불완전성을 다른 자료를 통하여 보완할 필요가 있다.5) 본 논문에서는 이러한 인식을 바탕으로『문과방목』과 함께『장성향교지』「문과文科」편의 기록을 함께 활용하고자 한다.6)

〈표 1〉『문과방목』의 장성 거주 성관별 문과 급제자 수

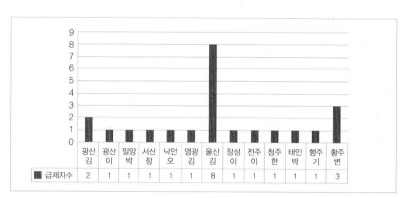

장성에 거주하는 양반 사족士族으로 문과에 급제한 것으로 기록되어 있는 인물은『문과방목』7)에서 모두 23명이 확인된다.8)『문과방목』에서 확

2010, 101쪽 ; 김창현,「조선초기 文科의 운영실태」『사학연구』제55·56합집, 1998 참조.

5) 문과방목의 불완전성은 첫째, 문과방목이 영조·정조대에 종합적으로 정리된 이후에는 문과급제자의 응시 당시의 정보만이 수록되어 최종 관직이 누락되어 있다는 것이다. 둘째, 성관과 거주지 정보도 일부 누락되어 있다는 것이다. 특히 거주지 정보는 영조 후반기 이후로만 기재되어 있어 조선 전기 문과급제자 등의 거주지 분포를 파악하기가 쉽지 않다는 것이다. 원창애, 앞의 논문, 2010, 104쪽 참조.

6)『長城鄕校誌』, 호남문화사, 1992 참조.

7) 본고에서 문과급제자에 대한 분석은 Wagner·송준호 교수의『보주 문과방목』 CD-ROM을 활용하였다. 이하에서『문과방목』으로 표기함.

8) 여기에는 거주지가 진원(珍原)으로 되어 있는 울산 김씨 2명이 포함된다. 장성은

인되는 급제자의 성관은 광산 김光山 金 2, 광산 이光山 李 1, 밀양 박密陽 朴 1, 서산 정瑞山 鄭 1, 낙안 오樂安 吳 1, 영광 김靈光 金 1, 울산 김蔚山 金 8, 장성 이長城 李 1, 전주 이全州 李 1, 청주 한淸州 韓 1, 태인 박泰仁 朴 1, 행주 기幸州 奇 1, 황주 변黃州 邊 3명 등이다.

반면에『장성향교지』「문과」편에는 113명이 기록되어 있다.『장성향교지』「문과」편에 기록되어 있는 113명의 인물들의 성관을 살펴보면 다음과 같다. 강릉 유江陵 劉 3, 경주 이慶州 李 1, 고령 신高靈 申 1, 광산 이光山 李 2, 광산 승光山 承 1, 광산 김光山 金 7, 교하 노交河 盧 2, 금성 오錦城 吳 1, 남평 반南平 潘 1, 담양 국潭陽 鞠 2, 담양 엽潭陽 葉 1, 밀양 박密陽 朴 1, 상산 김商山 金 3, 서산 정瑞山 鄭 1, 선산 유善山 柳 2, 송화 장松禾 張 1, 수원 백水原 白 1, 신평 송新平 宋 2, 영광 김靈光 金 1, 울산 김蔚山 金 14, 의성 김義城 金 3, 이천 서利川 徐 2, 장성 박長城 朴 2, 장흥 고長興 高 18, 장흥 임長興 林 2, 전의 이全義 李 1, 전주 이全州 李 2, 진원 박珍原 朴 2, 진주 김晋州 金 1, 창녕 성昌寧 成 1, 철원 주鐵原 周 2, 청송 심靑松 沈 3, 청안 이淸安 李 2, 청주 한淸州 韓 1, 태인 박泰仁 朴 1, 한양 조漢陽 趙 2, 함평 이咸平 李 7, 행주 기幸州 奇 2, 홍주 송洪州 宋 1, 황주 변黃州 邊 8, 그리고 본관이 확인되지 않는 박 1, 김 1명이 있다.

이를 정리하면 장성 사족들 중 가장 많은 문과 급제자를 배출한 성관은 『문과방목』에 의하면 울산 김, 황주 변, 광산 김 등의 순이다.『장성향교지』「문과」편에 의하면 장흥 고 18, 울산 김 14, 황주 변 8, 광산 김 8, 함평 이 7 등의 순이다.

이와 같이『문과방목』과『장성향교지』「문과」편을 통해 확인할 수 있는 것처럼 울산 김, 황주 변, 광산 김씨는 모두 장성 지역에서 가장 많은

조선전기에는 장성과 진원으로 나누어져 있었으나, 1600년 이후 합현(合縣)되었다. 본고에서 분석 대상으로 삼는 장성(長城)이라는 지역은 행정구역 상으로 장성(長城)과 진원(珍原)을 모두 포함하는 것이다.

문과 급제자를 배출한 성관이었다. 이는 장성의 대표적 양반 사족이 이들 성씨들이었다는 것을 알 수 있게 해준다.[9] 다만 『장흥향교지』「문과」편 에 기록되어 있는 성관 중에는 장흥長興 고씨高氏가 가장 많다는 것이 주 목된다.

〈표 2〉 『장흥향교지』「문과」에 등재되어 있는 성관별 문과 급제자 수

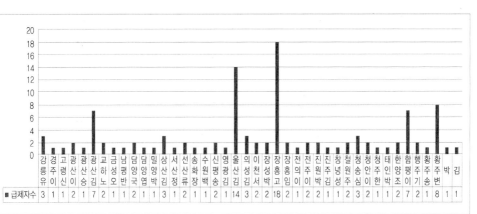

	강릉유	경주이	고령신	광산이	광산승	광산김	교하노	금성오	남평반	담양국	담양엽	밀양박	상산김	서산정	선화류	송화장	수원백	신평송	영광김	울산김	이천서	장성박	장흥고	장흥임	전의이	진원박	진주김	창녕성	철원주	청송심	청안이	청주한	태인박	한양조	함평이	행주기	황주송	황주변	박	김
급제자수	3	1	1	2	1	7	2	1	2	1	1	3	1	2	1	1	1	14	3	2	2	18	2	1	2	1	2	3	2	1	1	2	7	2	1	8	1	1

이들 중 거주지가 장성으로 되어 있고 『문과방목』과 『장성향교지』「문 과」편 양쪽 모두에서 확인되는 인물은 김개, 박수량, 김기, 이원휘, 변이 중, 김종진, 김여옥, 변유, 한오장, 오수민, 이윤성, 김우휴, 기양연, 김진 호, 변동익 등 15명이다.

한편 『장성향교지』「문과」편에 있는 인물 중 『문과방목』에서 확인되는 인물은 모두 55명이다. 이들 중 거주지가 장성으로 되어 있는 인물 15명을 제외하고, 나머지 40명은 거주지가 장성 주변 지역에 분산되어 있다. 이들

9) 장성 지역에서 내세우는 성씨로는 울산 김, 황주 변, 광산 김, 행주 기씨를 든다고 한다. 이들 성씨들이 장성지방의 향촌지배지역을 이끌었던 성씨들로 파악된다고 한 다. 박지현, 「朝鮮後期 長城地方 士族의 動向」, 한국정신문화연구원, 석사학위논 문, 1993, 8~9쪽 참조.

은 문과文科 급제 당시 거주지는 장성이 아니었으나『장성향교지』「문과」
편에 기록되어 있는 것으로 보아 장성 사족으로 분류되는 인물들이었을
것이다. 그 대표적인 인물이 바로 하서 김인후이다. 김인후는 장성을 대표
하는 양반 사족이나『문과방목』에는 거주지가 순창으로 되어 있다.

『문과방목』에는 거주지가 장성으로 되어 있지 않지만『장성향교지』「문
과」편에 기록되어 있는 인물들 중『문과방목』에서 확인되는 인물들이 있
다. 이들은 아마도 문과에 응시할 당시 주변 지역에 거주하고 있었지만
장성 향교에 출입하며 장성 사족으로 인정되고 있는 인물들이었을 것이
다.10) 현재 장성 향교에는『경인팔월일 장성부청금안庚寅八月日 長城府靑衿
案』이 남아 있다. 청금안靑衿案은 향교에 적籍을 두고 있는 양반 유생儒生
의 명단이다.11) 이 청금안에는 장성의 유생 291명이 등재되어 있으나 본
관은 기록되어 있지 않다.12) 하지만 이들 중에『문과방목』과『사마방목』
을 통하여 확인할 수 있는 인물이 4명이 있다. 변득형, 변득경, 변득정,
박봉장이 그들이다. 변득형邊得衡은 1711년생으로 영조47년(1771) 생원시
에 입격하였다. 변득형의 동생이 변득경邊得經과 변득정邊得貞으로 3형제
가 모두 이『청금안』에 등재되어 있다. 박봉장朴鳳章은 밀성密城 박씨朴氏

---

10) 현재 장성향교에는 1770년(영조 46)에 작성된『庚寅八月日 長城府靑衿案』이 남아
   있다. 이는 동재유생안(東齋儒生案)으로 총 291명의 유생(儒生)이 등재되어 있다.『전
   남의 향교』, 전라남도, 1987, 640~643쪽 참조(『전남의 향교』640쪽에는 등재되어
   있는 인물이 259명이라고 되어 있고, 신분표시가 되어 있는 인물도 참봉 1명과 생
   원 1명이라고 되어 있다. 하지만 실제로는 등재되어 인물은 291명이며, 신분표시가
   되어 있는 인물도 참봉 1명과 생원 2명이다).
11) 최윤진,「고창향교 동·서재 유생안에 대한 검토」『송준호교수 정년기념논총』,
   1987, 255쪽 참조.
12)『庚寅八月日 長城府靑衿案』에 등재되어 있는 성씨는 孔씨가 4, 奇씨가 18, 金씨가
   93, 朴씨가 45, 潘씨가 8, 徐씨가, 3, 孫씨가 9, 申씨가 17, 吳씨가 1, 柳씨가 12,
   劉씨가 1, 尹씨가 4, 李씨가 26, 林씨가 2, 張씨가 1, 鄭씨가 5, 趙씨가 3, 崔씨가
   7, 洪씨가 4명이다. 등재 인원이 많은 성씨는 김씨, 박씨, 변씨, 이씨, 기씨, 신씨의
   순이다.

로 1732년생이며 영조49년(1773) 증광增廣 생원生員에 입격한 인물이다. 이들 장성 지방 양반 유생들은 과거에 입격하지 이전까지는 향교의 청금안에 등재되어 있었던 것이다.13)

이와 같이 『장성향교지』 「문과」편에 등재되어 있으나 『문과방목』에 거주지가 장성이 아닌 것으로 되어 있는 인물들이 있다. 이들이 심연, 주숙손, 김숭조, 국경례, 김응두, 김숭수, 김인후, 김약, 김백균, 유성춘, 고습, 노세준, 노대축, 송흠, 고운, 김대명, 변경윤, 조찬한, 신공제, 김극성, 엽천지, 이심기, 유성년, 조비, 변치명, 송중현, 변득양, 변상휘, 장달성, 송상은, 고응관, 기문현, 고만구, 백규수, 고시면, 고시경, 김상희, 고시협, 김상호, 고시기 등 40명이다. 이들은 『문과방목』에 거주지가 나타나 있지 않거나, 장성의 옛 지명인 진원珍原으로 되어 있다. 또는 장성의 주변 지역인 나주·해남·영광·순창·광주·해남·동복·부안·무산·남평 등지에 거주한 것으로 되어 있다. 이 밖에 경京이 거주지로 되어 있는 인물들도 있다. 뿐만 아니라 이들 중에는 묘소의 위치가 장성으로 되어 있는 인물도 여럿 있다.14)

이와 같이 여러 장성 사족 중에서 『문과방목』에서 확인되는 인물들을 중심으로 장성 사족의 실태를 분석해 보기로 한다. 그 대상은 『문과방목』에서 장성 거주 양반 사족으로 확인되는 인물과 『장성향교지』 「문과」편에 기록되어 인물 중 『문과방목』에서 확인되는 인물을 합친 총 61명으로 한다.

---

13) 청금유생(靑衿儒生)과 과거(科擧)와의 관계에 대해서는 박진철, 「조선후기 향교의 청금유생과 지방양반의 동향」 『한국사학보』 제25호, 2006, 235~238쪽 참조.

14) 묘소의 위치는 영속적인 거주를 보여주는 하나의 가능성 있는 지표다. 사람들은 자신이 고향이라고 생각하는 곳에 묻히려는 자연스러운 경향이 있다. 특히 조선시대 조상이 살았다고 추정되는 곳과 매우 가까운 지역에 묘소를 모시는 것은 자연스러운 일이었다. 묘가 장성에 있다는 것은 그가 장성 사족이었음을 추측하게 해 준다. 존 B. 던컨 지음, 김범 옮김, 『조선 왕조의 기원』, 너머북스, 2013, 205쪽 참조.

〈표 3〉 장성 사족 중 『문과방목』에서 확인 가능한 인물

번호	성명	과거종류	시험년	전자	본관	가과
1	심연	태종14년 갑오식	1414	생원	청송	
2	주숙손	세종26년 갑자식	1444	교도	철원	
3	이병규	문종1년 신미증광	1451	생원	장성	
4	국경례	문종1년 신미증	1451	공생	담양	
5	박시형	세조2년 병자식년	1456	생원	밀양	
6	김승조	연산1년 을묘증	1459	진사	광산	기의 부/여옥의 고조
7	정이공	세조12년 병술고성별	1466	서령	서산	이득의 형
8	엽천지	성종16년 을사별	1485	훈도		
9	송흠	성종23년 임자식	1492	생원	신평	시호:효헌
10	신공제	연산1년 을묘증	1495	참봉	고령	
11	김개	연산7년 신유식년	1501	생원	영광	
12	박수량	중종9년 갑술별	1514	진사	태인	
13	유성춘	중종09년 갑술별	1514	생원	선산	희춘의 형
14	김승수	중종12년 정축별	1517	진사	광산	約의 叔
15	김기	중종14년 기묘식년	1519	유학	광산	호:옥곡
16	이원휘	중종14년 기묘식년	1519	생원	광산	호:동호
17	고운	중종14년 기묘별	1519	생원	장택	맹영의 부/ 경명의 조
18	김응두	중종17년 임오식	1522	생원	울산	백균의 부
19	노세준	중종17년 임오식	1522	생원	영광	대축의 부
20	고습	중종19년 갑신별	1524	진사	장택	
21	노대축	중종30년 을미알	1535	생원	영광	
22	김인후	중종35년 경자별	1540	진사	울산	
23	이심기	중종38년 계묘식	1543	진사	전의	
24	김백균	명종04년 기유식	1549	진사	울산	
25	김약	명종08년 계축별	1553	진사	광산	승수의 질
26	김대명	선조03년 경오식	1570	생원	울산	
27	변이중	선조6년 계유식년	1573	생원	황주	호: 망암 / 경윤의 부
28	변경윤	선조36년 계묘식	1603	종사	황주	
29	김극성	선조38년 을사증	1605	생원	영광	
30	조찬한	선조39년 병오증	1606	생원	한양	유한, 위한의 제/ 비의 부
31	김종진	광해2년 경술식년	1610	유학	울산	
32	김여옥	인조2년 갑자식년	1624	생원	광산	호:미산, 추담/ 기의 현손
33	조비	효종02년 신묘알	1651	현감	한양	
34	유성년	현종14년 계축식	1673	유학	선산	
35	변유	숙종25년 기묘식년	1699	생원	황주	이중의 현손

36	한오장	숙종31년 을유식년	1705	유학	청주	
37	변치명	영조27년 신미정	1751	통덕	황주	득양의 부
38	장달성	영조31년 을해함경	1755	전참봉	송화	
39	변득양	영조32년 병자정	1756	통덕	황주	
40	오수민	영조41년 을유식년	1765	유학	樂安	
41	송중현	영조47년 신묘식	1771	유학	홍주	
42	송상은	영조47년 신묘식	1771	진사	신평	
43	고응관	정조07년 계묘식	1783	유학	장택	
44	변상휘	순조01년 신유증	1801	진사	황주	
45	고만구	순조22년 임오식	1822	유학	장택	
46	이윤성	순조27년 정해증광	1827	유학	전주	
47	김우휴	순조34년 갑오식년	1834	유학	울산	
48	기문현	헌종10년 갑진증	1844	유학	행주	
49	백규수	철종06년 을묘식	1855	유학	수원	
50	고시면	철종06년 을묘식	1855	유학	장택	
51	고시협	고종02년 을축식	1865	유학	장택	
52	기양연	고종4년 정묘식년	1867	유학	행주	묘재 순창/ 호: 백석헌
53	고시경	고종10년 계유식	1873	유학	장택	
54	김진호	고종13년 병자식년	1876	유학	울산	호: 물천
55	고시기	고종16년 기묘식	1879	유학	장택	
56	김동주	고종20년 계미식년	1883	유학	울산	
57	김홍수	고종22년 을유식년	1885	유학	울산	
58	변동익	고종22년 을유증광	1885	유학	황주	
59	김상호	고종25년 무자식	1888	유학	울산	
60	김헌수	고종28년 신묘식년	1891	진사	울산	
61	김상희	고종28년 신묘식	1891	유학	울산	

〈표 4〉 장성 사족 중 『문과방목』에서 확인 가능한 인물의 성관별 급제자 수

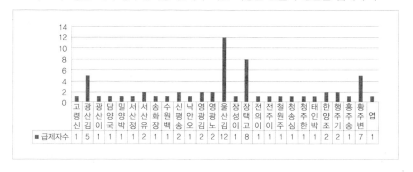

〈표 4〉를 통해 다시 한 번 확인할 수 있는 것처럼 장성 사족들 중에 가장 많은 문과 급제자를 배출한 성관은 울산 김, 장택 고, 황주 변, 광산 김 등의 순이다.

조선시대 국가의 핵심 요직은 문과文科 출신자들만이 담당할 수 있었다.15) 그러므로 문과 출신자에 대한 연구는 당시의 지배층과 그 성격을 이해하는 중요한 관건이 된다고 할 수 있다.16) 따라서 장성 지역의 지방 양반의 사회적 위상을 파악하기 위하여 먼저 문과 급제자 실태를 살펴보고자 한다.

앞서 살펴본 것과 같이 장성 사족들 중 많은 문과 급제자를 배출한 성관은 울산 김 12명, 장택 고 8명, 황주 변 7명, 광산 김 5명 등이다. 이들 4개 성관에서 배출한 문과 급제자가 모두 32명으로 52.46%를 차지하고 있다. 이는 문과 급제자가 소수의 특정 성관에 집중되고 있다는 것을 보여준다.

우선 문과 급제자의 본인 전력前歷을 통해 그들의 신분적 지위를 알아보기로 하자.17) 장성 사족으로서 문과에 급제한 인물들의 전력은 공생貢生 1, 교도敎導 1, 생원生員 17, 서령署令 1, 유학幼學 23, 전참봉前參奉 1, 종사從仕 1, 진사進士 11, 참봉參奉 1, 통덕通德 2, 현감縣監 1, 훈도訓導 1명 등이다. 이는 생원·진사가 전체의 45.9%, 유학이 37.7%, 관직관품자가 14.8% 였음을 보여준다. 〈표 5〉는 이를 다시 시기별로 표시한 것이다.

---

15) 한만봉·정덕희·김진욱, 「조선왕조 과거제도가 현대정책에 주는 의미」『공공정책 연구』제18호, 2005, 168쪽.

16) 이원명, 「조선조 '주요 성관' 문과급제자 성관분석 -『문과방목』을 중심으로 -」『사학연구』제73호, 2004, 93쪽.

17) 물론 전력(前歷) 그 자체가 곧 신분을 의미하는 것은 아니다. 하지만 이를 통해 급 제자의 신분적 지위를 유추해 볼 수 있을 뿐만 아니라 문과의 기능과 성격의 변화 상도 살펴볼 수 있다. 김창현, 「조선초기 문과급제자의 출신 배경」『역사학보』제 155, 1997, 26~27쪽.

〈표 5〉 장성 지역 문과 급제자 본인 전력(前歷)과 시기별 추이

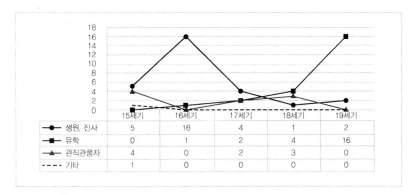

	15세기	16세기	17세기	18세기	19세기
생원. 진사	5	16	4	1	2
유학	0	1	2	4	16
관직관품자	4	0	2	3	0
기타	1	0	0	0	0

이 같은 사실을 통하여 장성 문과급제자의 전력은 16세기까지는 생원·진사 출신이 압도적으로 많았으나 17세기 이후에는 급감한 것을 알 수 있다.[18] 반면에 조금씩 늘어나던 유학幼學 출신이 19세기에 오면 거의 전부를 차지하고 있음을 볼 수 있다.[19]

장성 사족의 문과 급제시 평균 연령은 약 34세이다.[20] 연령별 급제자 수는 10대 1명(2.2%), 20대 17명(37.8%), 30대 17명(37.8%), 40대 8명(17.8%), 60대 2명(4.4%)이다. 이는 대체로 전라도 지역 출신 문과급제자의 연령이 높게 나타나는 것과는 차이가 있다.[21] 장성 사족의 경우 20, 30대의 급제자

18) 생원·진사의 비중이 낮아지는 이유는 조선 후기로 오면 문과 응시의 자격조건이 생원·진사일 것을 요구하지 않았다는 것과 관련이 있다. 차장섭, 「조선후기 문과급제자의 성분」『대구사학』제47집, 1994, 114쪽.

19) 유학(幼學)의 비중이 높아지고 있는 것은 조선후기 전국적 경향과 일치하고 있다. 유학의 비중이 높아지는 이유에 대해서는 차장섭, 앞의 논문, 1994, 115쪽 참조.

20) 이는 분석 대상으로 삼고 있는 장성 사족 61명 중 연령이 확인되는 45명을 대상으로 한 것이다.

21) 차장섭, 앞의 논문, 136~137쪽 참조. 서울의 경우 10대가 6.1%, 20대가 30.8%, 30대는 33.7%, 40대는 19.9%, 50대는 7.7%, 60대는 1.3%, 70대는 0.5%이다. 반면 서울과 평안도를 제외한 지방출신 문과급제자의 연령이 비교적 높게 나타난다. 전라도의 경우 10대, 20대, 30대의 비율이 전체 평균보다 낮은 반면 40대 이상에서는 전체 평균보다 높게 나타난다. 전라도 지역 출신 문과급제자의 연령이 가장 높으

가 가장 많다. 이렇듯 장성 사족들의 문과급제 연령이 낮은 것은 장성 사족들이 가진 문과 급제를 위한 노력과 관심을 보여준다. 이를 다시 시기별로 나누어 보면 평균적으로 15세기 28.3세, 16세기 27.8세, 17세기 37.5세, 18세기 45.4세, 19세기 30.5세에 문과에 급제하고 있다. 이는 대체적으로 문과 급제 연령이 조선후기로 갈수록 고령화되고 있음을 보여 준다.[22] 다만 19세기에 다시 급제 연령이 낮아지는 것은 선발 인원이 늘어난 것이 하나의 원인일 것으로 생각한다. 이 같은 현상은 잦은 별시의 시행 등으로 조선 후기로 갈수록 지방 거주 양반 사족의 과거 응시가 쉽지 않았던 것과 관계가 있을 것이다.

장성 지역 문과급제자가 응시한 과거 종류별 분포상황은 다음과 같다. 장성 지역 문과급제자 중 식년시 급제자가 37명(60.7%), 증광시 급제자가 10명(16.4%), 알성시 급제자가 2명(3.3%), 별시 급제자가 10명(16.4%), 정시 합격자가 2명(3.3%)이다. 이를 시기별로 다시 분류한 것이 〈표 6〉이다.

〈표 6〉 장성 지역 문과급제자의 과거 종류별 합격자 수

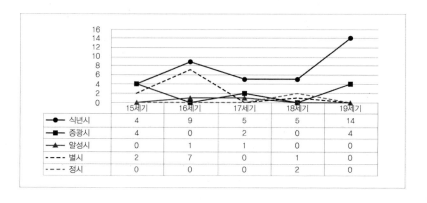

	15세기	16세기	17세기	18세기	19세기
식년시	4	9	5	5	14
증광시	4	0	2	0	4
알성시	0	1	1	0	0
별시	2	7	0	1	0
정시	0	0	0	2	0

며, 다음으로 충청도, 경상도, 경기도의 순으로 나타난다.
22) 조선후기 문과급제자의 고령화 현상에 대해서는 차장섭, 앞의 논문, 1994, 131~136쪽 참조.

이를 통해 알 수 있듯이 장성 지역 문과급제자의 60.7%는 식년시에 급제하였다. 별시 급제자는 16세기에 가장 많았으나 이후로는 거의 급제자가 나오지 않았다. 조선 후기로 갈수록 지방 출신들이 별시에 급제하기는 어려웠다는 연구 결과를 확인해준다.[23]

이와 같은 분석 결과들을 통해 알 수 있는 것은 지방양반들이 문과에 급제하여 관직에 진출하기는 결코 쉽지 않았다는 것이다. 조선시대는 문과급제자의 수가 극히 적었다는 측면에서 극심한 경쟁사회였다.[24] 특히 지방양반들의 문과 급제는 많은 한계를 가지고 있었다. 이러한 상황에서 지방양반들이 자신들의 사회적 신분과 지위를 유지하기 위한 또 다른 방법이 사마시 입격이었다고 할 수 있다. 이제 장성 지방양반들의 사마시 입격 실태를 살펴보기로 하자.

2. 地方兩班의 司馬試 入格 實態

조선시대 지방양반들이 사회적 지위를 유지하기 위하여 가장 노력했던 것이 문과 급제이다. 하지만 문과에 급제한다는 것은 현실적으로는 무척 어려웠다. 앞서 살펴본 것과 같이 조선후기로 갈수록 지방에 거주하는 지방양반의 문과 급제는 더욱 어려워졌던 것이다. 현실적으로 문과 급제가 어려워진 상황 속에서 지방양반들이 사회적 지위를 유지하기 위해 선택한 것이 사마시司馬試이다. 사마시에 입격하여 생원·진사가 된다는 것은 지방양반들이 지역에서 자신들의 사회적 지위를 유지하는데 유리했을 것이다.[25] 사마시에 입격한 생원과 진사는 과거 시험의 합격자로서 국가의 공

---

23) 한만봉·정덕희·김진욱, 「과거제도 시험주기의 정책 분석」『담론201』8-4, 2005, 62쪽 참조.
24) 미야지마 히로시, 「조선 후기 지배 계층의 재생산 구조」『한국사학보』제32호, 2008, 239쪽.

인을 받은 신분이다. 국가의 공인을 받은 사족士族이 된다는 것은 향촌 사
회 내에서 일정한 지위를 확보하는데 중요한 기능을 하였다.26)

〈표 7〉『사마방목』의 장성 거주 성관별 입격자 수

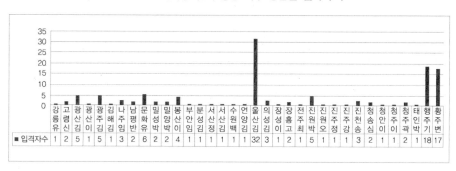

성관	강릉유신	고령신김	광산김이	광주김임	김해김반	나평김반	남평유화	문화박유	밀성박양	밀양산박	봉안임성	분성김산	서산정김	서원양백	수원김성	언양김김	울성김성	의흥장고	장성주최	진원박오	진주정강	진주송심	진천송이	청송이곽	청안김박	청주기변	청태인주변	태행주변	황주변
입격자수	1	2	5	1	5	1	3	2	6	2	2	4	1	1	1	1	1	32	3	1	2	1	5	1	1	3	2	1	1	2	18	17

장성 거주 사족으로 사마시에 합격한 자는 『사마방목』에는 136명이 확
인된다.27) 『사마방목』에서 본관이 확인되는 인물은 모두 132명이다. 이
들의 성관은 강릉 유江陵 劉 1, 고령 신高靈 申 2, 광산 김光山 金 5, 광산
이光山 李 1, 광주 김光州 金 5, 김해 김金海 金 1, 나주 임羅州 林 3, 남평
반南平 潘 2, 문화 유文化 柳 6, 밀성 박密城 朴 2, 밀양 박密陽 朴 2, 봉산
이鳳山 李 4, 부안 임扶安 林 1, 분성 김盆城 金 1, 서산 정瑞山 鄭 1, 선산

---

25) 사마시는 조선시대의 양반관료들의 최고의 등용문인 문과의 응시자격을 얻기 위한
   시험 내지 성균관 입학자격시험 등으로 인식되어 왔는데 조선후기로 내려올수록
   그러한 측면보다는 사류(士類)로서의 사회적 지위를 공인(公認) 받기 위한 시험으
   로 그 성격이 변화하였다고 볼 수 있다. 송준호, 『이조생원·진사시의 연구』(문교
   부학술연구보고서, 1969), 9~11쪽 : 이종일, 「조선후기 사마방목의 분석」『법사학
   연구』제11호 (1990), 1쪽에서 재인용.
26) 박진철, 「조선시대 지방 거주 사족의 사회적 지위 유지 노력과 사마시」『이화사학
   연구』41권, 2010, 143쪽.
27) 한국정신문화연구원, 『CD-ROM 사마방목』, 서울시스템주식회사, 2001. 여기에는
   거주지가 진원(珍原)으로 되어 있는 20명이 포함되어 있다. 이하『사마방목』으로
   표기함.

김善山 金 1, 수원 백水原 白 1, 언양 김彦陽 金 1, 울산 김蔚山 金 32, 의성 김義城 金 3, 장성 이長城 李 1, 장흥 고長興 高 2, 전주 최全州 崔 1, 진원 박珍原 朴 5, 진원 오珍原 吳 1, 진주 정晋州 鄭 1, 진주 강晋州 姜 1, 진천 송鎭川 宋 3, 청송 심靑松 沈 2, 청안 이淸安 李 1, 청주 이淸州 李 1, 청주 곽淸州 郭 2, 태인 박泰仁 朴 1, 행주 기幸州 奇 18, 황주 변黃州 邊 17명 등이다. 이 중에서 가장 많은 합격자를 배출한 성관은 울산 김 32, 행주 기 18, 황주 변 17, 문화 유 6, 광산 김 5명 등의 순이다.

〈표 8〉『장성향교지』「사마」편의 성관별 입격자 수

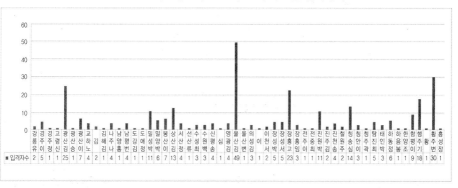

한편 『장성향교지』[28)]에는 323명의 생원·진사가 기록되어 있다. 『장성향교지』에 기록되어있는 생원·진사를 성관별로 나누어 보면 다음과 같다. 강릉 유2, 경주 이 5, 경주 정 1, 고령 신 1, 광산 이 7, 광산 김 25, 광산 승 1, 교하 노 4, 김해 김 1, 나주 나 4, 남양 홍 1, 남평 반 4, 도강 김 1, 도애 정 1, 밀성 박 11, 밀양 박 6, 봉산 이 7, 상산 김 13, 서산 정 4, 선산 유 1, 수성 최 3, 수원 백 3, 신평 송 4, 영광 김 4, 울산 김 49, 울산 변 1, 의성 김 3, 이천 서 2, 장성 박 5, 장성 서 5, 장흥 고 23,

28) 『長城鄕校誌』, 호남문화사, 1992, 486~515쪽, 「司馬」편 참조.

장흥 임 3, 전주 이 1, 전주 최 1, 진원 박 11, 진주 김 2, 진천 송 4, 철원 주 2, 청송 심 14, 청안 이 3, 청주 곽 1, 탐진 최 5, 태인 박 3, 하동 정 6, 하음 봉 1, 한양 조 1, 함평 이 9, 행주 기 18, 황주 변 30, 홍성 장 1, 그리고 본관이 확인되지 않는 김씨가 2, 심 1, 이 1, 황 1가 있다. 이들 중 가장 많은 생원·진사를 배출한 성관은 울산 김 49, 황주 변 30, 광산 김 25, 장흥 고 23, 행주 기 18, 청송 심 14, 상산 김 13 등의 순이다.

이와 같이 장성 사족 중에서 사마시에 입격한 인물 중에서 『사마방목』에서 확인되는 인물을 중심으로 장성 사족의 실태를 분석해 보기로 한다. 그 대상은 『사마방목』에서 장성 거주 사족으로 확인되는 인물과 『장성향교지』「사마司馬」편에 기록되어 인물 중 『사마방목』에서 확인되는 인물을 합친 총 189명으로 한다.

〈표 9〉 장성 사족 중 『사마방목』에서 확인 가능한 인물[29]

번호	성명	과거종류	시험년	생진	생년	거주	본관	문과	양시	전력
1	이병규	세종29식	1447	생원		장성	장성	신미1451증		
2	조사리	세종29식	1447	생원		진원	미상			
3	이긍	예종01증	1469	생원			미상			유학
4	김숭조	성종11식	1480	진사		나주	미상	을묘1495별		유학
5	김개	연산01증	1495	생원			영광	신유1501식		유학
6	김숭수	연산01증	1495	진사			광산	정축1517별		유학
7	변호	연산07식	1501	생원		장성	황주			유학
8	박서	연산07식	1501	생원		진원	미상		양시	유학
9	박서	연산07식	1501	진사		진원	미상		양시	유학
10	김준	연산10식	1504	생원		장성	울산			
11	유면	연산10식	1504	생원		진원	미상			
12	박수량	중종08식	1513	진사		장성	태인	갑술1514별		유학
13	김응두	중종08식	1513	생원		진원	울산			유학
14	심경	중종08식	1513	진사		진원	청송			유학
15	김관	중종08식	1513	진사		진원	광주			유학
16	유성춘	중종08식	1513	생원		해남	선산	갑술1514별	양시	유학
17	유성춘	중종08식	1513	진사		해남	선산	갑술1514별	양시	유학
18	고습	중종17식	1522	진사		영광	장흥	갑신1524별		

---

29) 이들 중 생원시와 진사시의 양시에 입격한 인물이 4명이므로 실제 인원은 185명이다.

19	이일	중종20식	1525	생원		진원	봉산			유학
20	심추	중종20식	1525	생원		진원	청송			유학
21	김인후	중종26식	1531	진사		순창	울산	경자1540별		
22	김약	중종26식	1531	진사		영광	광주	계축1553별		
23	오자헌	중종29식	1534	진사		진원	진원			정병
24	서희익	중종35식	1540	생원		담양	장성			유학
25	김백균	중종38식	1543	진사		진원	울산	기유1549식		유학
26	박원순	명종01식	1546	생원		진원	진원			유학
27	김응정	명종01식	1546	진사		진원	광주			유학
28	김경헌	명종01식	1546	진사		나주	광주	무오1558식		유학
29	김진추	명종16식	1561	생원	1536	진원	울산			유학
30	박천성	명종19식	1564	진사	1524	진원	진원			유학
31	변이중	선조01증	1568	생원	1546	장성	황주	계유1573식		유학
32	김홍균	선조01증	1568	진사	1524	진원	울산			유학
33	박대붕	선조03식	1570	진사	1547	진원	진원			유학
34	김석형	선조06식	1573	진사	1545	진원	울산			유학
35	임수춘	선조06식	1573	생원	1545	영광	장흥			유학
36	김구성	선조12식	1579	진사	1534	진원	광주			
37	김응회	선조12식	1579	진사	1547	진원	의성			유학
38	심발	선조21식	1588	진사	1549	남평	청송			유학
39	박준철	선조38증	1605	생원	1568	장성	진원			유학
40	박선철	광해02식	1610	생원	1566	장성	진원			유학
41	김우급	광해04식	1612	진사	1574	장성	광주			유학
42	이협	광해05증	1613	진사	1581	장성	청주			유학
43	반여경	인조02식	1624	진사	1600	장성	남평			유학
44	기진탁	인조02식	1624	진사	1607	장성	행주			유학
45	김여옥	인조02증	1624	생원	1596	영광	광주			유학
46	김현	인조02식	1624	진사	1606	나주	광주			유학
47	신성준	인조02식	1624	진사	1592	광주	고령			유학
48	이엽	인조11식	1633	생원	1603	장성	봉산			
49	이관일	인조17식	1639	생원	1607	장성	봉산			유학
50	나연	인조20식	1642	생원	1599	영광	나주			유학
51	송명규	인조24식	1646	생원	1614	장성	진천		양시	유학
52	송명규	인조24식	1646	진사	1614	장성	진천		양시	유학
53	김시택	현종01식	1660	생원	1631	장성	선산			유학
54	기정만	현종04식	1663	진사	1633	장성	행주			유학
55	김진휘	인조11식	1663	진사	1607	광산	울산			
56	정동오	현종07식	1666	진사	1622	장성	서산			유학
57	변광식	숙종01증	1675	진사	1648	경	황주			유학
58	김중엽	숙종07식	1681	진사	1643	장성	의성			유학
59	이석봉	숙종15증	1689	생원	1659	장성	봉산			유학
60	김시서	숙종17증	1691	진사	1652	장성	울산			유학
61	변건	숙종25식	1699	생원	1675	장성	황주			유학

62	박태구	숙종25식	1699	생원	1659	장성	밀양			유학
63	변유	숙종25식	1699	생원	1652	장성	황주	기묘1699식		유학
64	김습	숙종28식	1702	생원	1665	장성	언양			유학
65	심천기	숙종28식	1702	진사	1660	영광	청송			유학
66	심봉서	숙종28식	1702	생원	1650	함평	청송			유학
67	유수관	숙종31증	1705	생원	1666	장성	문화			유학
68	김지광	숙종31증	1705	생원	1663	장성	광산			유학
69	김회경	숙종40증	1714	생원	1661	장성	광주			유학
70	김치대	숙종40증	1714	진사	1668	영광	광산			유학
71	이봉령	숙종40증	1714	진사	1674	부안	경주			유학
72	변치주	숙종40증	1714	진사	1684	경	황주			선무랑
73	변치일	경종01식	1721	생원	1676	장성	황주			유학
74	유광현	경종01식	1721	진사	1689	장성	문화			유학
75	김회선	경종01증	1721	진사	1689	장성	광산			유학
76	변치명	경종01식	1721	진사	1693	경	황주	신미1751정		유학
77	주상성	영조01증	1725	진사	1694	광주	철원			유학
78	심제순	영조02식	1726	생원	1686	영광	청송			유학
79	송상붕	영조02식	1726	진사	1696	영광	신평			유학
80	김익중	영조03증	1727	진사	1682	장성	의성			유학
81	김천심	영조16증	1740	생원	1703	장성	광산			유학
82	박경징	영조17식	1741	생원	1709	장성	밀양			유학
83	곽진운	영조17식	1741	생원	1709	장성	청주			유학
84	김천록	영조23식	1747	진사	1706	경	광산			유학
85	변치도	영조26식	1750	생원	1696	장성	황주		양시	유학
86	변치도	영조27식	1751	진사	1696	장성	황주		양시	유학
87	변득경	영조29식	1753	생원	1725	장성	황주			유학
88	변득양	영조29식	1753	진사	1723	경	황주	병자1756정		유학
89	변치흠	영조30증	1754	생원	1724	장성	황주			유학
90	김천근	영조30증	1754	생원	1717	장성	광산			유학
91	고민	영조32식	1756	생원	1708	장성	장흥			유학
92	김경집	영조32식	1756	진사	1709	장성	울산			유학
93	임성헌	영조38식	1762	생원	1734	장성	나주			유학
94	변득형	영조47식	1771	생원	1711	장성	황주			유학
95	박봉장	영조49증	1773	생원	1732	장성	밀성			유학
96	김필기	영조49증	1773	진사	1733	장성	광산			유학
97	유선성	영조50식	1774	진사	1728	장성	문화			유학
98	고상열	영조50증	1774	생원	1731	장성	장흥			유학
99	김익휴	영조50증	1774	진사	1737	장성	울산			유학
100	박천민	영조50증	1774	진사	1740	하동	밀양			유학
101	임돈	정조01증	1777	생원	1736	장성	부안			유학
102	고응묵	정조01증	1777	진사	1734	영광	장흥			유학
103	임국진	정조07증	1783	진사	1748	장성	나주			유학
104	기태원	정조07식	1783	생원	1747	장성	행주			유학

105	유광렬	정조07식	1783	생원	1744	장성	문화			유학
106	기태온	정조10식	1786	생원	1738	장성	행주			유학
107	임덕진	정조10식	1786	생원	1759	장성	나주			유학
108	김문재	정조10식	1786	진사	1736	장성	울산			유학
109	최광언	정조10식	1786	진사	1759	부안	수성			유학
110	기무곤	정조13식	1789	진사	1768	영광	행주			유학
111	정행언	정조14증	1790	생원	1776	장성	진주			유학
112	고만집	정조14증	1790	생원	1757	영광	장흥			유학
113	변상찬	정조16식	1792	생원	1740	장성	황주			유학
114	백상구	정조16식	1792	생원	1723	장성	수원			유학
115	변상휘	정조16식	1792	진사	1734	부안	황주			유학
116	기태검	정조19식	1795	생원	1759	장성	행주			유학
117	변정용	정조22식	1798	생원	1773	장성	황주			유학
118	김이조	순조01증	1801	진사	1767	장성	울산			유학
119	박의순	순조03증	1803	생원	1761	장성	밀성			유학
120	변상선	순조04식	1804	생원	1749	장성	황주			유학
121	강효환	순조05증	1805	생원	1778	장성	진주			유학
122	이재원	순조05증	1805	진사	1774	장성	광산			유학
123	변덕용	순조05증	1805	생원	1764	무주	황주			유학
124	김의휴	순조07식	1807	생원	1771	장성	울산			유학
125	변종유	순조07식	1807	생원	1780	장성	황주			유학
126	기재린	순조09증	1809	진사	1779	장성	행주			유학
127	나원집	순조13증	1813	진사	1772	영광	금성			유학
128	변중유	순조13증	1813	진사	1776	경	황주			유학
129	기재규	순조14식	1814	생원	1776	장성	행주			유학
130	변유용	순조14식	1814	생원	1769	장성	황주			유학
131	김기휴	순조14식	1814	생원	1775	장성	울산			유학
132	유광인	순조14식	1814	진사	1756	장성	문화			유학
133	유갑증	순조16식	1816	생원	1779	장성	문화			유학
134	김방묵	순조16식	1816	진사	1786	장성	울산			유학
135	신우모	순조16식	1816	진사	1777	장성	고령			유학
136	김방유	순조19식	1819	생원	1779	장성	울산			유학
137	기호진	순조19식	1819	생원	1794	장성	행주			유학
138	김제충	순조19식	1819	생원	1764	장성	김해			유학
139	이집문	순조10식	1819	생원	1782	영광	경주			유학
140	기재선	순조22식	1822	생원	1792	장성	행주			유학
141	김방규	순조22식	1822	진사	1781	장성	울산			유학
142	최필한	순조22식	1822	진사	1769	장성	전주			유학
143	김윤국	순조22식	1822	진사	1752	영광	광산			유학
144	김응휴	순조27증	1827	생원	1806	장성	울산			유학
145	김광호	순조28식	1828	생원	1811	장성	분성			유학
146	기정진	순조31식	1831	생원	1798	장성	행주			유학
147	기윤진	순조31식	1831	생원	1798	장성	행주			유학

148	기익진	순조31식	1831	생원	1801	장성	행주			유학
149	변상돈	순조34식	1834	생원	1780	고부	황주			유학
150	김경휴	헌종01증	1835	생원	1812	장성	울산			유학
151	신승구	헌종03식	1837	생원	1810	장성	고령			유학
152	기봉진	헌종03식	1837	생원	1809	장성	행주			유학
153	고시한	헌종03식	1837	진사	1808	나주	장택			유학
154	기기진	헌종10증	1844	생원	1770	장성	행주	갑진1884증		업유
155	송창	헌종10증	1844	생원	1784	장성	진천			유학
156	반행도	헌종12식	1846	생원	1811	장성	남평			유학
157	김종휴	헌종12식	1846	진사	1807	장성	울산			유학
158	유경규	헌종15식	1849	생원	1781	장성	강릉			유학
159	변석기	철종01증	1850	생원	1818	장성	황주			유학
160	기양연	철종09식	1858	진사	1831	장성	행주			유학
161	기진연	철종09식	1858	진사	1826	장성	행주			유학
162	김기환	철종10증	1859	생원	1775	장성	울산			유학
163	김봉휴	철종10증	1859	진사	1817	장성	울산			유학
164	김요언	고종01증	1864	생원	1820	장성	울산			유학
165	변우기	고종01증	1864	진사	1792	부안	황주			유학
166	이세흠	고종01증	1864	진사	1790	영광	광산			유학
167	승진복	고종04식	1867	진사	1782	광주	광주			유학
168	백낙정	고종04식	1867	진사	1848	영광	수원			유학
169	김연환	고종07식	1870	생원	1843	장성	울산			유학
170	기우만	고종07식	1870	진사	1846	장성	행주			유학
171	김요익	고종10식	1873	생원	1804	장성	울산			유학
172	변채기	고종10식	1873	생원	1786	장성	황주			유학
173	이유순	고종10식	1873	생원	1785	광주	함평			유학
174	김흥환	고종13식	1876	생원	1848	장성	울산			유학
175	곽경종	고종17증	1880	진사	1837	장성	청주			유학
176	김상환	고종17증	1880	진사	1810	순창	울산			유학
177	반영구	고종17증	1880	생원	1853	장수	남평			유학
178	김봉수	고종22식	1885	생원	1852	장성	울산			유학
179	기관연	고종22식	1885	생원	1838	장성	행주			유학
180	이재국	고종22증	1885	생원	1838	장성	청안			유학
181	김학수	고종22증	1885	진사	1847	장성	울산			유학
182	변진형	고종22증	1885	진사	1814	경	황주			유학
183	백낙승	고종22식	1885	진사	1851	영광	수원			유학
184	김영환	고종25식	1888	생원	1852	장성	울산			유학
185	김용중	고종25식	1888	진사	1856	장성	울산			유학
186	김헌수	고종25식	1888	진사	1866	장성	울산	신묘1891식		유학
187	김기중	고종25식	1888	진사	1859	고부	울산			유학
188	김학규	고종31식	1894	진사	1873	장성	울산			유학
189	김용기	고종31식	1894	진사	1874	장성	울산			유학

조선시대 사마시 합격자 중 대체로 조선 초기에는 생원시 합격자가 진사시 합격자보다 우위에 있었으나 후기로 갈수록 역전되는 현상이 일어났다고 한다.30) 하지만 장성 지역의 경우는 생원시와 진사시 중 생원시 입격자가 좀 더 많았고, 후기로 가도 여전히 생원시 입격자가 조금 더 많았던 것을 알 수 있다.

〈표 10〉 장성 사족의 세기별 생원·진사 합격자 수

	15세기	16세기	17세기	18세기	19세기	합계
생원	4	13	12	30	41	100
진사	2	19	13	24	31	89

『사마방목』에서 확인되는 사마시 입격자 189명은 모두 49개 성관으로 이루어져 있다. 이들 성관에서 배출된 구체적 사마시 입격자 수는 다음과 같다. 강릉 유江陵 劉 1, 경주 이慶州 李 2, 고령 신高靈 申 3, 광산 김光山 金 18, 광산 이光山 李 2, 광주 승光州 承 1, 금성 나錦城 羅 1, 김해 김金海 金 1, 나주 나羅州 羅 1, 나주 임羅州 林 3, 남평 반南平 潘 3, 문화 유文化 柳 6, 밀성 박密城 朴 2, 밀양 박密陽 朴 3, 봉산 이鳳山 李 4, 부안 임扶安 林 1, 분성 김盆城 金 1, 서산 정瑞山 鄭 1, 선산 김善山 金 1, 선산 유善山 柳 1, 수성 최水城 崔 1, 수원 백水原 白 3, 신평 송新平 宋 1, 언양 김彦陽 金 1, 영광 김靈光 金 1, 울산 김蔚山 金 36, 의성 김義城 金 3, 장성 이長城 李 1, 장성 서長城 徐 1, 장택 고長澤 高 1, 장흥 고長興 高31) 5, 장흥 임長興 林 1, 전주 최全州 崔 1, 진원 박珍原 朴 5, 진원 오珍原 吳 1, 진주 정晋州 鄭 1, 진주 강晋州 姜 1, 진천 송鎭川 宋 2, 철원 주鐵原 周 1, 청송 심靑松

---

30) 장재천, 「조선시대 과거제도와 시험문화의 고찰」『한국사상과 문화』 제39집, 2007, 138쪽.
31) 장흥 고씨는 『영암군 읍지(靈巖郡邑誌)』 성씨 조에는 장택 고씨로 입록되어 있다. 행주 기씨, 충주 박씨와 함께 '기(奇) 고(高) 박(朴)'으로 일컬어지는 등 전라남도 일대의 명문가 중 하나이다. 장택 고씨(長澤 高氏)라고도 한다.

沈 6, 청안 이淸安 李 1, 청주 이淸州 李 1, 청주 곽淸州 郭 2, 태인 박泰仁 朴 1, 함평 이咸平 李 1, 행주 기幸州 奇 19, 황주 변黃州 邊 26명 등이다. 이 밖에 본관이 확인되지 않는 인물이 6명이 있다.

<표 11> 장성 사족의 성관별 사마시 입격자 수

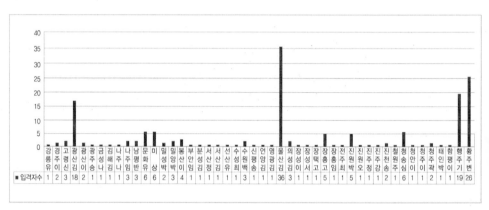

이들 중 가장 많은 생원·진사를 배출한 성관은 울산 김 36, 황주 변 26, 행주 기 19, 광산 김 18, 청송 심 6, 문화 유 6, 진원 박 5, 장흥 고 6 등의 순이다. 이들 중 10명 이상의 사마시 입격자를 배출한 4개 성관이 울산 김, 황주 변, 행주 기, 광산 김씨[32] 이다. 이들 4개 성관에서 배출한 생원·진사는 모두 100명으로 전체의 52.9% 정도를 차지한다. 이 밖에 생원·진사를 5명 이상 배출한 성관으로는 청송 심, 문화 유, 진원 박, 장흥 고씨 등 4개 성관이 있다. 이들 8개 성관에서 배출한 사마시 입격자는 모두 123명으로 전체의 64%나 된다. 앞서 살펴 본 문과 급제자를 배출한

---

32) 광주 김씨(光州 金氏)는 광주 김씨(光山 金氏)와 같은 성관이다. 광산은 광주의 고호 (古號)로 후손들은 광산 김씨로 자신들의 관향(貫鄕)을 부르고 있다. 다만『사마방목 (司馬榜目)』에는 광산(光山)과 광주(光州)를 혼용하여 쓰고 있다. 그러므로 본 글에 서는 광산 김씨와 광주 김씨를 같은 성관으로 보고 이들을 합산하여 설명하였다.

성관과 생원·진사를 배출한 성관이 거의 일치함을 볼 수 있다. 다만 행주기씨의 경우는 문과 급제자가 많지 않았던 것에 비해 생원·진사를 많이 배출한 것이 눈에 띈다.

〈표 12〉 사마시 배출 8개 주요 성관의 시기별 입격자 수

성관	15세기	16세기	17세기	18세기	19세기	합계
울산김	0	7	2	3	24	36
황주변	0	2	3	12	10	27
행주기	0	0	2	4	13	19
광산김	1	5	3	8	1	18
청송심	0	3	0	3	0	6
문화유	0	0	0	4	2	6
진원박	0	3	2	0	0	5
장흥고	0	1	0	4	1	6
합계	1	21	12	38	51	123

이와 같은 결과를 다시 시기별로 나누어 살펴 보면 다음 〈표 13〉과 같다.

〈표 13〉 사마시 배출 성관 시기별 추이

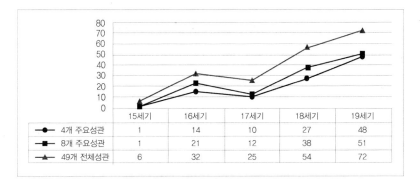

	15세기	16세기	17세기	18세기	19세기
● 4개 주요성관	1	14	10	27	48
■ 8개 주요성관	1	21	12	38	51
▲ 49개 전체성관	6	32	25	54	72

이와 같은 결과를 통하여 알 수 있는 것은 장성 지역의 사족들은 사마시 입격 추이는 대체로 계속적인 증가 추세를 보이고 있다는 사실이다. 다른 지역의 경우 조선 후기로 갈수록 사마시 합격자는 감소추세를 보이는 것과는 대조적이다.[33] 이는 장성 사족들이 사마시 입격을 중요시하였음을 알 수 있게 해준다. 이는 지역에서 지방양반으로서의 사회적 신분과 지위를 유지하는데 사마시 입격이 갖는 의미를 짐작하게 한다.

또한 〈표 13〉에서 볼 수 있는 것과 같이 주요 성관의 사마시 합격자 배출추이가 장성 지역 전체 성관의 사마시 합격자 배출추이와 거의 일치한다는 사실이다. 이는 몇 개의 주요 성관이 장성 전체 사족의 변화를 주도하고 있다는 것을 보여 준다. 결국 이들 주요 성관이 장성을 실질적으로 주도하고 있는 사족이라는 것을 사마시 입격 추이를 통해서도 확인할 수 있다.

장성 지역 양반 사족의 사마시 입격 당시 전력前歷은 다음과 같다. 유학幼學이 176명, 선무랑宣務郎 1명, 업유業儒 1명, 정병正兵 1명, 그리고 전력이 확인되지 않는 인물이 10명이다. 장성 지역의 사족들이 사마시에 입격할 당시 신분은 유학이 전체의 93% 이상을 차지하고 있음을 알 수 있다. 이는 지방양반의 절대 다수의 신분이 유학인 상태에서 생원·진사라는 신분의 취득은 향촌사회 내에서 중요한 사회적 지위를 획득하는 것이었음을 짐작케 한다.

다음으로 장성 사족이 사마시에 입격할 당시 연령을 살펴보자. 연령을 확인할 수 있는 장성 사족은 모두 161명이다. 이들의 사마시 입격시 평균 연령은 40.1세이다. 이를 다시 연령대별로 살펴보면 다음과 같다. 10대 5명(3.1%), 20대 31명(19.3%), 30대 54명(33.5%), 40대 43명(26.7%), 50대 13

---

33) 조선 후기로 갈수록 사마시 입격이 문과 응시의 필수조건이 아니었기 때문에 사마시 입격자는 대체로 감소하는 경향을 보인다. 전라도의 대표적 지역인 나주의 경우를 예로 들 수 있다. 박진철, 앞의 논문, 2010, 145~147쪽 참조.

명(8.1%), 60대 3명(1.9%), 70대 8명(4.9%), 80대 4명(2.5%) 등이다. 이는 장
성 사족의 경우 사마시에 입격하는 경우 30대가 가장 많고, 다음으로 40
대, 그리고 20대의 순이다. 60대 이상에서 입격한 경우도 전체의 9.3%나
된다. 이는 장성 지역 사족들이 오랜 기간 동안 사마시에 입격하기 위해
노력하고 있음을 알 수 있게 해준다. 생원과 진사라는 신분의 획득이 향
촌사회에서 누릴 수 있는 사회적 지위를 짐작할 수 있다. 장성의 지방양
반들은 이렇듯 사마시에 입격하여 생원·진사라는 신분을 획득하기 위해
장기간 지속적인 노력을 계속하였던 것이다.

3. 長城 地方 主要 士族의 姓貫別 科擧 合格者 實態

앞서 살펴 본 바와 같이 장성 지방양반으로 문과와 사마시 합격자를
많이 배출한 대표적 성관은 울산 김, 황주 변, 행주 기, 광산 김씨를 들
수 있다. 이들 성관은 향안 입록에 있어서도 가장 많은 입록자를 차지하
고 있는 장성 지방의 유력 성씨라는 특징을 보이고 있다.[34] 다시 말하여
장성 지방에서 향안 입록을 주도하면서 장성의 지배 사족으로 존재했던
사족 성관들이 문과와 사마시 합격자도 가장 많이 배출하고 있었다는 것
을 알 수 있다.[35] 이제 그 중에서 가장 많은 문과와 사마시 합격자를 배
출했던 울산 김씨를 비롯하여, 황주 변, 행주 기, 광산 김씨와 같은 주요

---

34) 1606년 이래 꾸준한 향안 입록을 보이는 성씨들이 장성 지방의 유력 성씨들이다.
이들 성씨 중 매번 향안 추록이 있을 때마다 가장 많은 입록자를 차지하고 있는
것이 울산 김씨이다. 다음으로 광산 김씨, 황주 변씨, 행주기씨의 순이다. 박지현,
「朝鮮後期 長城地方 士族의 動向」, 한국정신문화연구원, 석사학위논문, 1993, 22~
23쪽 참조.
35) 鄕案은 한 지역의 有力 사족집단들의 명단으로 지역적·신분적 폐쇄성을 갖고 있
다. 김용덕, 「鄕規研究」『한국사연구』 54, 1986, 40~43쪽 참조.

성관들의 과거 합격 실태를 좀 더 살펴보도록 한다.

우선 울산 김씨를 살펴보자. 울산 김씨는 장성에서 가장 대표적인 지방 양반이라고 할 수 있다. 『장성향교지』「문과」편에는 울산 김씨가 모두 14명이 등재되어 있다. 『문과방목』에서 확인할 수 있는 인물은 모두 12명 이다. 김응두金應斗, 김인후金麟厚, 김종진金宗振, 김백균金百鈞, 김대명金大 鳴, 김우휴金羽休, 김진호金鎭祜, 김상희金相熙, 김상호金相昊 등이 그들이다. 이 밖에 고종년간에 급제한 김동주金東柱, 김홍수金興洙, 김헌수金憲洙가 있 다.[36]

〈표 14〉 울산 김씨 중 『문과방목』에서 확인 가능한 인물

번호	성명	과거종류	시험년	전자	부	가과
1	김응두	중종17년 임오식	1522	생원	김준	백균의 부
2	김인후	중종35년 경자별	1540	진사	김령	
3	김백균	명종04년 기유식	1549	진사	김응두	
4	김대명	선조03년 경오식	1570	생원	김추	
5	김종진	광해2년 경술식	1610	유학	김천일	
6	김우휴	순조34년 갑오식	1834	유학	김방회	
7	김진호	고종13년 병자식	1876	유학	김의정	호: 물천
8	김동주	고종20년 계미식	1883	유학	김건중	
9	김홍수	고종22년 을유식	1885	유학	김봉호	
10	김상호	고종25년 무자식	1888	유학	김학수	
11	김헌수	고종28년 신묘식	1891	진사	김봉우	
12	김상희	고종28년 신묘식	1891	유학	김학수	

울산 김씨의 중시조中始祖는 김온金穩(1348~1413)이다.[37] 울산 김씨는 김 온의 아들 대에 장성長城에 입향入鄕하였다. 『장성향교지』「문과」편에는

---

36) 김동주는 고종20년 계미 식년시에, 김홍수는 고종22년 을유 식년시에, 김헌수는 고 종28년 신묘 식년시에 급제한 것이 『문과방목』에서 확인된다.

37) 김온은 조선 건국에 일조하였으나 태종의 처남인 민무구와 민무질의 옥사와 관련 하여 화를 입었다: 박지현, 「朝鮮後期 長城地方 士族의 動向」, 한국정신문화연구 원, 석사학위논문, 1993, 참조.

김온의 후손으로 기록되어 있는 인물이 4명이다. 김인후는 김온의 5대손
이다. 김인후의 후손으로 기록되어 있는 인물도 4명이다. 다음으로 김응
두와 그의 후손으로 모두 4명이 기록되어 있다. 이들은 울산 김씨 입향조
인 김온의 세 아들 중 첫째 달근達根의 후손인 백파伯派, 둘째 달원達源의
후손인 중파仲派, 그리고 셋째 달지達枝의 후손인 계파季派의 후손들이다.
이렇듯 『장성향교지』「문과」편에 김온의 후손으로 기록되어 있는 인물들
은 백파伯派, 김인후의 후손으로 되어 있는 이들은 중파仲派, 김응두의 후
손으로 되어 있는 이들은 계파季派이다. 중파仲派인 김인후의 후손들과 마
찬가지로 백파伯派나 계파季派 모두 문과 급제자를 대등하게 배출하고 있
었던 것이다.

　　울산 김씨를 대표하는 현조顯祖라 할 수 있는 하서河西 김인후는 울산蔚
山 김씨의 3파 중 중파에 속한다.38) 김인후는 중종 35년 경자 별시에 문
과에 급제하였다. 김인후의 사위 조희문趙希文은 명종 8년 계축 별시에 문
과에 급제한 인물로 본관은 함안咸安이다. 또한 김인후의 외손자인 유진柳
縝은 명종 19년 갑자 식년시에 문과에 급제하였는데 본관은 진주晋州이다.
김인후의 후손으로 문과에 급제한 이는 순조34년 갑오 식년시에 급제한
김우휴, 김동수39), 고종 25년 무자 식년시에 급제한 김상호, 고종28년 신
묘 식년시에 급제한 김상희 등이 있다.

　　울산 김씨 계파의 인물로 문과에 급제한 인물로 김응두金應斗가 있다.
김응두는 중종 17년 임오 식년시에 문과에 급제하였다. 그의 아들 김백균
金百鈞도 명종 4년 기유 식년시에 문과에 급제하였다.40) 김백균의 사위가
유명한 의병장 고경명高敬命이다. 고경명은 장택長澤 고씨로 명종 13년 무

---

38) 송준호, 『조선사회사연구』, 일조각, 1987, 131쪽 참조.
39) 『장성향교지』「문과」편에 기록되어 있으나, 『문과방목』에서는 확인되지 않는다.
40) 김백균은 권신 이량(李樑)(1520~1572)의 일당으로 1563년(명종 18년) 이량 일파가
　　조정에서 축출될 때 함께 삭탈관직되었다. 이러한 사실은 그의 후손의 사회적 지위
　　에도 영향을 주었을 것이다. 송준호, 앞의 책, 131쪽 참조.

오 식년시에 문과에 급제하였다. 고경명의 아들 고종후高從厚와 고인후高
因厚, 고용후高用厚도 모두 문과에 급제하였다.[41] 또한 김백균의 외손자인
여흥 민씨 민천부閔天符도 명종 13년 무오 식년시에 급제하였다.

한편, 장성의 지방양반 중 울산 김씨로 사마시에 입격한 자는『장성향
교지』「사마」편에는 모두 49명이 기록되어 있다. 울산 김씨로『사마방목』
에서 확인되는 인물은 36명이다.

〈표 15〉 울산 김씨 중『사마방목』에서 확인 가능한 인물

번호	성명	과거종류	시험년	생진	생년	전력
1	김준	연산10식	1504	생원		
2	김응두	중종08식	1513	생원		유학
3	김인후	중종26식	1531	진사		
4	김백균	중종38식	1543	진사		유학
5	김진추	명종16식	1561	생원	1536	유학
6	김홍균	선조01증	1568	진사	1524	유학
7	김석형	선조06식	1573	진사	1545	유학
8	김진휘	인조11식	1663	진사	1607	
9	김시서	숙종17증	1691	진사	1652	유학
10	김경집	영조32식	1756	진사	1709	유학
11	김익휴	영조50증	1774	진사	1737	유학
12	김문재	정조10식	1786	진사	1736	유학
13	김이조	순조01증	1801	진사	1767	유학
14	김의휴	순조07식	1807	생원	1771	유학
15	김기휴	순조14식	1814	생원	1775	유학
16	김방묵	순조16식	1816	진사	1786	유학
17	김방유	순조19식	1819	생원	1779	유학
18	김방규	순조22식	1822	진사	1781	유학
19	김응휴	순조27증	1827	생원	1806	유학
20	김경휴	헌종01증	1835	생원	1812	유학
21	김종휴	헌종12식	1846	진사	1807	유학
22	김기환	철종10증	1859	생원	1775	유학
23	김봉휴	철종10증	1859	진사	1817	유학
24	김요언	고종01증	1864	생원	1820	유학

41) 고종후는 선조10년 정축 별시에, 고인후는 선조22년 기출 증광시에, 고용후는 선조
   39년 병오 증광시에 급제하였다.『문과방목』참조.

25	김연환	고종07식	1870	생원	1843	유학
26	김요익	고종10식	1873	생원	1804	유학
27	김홍환	고종13식	1876	생원	1848	유학
28	김상환	고종17증	1880	진사	1810	유학
29	김봉수	고종22식	1885	생원	1852	유학
30	김학수	고종22증	1885	진사	1847	유학
31	김영환	고종25식	1888	생원	1852	유학
32	김용중	고종25식	1888	진사	1856	유학
33	김헌수	고종25식	1888	진사	1866	유학
34	김기중	고종25식	1888	진사	1859	유학
35	김학규	고종31식	1894	진사	1873	유학
36	김용기	고종31식	1894	진사	1874	유학

『장성향교지』에 의하면 이들 중 하서 김인후와 그의 후손들의 수가 20 명이나 된다. 백파伯派인 홍려군 김온과 그 후손으로 기록되어 있는 인물이 4명, 계파季派인 절수헌 김응두와 그의 후손으로 5명이 등재되어 있다. 김응두 집안은 아버지 김준金俊이 연산10년(1504)에 생원시에, 김응두 자신은 중종8년(1513) 생원시에, 아들인 김백균과 김홍균金弘鈞은 중종38년 (1543)과 선조1년 증광시에 생원시와 진사시에 입격하였다. 그리고 김백균의 아들 김진추金震秋는 명종16(1561)에 생원시에 입격하였다. 4대代가 사마시에 입격하고 있는 것이다.

이를 통하여 알 수 있는 것은 장성의 울산 김씨 3파 중 중파仲派인 김인후의 후손들이 사마시 입격에서는 압도적으로 많은 수를 배출하고 있다는 것이다. 이는 김인후의 직계 후손들이 지역 사회에서 차지하는 위상을 짐작하게 한다. 또한 하서 김인후라는 그 명성이 전국적으로 자자한 현조顯祖를 가지고 있는 가문이 사마시 합격에 얼마나 노력하였는지도 알게 하여 준다. 이는 지방 거주 사족들이 단순히 조상의 명성에 의지해서 자신들의 사회적 지위를 유지하고자 했던 것이 아니라는 것을 보여준다. 물론 현조의 명성만으로도 문과나 사마시에 합격하지 않고도 양반으로서의 사회적 지위와 유세를 유지할 수는 있었다. 예를 들어 울산 김씨 중 김남중

金南重은 문과나 사마시에 합격하지는 않았으나 장성 지역에서의 사회적 지위는 대단히 높았다. 왜냐하면 김남중은 하서 김인후의 손자이자 광주 光州의 고봉高峯 기대승奇大升의 사위였기 때문이다.[42] 그러나 지방양반들은 현조顯祖의 명성만으로는 부족한 부분이 있었던 것으로 생각된다. 〈표 15〉에서 볼 수 있는 것처럼 조선말로 갈수록 사마시 입격자가 많아지는 것은 이들이 현조의 명성만으로는 자신들의 사회적 지위와 위세를 지키기 어려워졌음을 보여준다. 이들은 자신들의 사회적 신분을 유지하기 위하여 사마시라는 국가 공인 시험을 통하여 스스로를 증명하고자 노력 하였던 것이다.

다음으로 살펴 볼 성관은 황주黃州 변씨邊氏이다. 황주 변씨가 장성에 입향한 것은 1365년 이후이며, 입향조는 변정邊靜이다.[43] 황주 변씨는 변정의 손자 변호邊浩가 1501년 생원시에 합격하였다.[44] 그 이후 변호의 증손曾孫인 변이중邊以中이 선조6년(1573) 계유 식년시에 문과에 급제함으로써 사족적 기반을 내세울 수 있었다고 한다.[45] 황주 변씨 중에서는 이 변이중의 후손들이 장성의 지방양반으로서 많은 과거 합격자를 배출하였다. 변이중의 아들 변경윤邊慶胤은 선조 36년 계묘 식년시에 문과에 급제하였다. 또한 변이중의 현손玄孫인 변유邊攸는 숙종25년 기묘 식년시에 문과에 급제하였다. 그리고 순조1년 신유 증광시 문과에 급제한 변상휘邊相徽도 변이중의 후손이었다.

『장성향교지』「문과」편에는 황주 변씨가 모두 8명이 등재되어 있다. 이들 중 『문과방목』에서 확인할 수 있는 인물은 모두 7명이다. 변이중, 변경윤, 변유, 변치명邊致明,[46] 변득양邊得讓,[47] 변상휘邊相徽, 변동익邊東

---

42) 특히 광주 지방의 고봉 기대승의 집안은 당시 전라도에서 제1급의 양반으로 인정을 받았다. 송준호, 앞의 책, 1987, 131쪽 참조.

43) 『黃州邊氏大同譜』, 1988.

44) 변호(邊浩)는 燕山7년(1501) 式年 生員試에 입격하였다. 『사마방목』 참조.

45) 박지현, 앞의 논문, 1993, 9~10쪽 참조.

翼48)이 그들이다.

<표 16> 황주 변씨 중 『문과방목』에서 확인 가능한 인물

번호	성명	과거종류	시험년	전자	부	가과
1	변이중	선조6년 계유식년	1573	생원	변택	호: 망암 / 경윤의 부
2	변경윤	선조36년 계묘식	1603	종사	변이중	
3	변유	숙종25년 기묘식년	1699	생원	변세추	이중의 현손
4	변치명	영조27년 신미정	1751	통덕	변일	득양의 부
5	변득양	영조32년 병자정	1756	통덕	변치명	
6	변상휘	순조01년 신유증	1801	진사	변종주	
7	변동익	고종22년 을유증광	1885	유학	변회연	

　황주 변씨로 사마시에 입격한 자는 『장성향교지』「사마」편에는 모두 30명이 기록되어 있다. 『사마방목』에서 황주 변씨로 입격한 것으로 확인되는 인물은 27명이다. 이 27명 중 17명은 거주지가 장성으로 되어 있다. 나머지 10명 중 6명은 경京, 부안扶安 2명, 무주茂朱와 고부古阜로 되어 있는 자가 각 1명씩이다.

　황주 변씨의 입향조인 변정의 외손녀 사위가 진원珍原 박씨朴氏인 박서朴恕이다. 박서는 연산7년(1501) 생원과 진사시 양시에 입격한 인물이다. 이 진원 박씨는 장성 지방의 토성土姓 집안으로 세력이 있었으므로 황주 변씨는 이 진원 박씨와의 혼인관계로 자신들의 사회적 지위를 향상시켰던 것이다.49) 진원 박씨인 박서는 사마시 양시에 입격하였고, 그의 아들 박원순朴元恂은 명종1년(1546)에 생원시에, 박원순의 아들인 박선철朴宣哲과 박준철朴濬哲은 광해2년(1610)과 선조38년(1605) 증광시에 각각 생원으로 입격하였다. 3대가 사마시에 입격하고 있는 것이다.

---

46) 변치명은 영조27년(1751) 신미 정시에 급제하였다.
47) 변득양은 영조32년(1756) 병자 정시에 급제하였다.
48) 변동익은 고종22년(1885) 을유 증광시에 급제하였다.
49) 박지현, 앞의 논문, 1998, 9~10쪽 참조.

이를 통해서도 장성 지방 사족들뿐만 아니라 이들과 통혼 관계를 맺고
있던 사족들도 자신들의 사회적 지위를 유지하기 위하여 사마시 입격에
노력하고 있었음을 다시 한 번 확인하게 된다.

〈표 17〉 황주 변씨 중 『사마방목』에서 확인 가능한 인물

번호	성명	과거종류	시험년	생진	생년	전력
1	변호	연산07식	1501	생원		유학
2	변이중	선조01증	1568	생원	1546	유학
3	변광식	숙종01증	1675	진사	1648	유학
4	변건	숙종25식	1699	생원	1675	유학
5	변유	숙종25식	1699	생원	1652	유학
6	변치주	숙종40증	1714	진사	1684	선무랑
7	변치일	경종01식	1721	생원	1676	유학
8	변치명	경종01식	1721	진사	1693	유학
9	변치도	영조26식	1750	생원	1696	유학
10	변치도	영조27식	1751	진사	1696	유학
11	변득경	영조29식	1753	생원	1725	유학
12	변득양	영조29식	1753	진사	1723	유학
13	변치흠	영조30증	1754	생원	1724	유학
14	변득형	영조47식	1771	생원	1711	유학
15	변상찬	정조16식	1792	생원	1740	유학
16	변상휘	정조16식	1792	진사	1734	유학
17	변정용	정조22식	1798	생원	1773	유학
18	변상선	순조04식	1804	생원	1749	유학
19	변덕용	순조05증	1805	생원	1764	유학
20	변종유	순조07식	1807	생원	1780	유학
21	변중유	순조13증	1813	진사	1776	유학
22	변유용	순조14식	1814	생원	1769	유학
23	변상돈	순조34식	1834	생원	1780	유학
24	변석기	철종01증	1850	생원	1818	유학
25	변우기	고종01증	1864	진사	1792	유학
26	변채기	고종10식	1873	생원	1786	유학
27	변진형	고종22증	1885	진사	1814	유학

다음으로 살펴 볼 성관은 행주幸州 기씨奇氏이다. 『장성향교지』「문과」
편에는 행주 기씨가 모두 2명이 등재되어 있다. 기문현奇文鉉과 기양연奇
陽衍이 그들이다. 이 둘은 모두『문과방목』에서 확인 가능하다. 기문현은
헌종10년 갑진 증광시 문과에 급제하였다.[50) 기양연은 고종4년 정묘 식
년시 문과에 급제한 것으로 되어 있다.[51)

〈표 18〉 행주 기씨로『문과방목』에서 확인 가능한 인물

번호	성명	과거종류	시험년	전자	부	가과
1	기문현	헌종10년 갑진증	1844	유학	기정강	
2	기양연	고종4년 정묘식	1867	유학	기윤진	묘재 순창/ 호: 백석헌

행주 기씨로 사마시에 입격한 자는 『장성향교지』「사마」편에는 모두
18명이 기록되어 있다. 『사마방목』에서 행주 기씨로 입격한 것으로 확인
되는 인물은 19명이다.[52) 『장성향교지』「사마」편에 있는 인물 중에서 『사
마방목』에서 확인되지 않는 인물은 기공온과 기우진이 있다. 반면에 『장
성향교지』에는 없으나, 『사마방목』 장성 거주로 확인되는 행주 기씨 인물
로는 기태온, 기호진, 기익진이 있다.[53)

〈표 19〉 행주 기씨로『사마방목』에서 확인 가능한 인물

번호	성명	과거종류	시험년	생진	생년	전력
1	기진탁	인조02식	1624	진사	1607	유학
2	기정만	현종04식	1663	진사	1633	유학

---

50) 『문과방목』에는 거주지가 광주로 되어 있고, 묘는 진원에 있다고 되어 있다.
51) 기양연은『문과방목』에 의하면 거주지는 장성(長城)으로 되어 있으나, 묘는 순창
(淳昌)에 있다고 되어 있다.
52) 이 중에서 기무곤은 거주지가 영광으로 기재되어 있다.
53) 결국『장성향교지』「사마」편과『사마방목』에서 확인되는 행주 기씨는 모두 21명
이다.

3	기태원	정조07식	1783	생원	1747	유학
4	기태온	정조10식	1786	생원	1738	유학
5	기무곤	정조13식	1789	진사	1768	유학
6	기태검	정조19식	1795	생원	1759	유학
7	기재린	순조09증	1809	진사	1779	유학
8	기재규	순조14식	1814	생원	1776	유학
9	기호진	순조19식	1819	생원	1794	유학
10	기재선	순조22식	1822	생원	1792	유학
11	기정진	순조31식	1831	생원	1798	유학
12	기윤진	순조31식	1831	생원	1798	유학
13	기익진	순조31식	1831	생원	1801	유학
14	기봉진	헌종03식	1837	생원	1809	유학
15	기기진	헌종10증	1844	생원	1770	업유
16	기양연	철종09식	1858	진사	1831	유학
17	기진연	철종09식	1858	진사	1826	유학
18	기우만	고종07식	1870	진사	1846	유학
19	기관연	고종22식	1885	생원	1838	유학

　　인조2년(1624)에 진사에 입격한 기진탁奇震鐸은 그의 아들 기정만奇挺萬
도 현종4년(1663)에 진사에 입격하였다. 기태원奇泰源은 정조7년(1783) 생원
시에 입격하였고, 그의 아들 기재린奇在麟은 순조9년 증광시에 진사에 입
격하였다. 기태온奇泰溫은 정조10년(1786) 생원시에 입격하였고, 그의 동생
기태검奇泰儉은 정조19년(1795) 생원시에 입격하였다. 기태검의 아들 기재
규奇在奎와 기재선奇在善은 각각 순조14년(1814)와 순조22년(1822)에 생원시
에 입격하였다. 그리고 기재선의 아들 기봉진奇鳳鎭도 헌종3년(1837)에 생
원시에 입격하였다. 기봉진의 아들 중 기진연奇晋衍은 철종9년(1858) 진사
시에, 기관연奇觀衍은 고종22년(1885)에 생원시에 입격하였다. 양자養子로
나갔으나 기양연奇亮衍도 기봉진의 아들로 철종9년(1858)에 진사시에 입격
하였다. 4대가 계속하여 사마시에 입격한 것이다. 그래서 이 집안을 '사대
진사四代進士의 집'이라고 하였다.[54] 이들은 모두 기효련奇孝諫(1530~1593)

을 현조顯祖로 한다. 기효련은 광주光州의 고봉 기대승의 당질堂姪이자 하
서 김인후의 문인門人이기도 하였다.55) 19세기의 유명한 성리학자이자 장
성의 사족인 노사蘆沙 기정진奇正鎭도 기효련의 후손이다. 기정진은 순조
31년(1831)에 생원시에 입격하였다. 이와 같이 장성 지방의 행주 기씨는
기건奇虔,56) 기효련奇孝諫과 같은 명인名人의 후손이요 기준奇遵, 기대승奇
大升, 기대항奇大恒, 기자헌奇自獻과 같은 명인을 방조傍祖로 받들고 있다는
사실만으로도 양반으로서의 사회적 지위와 위세를 유지할 수 있었다.57)
그럼에도 불구하고 4대가 계속하여 사마시 입격자를 배출한 정도로 과거
科擧 합격에 열심히 노력하였던 것이다. 이는 현조가 있는 집안이라 할지
라도 스스로의 능력을 증명해 보이는 것이 중요하였다는 것을 보여준다.
이들이 자신들의 사회적 지위와 위세를 유지하고, 또한 현조의 명성을 유
지하기 위해서도 과거 합격을 결코 포기할 수 없는 것이었음을 알 수 있
게 해준다.

마지막으로 살펴 볼 성관은 광산光山 김씨金氏이다. 『장성향교지』 「문
과」편에는 광산 김씨가 모두 7명이 등재되어 있다. 이들 중 『문과방목』에
서 확인되는 인물은 5명이다. 김숭조金崇祖가 연산1년(1459) 을묘 증광시
에, 김숭수金崇壽가 중종12년(1517) 정축 별시에,58) 김기金紀가 중종14년 기

---

54) 실제는 '4대 생원(生員)'이라고 하여야 하나 이 시기 사마시(司馬試) 입격자는 생원
   까지도 으레 진사라고 부르는 경향이 있었다고 한다. 송준호, 앞의 책, 1987, 132쪽
   참조.
55) 송준호, 앞의 책, 1987, 132~133쪽 참조.
56) 기건은 세종때 대사헌을 지냈고, 세조때 청백리로 뽑힌 인물로 고봉 기대승의 고조
   가 되는 인물이다.
57) 기준은 기묘팔현(己卯八賢) 중에 들어가는 인물이며 그의 아들 기대항(奇大恒)(文
   科, 漢城判尹)과 증손(曾孫) 기자헌(奇自獻: 文科, 領議政)도 다 당대(當代)의 명인
   (名人)으로 인정을 받고 있다. 세 사람이다. 『국조인물고(國朝人物考)』에 나온다.
   송준호, 앞의 책, 1987, 133쪽 참조.
58) 김숭수는 『문과방목』에 거주는 영광(靈光)으로 되어 있고, 묘는 장성(長城)에 있다
   고 되어 있다.

묘 식년시에, 김약金約이 명종8년(1553) 계축 별시에, 김여옥金汝鈺이 인조2
년 갑자 식년시에 문과에 급제한 것으로 되어 있다. 김기는 김숭조의 아
들이고, 김여옥은 김기의 현손이다. 김숭수와 김약은 숙질 관계이다. 장
성 지역 광산 김씨의 입향조는 김숭조金崇祖이다. 김숭조는 광산 김씨의
시조始祖 김흥광金興光의 18세손인 김자진金子進의 장자長子인 김충손金衷孫
의 아들이다.59) 또한 김숭조의 사위는 선산善山 유씨柳氏 유성춘柳成春이
다. 유성춘은 미암 유희춘柳希春의 형이고, 외조부外祖父는 탐진耽津 최씨崔
氏 최부崔溥다.60) 유성춘도 중종9년(1514) 갑술 별시에 생원에 입격하였다.

〈표 20〉 광산 김씨로『문과방목』에서 확인 가능한 인물

번호	성명	과거종류	시험년	전자	부	가과
1	김숭조	연산1년 을묘증	1459	진사	김충손	기의 부/여옥의 고조
2	김숭수	중종12년 정축별	1517	진사	김종손	約의 叔
3	김기	중종14년 기묘식	1519	유학	김숭조	호:옥곡
4	김약	명종08년 계축별	1553	진사	김숭로	숭수의 질
5	김여옥	인조2년 갑자식	1624	생원	김우급	호:미산, 추담/ 기의 현손

광산 김씨로 사마시에 입격한 자는『장성향교지』「사마」편에는 모두
25명이 기록되어 있다.『사마방목』에서 광산 김씨로 입격한 것으로 확인
되는 인물은 16명이다.『장성향교지』「사마」편에 있는 인물 중에서『사
마방목』에서 확인되지 않는 인물은 김숭조, 김숭노, 김광연, 김회, 김신
규, 김응운, 김천여, 김필정, 김천희, 김성택 등 10명이다. 반면에『장성향

---

59)『만가보(萬家譜)』, 民昌文化社, 1992 ; 박지현, 앞의 논문, 1998, 참조. 김숭조는
　　『문과방목』에는 거주는 나주(羅州)로 되어 있고, 묘는 장성(長城)에 있다고 되어
　　있다.
60) 최부는 전라도 나주 출신으로 호는 금남(錦南)이다.『표해록(漂海錄)』을 쓴 것으로
　　유명하다. 1504년 갑자사화때 참형을 당하였으나, 중종 즉위와 동시에 신원(伸寃)
　　되어 승정원도승지가 추증되었다.

교지』에는 없으나, 『사마방목』 장성 거주로 확인되는 광산 김씨 인물로는
숙종31년(1705) 증광시에 생원에 입격한 김지광이 있다.[61]

〈표 21〉 광산 김씨로 『사마방목』에서 확인 가능한 인물

번호	성명	과거종류	시험년	생진	생년	전력
1	김숭수	연산01증	1495	진사		유학
2	김관	중종08식	1513	진사		유학
3	김약	중종26식	1531	진사		
4	김경헌	명종01식	1546	진사		유학
5	김우급	광해04식	1612	진사	1574	유학
6	김여옥	인조02증	1624	생원	1596	유학
7	김현	인조02식	1624	진사	1606	유학
8	김지광	숙종31증	1705	생원	1663	유학
9	김회경	숙종40증	1714	생원	1661	유학
10	김치대	숙종40증	1714	진사	1668	유학
11	김회선	경종01증	1721	진사	1689	유학
12	김천심	영조16증	1740	생원	1703	유학
13	김천록	영조23식	1747	진사	1706	유학
14	김천근	영조30증	1754	생원	1717	유학
15	김필기	영조49증	1773	진사	1733	유학
16	김윤국	순조22식	1822	진사	1752	유학

〈표 21〉에서 볼 수 있는 것처럼 광산 김씨는 꾸준히 사마시 입격자를
배출하였으며, 특히 18세기 숙종과 영조년간에 많은 사마시 입격자를 배
출하고 있다. 새로 이거해 들어왔던 성씨였던 광산 김씨는 자신들의 사족
적 기반을 확보하기 위하여 과거 합격에 노력하였음을 추측할 수 있다.
이들은 이러한 과거 합격을 발판으로 지방양반으로서 사회적 신분과 지위
를 유지하고자 하였을 것이다.

---

61) 결국 『장성향교지』 「사마」편과 『사마방목』에서 확인되는 광산 김씨는 모두 26명
   이다.

제2장 地方兩班과 司馬試

조선시대 양반이 자신들의 신분을 획득하고 지배집단으로서의 지위를 유지하는 길은 과거에 합격하여 관직官職을 갖는 것이었다. 즉, 양반의 신분적 지위와 특권을 유지시켜주는 가장 중요한 요소는 역시 관직이었다. 나아가서 관직보유는 당대當代에서의 위세를 가늠하는 척도였으며, 그 양반이 소속되어 있는 가문家門의 위세는 과거급제자의 숫자와 관직의 높고 낮음에 의하여 좌우되기까지 하였다.[1] 과거에 급제하는 일이 지배 계층에 들어갈 수 있는 최대, 최선의 방법이었던 것이다. 물론 조선 초기에 있어서는 과거 이외의 방법으로 지배계층이 되기도 하였다. 하지만 시간이 지날수록 과거의 중요성은 더욱 커져 갔다. 따라서 조선시대의 지배계층을 분석하기 위해서는 과거 합격자의 분석이 큰 의미를 갖는 것이다.[2]

조선시대의 양반은 관료로서 국가기구를 장악하였을 뿐만 아니라, 지방양반在地士族으로서 향촌사회까지도 지배하였다. 이 중 국가기구를 장악하고 있던 관료들은 대부분 과거 급제자들이었다. 따라서 조선시대의 지배집단을 이해하기 위해서는 일차적으로 조선시대의 충원기제인 과거제도를 연구할 필요가 있다.[3] 과거 급제자와 관련된 많은 정보가 담겨져 있

---

1) 이창걸, 「조선중기 지배집단의 사회적 배경에 관한 연구」『한국사회학회 93년 후기 사회학대회 발표논문』, 1993, 64쪽.
2) 미야지마 히로시, 「조선 후기 지배 계층의 재생산 구조」『한국사학보』 제32호, 2008, 214쪽.
3) 이창걸, 앞의 논문, 1993, 64쪽.

는 방목榜目은 과거제의 운영 실상을 알아보기 위한 기본 자료가 된다.4) 이와 함께 조선시대 지배계층의 존재양상을 검증해 볼 수 있는 문헌자료가 읍지의 인물人物관계 기록일 것이다. 즉 읍지邑誌에 보이는 인물人物·과 환科宦·사마안司馬案·문과안文科案·무과안武科案·음사蔭仕·학행學行·일덕逸德 또는 청금안靑衿案·유생안儒生案 등이다.5)

이 장에서는 이러한 인식과 자료를 바탕으로 우선 지역 사례 연구로서 호남의 대표적 고을인 나주에 거주했던 사족들의 사마시 입격 실태를 파악하고자 한다.6) 조선시대 나주는 호남의 거읍巨邑으로 전라도全羅道라는 명칭의 유래에도 나타나 있듯이 도道의 중심지로서의 역사를 가지고 있다. 뿐만 아니라 나주는 호남사림湖南士林들이 향권鄕權 장악을 위해 다투었던 대립의 중심지였다.7) 예를 들면 1589년 시작된 기축옥사己丑獄事는 나주지방에서 서인西人세력이 동인東人세력에게 일대 타격을 주었던 정치적 사건이었다. 이는 서인이 동인세력을 중앙정계에서 몰아내고 주도권을 장악하려는 정쟁政爭의 측면과 호남지역 향촌에서의 지배권을 둘러싼 향전鄕戰의 측면이 있었다.8) 호남지역은 다양한 계열의 문도門徒들과 동·서

---

4) 김창현, 「조선초기 문과의 운영실태」 『사학연구』 제55·56합집, 1998, 227쪽.
5) 이외 간혹 읍지에 수록되기도 하고 독립적으로 존재하기도 하는 향안(鄕案) 등도 이용될 수 있다. 읍지에 보이는 수다한 항목의 인물 관계 자료들 중에서도 검토의 대상으로 할 수 있는 것은 인물·사마안·문과안·무과안의 항목이다. 다만 인물항의 등재에는 분명한 기준이 없고, 또 읍지편찬 주체의 이해관계에 따라 취사선택이 가해졌을 가능성이 높다는 한계가 있다(김동수, 「조선시대 나주지방의 유력사족」 『나주지방 누정문화의 종합적 연구』, 전남대학교출판부, 1988, 2~3쪽), 『청금록』과 과거 합격자의 관계에 대해서는 박진철, 「조선후기 향교의 청금유생과 지방양반의 동향」 『한국사학보』 제25호, 2006 참조).
6) 생원시든 진사시든 사마시에 합격하면 입격(入格)이라 하였고, 문과는 급제(及第) 또는 등과(登科)라고 하였다: 장재천, 「조선시대 과거제도와 시험문화의 고찰」 『한국사상과 문화』 제39집, 2007, 138쪽.
7) 김동수, 「조선시대 나주지방의 유력사족」 『나주지방 누정문화의 종합적 연구』, 전남대학교출판부, 1988, 62~63쪽.
8) 우인수, 「정여립 역모사건의 진상과 기축옥의 성격」 『역사교육논집』 제12집,

인이 혼재되어 대립하고 있는 상태였고,[9] 이러한 대립의 중심지가 나주
였던 것이다. 이후 호남지방은 서인계西人系의 사림이 우세를 보이게 된
다.[10] 그러나 호남지방이 모두 서인에 의해 지배된 것은 아니었으며 특히
나주는 나주 나씨羅州 羅氏로 대표되는 동인계東人系 사림들의 위세가 여전
히 지속되었다. 이렇듯 나주는 다른 어느 지역보다도 지방 사족들이 자신
들의 사회적 지위를 유지하기 위하여 치열하게 경쟁하는 지역이었다.

일반적으로 양반사족兩班士族의 지방 지배력이 기초하고 있는 권력과
위신을 창출해내는 원천은 중앙권력과 관계를 가지는 관직官職, 생원生員·
진사進士를 배출하는 사마시司馬試와 문과文科 등 과거에의 합격, 유향소·
사마소·종족조직 등의 사회조직에의 참여 등을 생각해 볼 수 있다.[11] 이
밖에 경제력 또한 중요한 권력 기반이 될 수 있을 것이다. 그러나 양반사
족의 경제력 확보는 관직과 밀접한 관계를 가지고 있고,[12] 이는 다시 문
과 등 과거합격과 연관되어 있다. 과거합격자의 수와 관직은 개인과 그
가문의 권력, 재산, 위세의 원천이라고 할 수 있다.[13] 이렇듯 조선시대에
있어 과거시험이란 사회적 진출의 관문이 되고, 사회적 지위 공인의 수단
이 되며, 가문의 성쇠에 결정적인 영향을 주는 요인으로 작용했었기 때문
에 과거합격자 명부의 분석은 매우 긴요한 것이다.[14]

1988, 83쪽.

9) '盖湖南以偏黨論議角立'(안방준, 『稊林』, 「己丑獄事」 53쪽: 우인수, 「정여립 역모
   사건의 진상과 기축옥의 성격」 『역사교육논집』 제12집, 1988, 91쪽에서 재인용).

10) 김동수, 「16~17세기 호남사림의 존재형태에 대한 일고찰」 『역사학연구』 7집,
    1977, 70쪽.

11) 김현영, 『조선시대의 양반과 향촌사회』, 집문당, 1999, 156쪽.

12) 고위 관직자에게 있어 관직은 그 자체가 재산을 증식하는 토대였다고 한다. 양반사
    족의 경제력과 관직과의 관계에 대해서는 이성임, 「16세기 양반사회의 "선물경제"」
    『한국사연구』 130, 2005 참조.

13) 이창걸, 「조선중기 지배집단의 사회적 배경에 관한 연구」 『한국사회학회 93년 후
    기사회학대회 발표논문』, 1993, 64쪽.

14) 김동수, 앞의 논문 , 1988, 2~3쪽. ; 김동수(1988)의 논문은 읍지류 등을 중심으로

1. 司馬試 分析의 必要性

조선시대 지방양반들은 다양한 사회적 지위 유지 노력을 전개하였다. 그 여러 노력 중에 가장 중요한 것이 바로 문과 급제를 통한 관직 획득이다. 하지만 현실적으로 조선시대 전 시기를 통해 지방 거주 사족이 문과를 통해 관직에 진출하는 것은 매우 힘든 일이었다. 특히 조선 후기로 갈수록 서울과 지방 사족 간의 관직 진출 격차는 더욱 커져 갔던 것이다. 이러한 현실 속에 지방 사족이 자신들의 사회적 지위를 유지하기 위해 포기할 수 없었던 것 중에 하나가 바로 사마시司馬試이다. 사마시 입격은 곧바로 입사가 보장되지는 않지만 국가로부터 사족으로서의 지위를 공인받게 된다는 점에서 지방 사족에게는 대단히 중요했을 것이다. 현실적으로 문과 급제를 통한 관직 진출이 어려운 상황에서 지방에 거주하는 양반 사족이 자신들의 사회적 지위를 국가로부터 공인받는다는 것은 자신들의 사회적 지위 유지에 유리하게 작용했을 것이다.

특히 사마시 입격자인 생원·진사는 수적인 면에서 문과 급제자의 3배가 넘는데다 재지적在地的인 성격이 강해 사족 내에서 차지하는 비중은 상당히 크다. 사마시를 거쳐 생원生員·진사進士가 되면 성균관에 입학하여 문과文科 준비를 하는 것이 원칙이었으나 많은 생원·진사가 성균관에 입학하지 않고 향촌사회에 머물면서 그 사회의 지도자로서 존재하였다. 이들은 특히 향촌사회에서 양반의 근간을 이루고 막강한 영향력을 행사하였을 뿐만 아니라 시험이나 추천에 의해서 중앙의 관원으로 진출할 수 있는

각 성관별 사마시 합격자의 전체 배출수만 정리하여 시기별로 어떤 성관이 몇 명의 사마시 합격자를 배출했는지는 정확히 분석하고 있지 않다. 본 논문은 이에 비하여 방목을 중심으로 과거 합격자를 배출한 성관, 전력, 문과와 사마시 합격자의 관계, 부친 관직 유무 등을 시기별로 살펴 그 추이를 시계열적으로 드러내고자 하였다.

잠재력을 가지고 있었다. 따라서 사마시 입격자 수는 그 가문과 그 지역의 위상을 가늠할 수도 있었다.[15] 그러므로 어떠한 성관에서 사마시 입격자를 많이 배출했는가를 살펴보는 것은 지방 사족의 사회적 지위를 파악하는데 도움이 된다.

사마시는 조선시대의 양반관료들의 최고의 등용문인 문과의 응시자격을 얻기 위한 시험 내지 성균관 입학자격시험 등으로 인식되어 왔는데 조선후기로 내려올수록 그러한 측면보다는 사류士類로서의 사회적 지위를 공인公認 받기 위한 시험으로 그 성격이 변화하였다고 볼 수 있다.[16]

사마시 입격자인 생원·진사는 유학幼學보다는 특정한 성격을 지니는 집단으로 국가가 운영하는 과거科擧의 합격자라는 공통의 성격을 갖고 있다. 이들은 문·무과文·武科나 잡과雜科 합격자와는 달리 입사入仕가 보장되지는 않았지만 국가로부터 사족士族으로서의 지위를 공인받은 신분이라는 점에서 유학과는 구분된다.[17] 그렇기에 사마시 입격자는 양반사회 내에서 일정한 지위를 확보하는데 중요한 기능을 하였다. 그러므로 사마시 입격자에 대한 연구는 양반사회의 구성과 성격은 물론 향촌사회鄕村社會, 통치구조統治構造 등 사회 전반에 대한 이해의 깊이를 더해 주는데 주요한 관건이 된다.[18]

특히 『사마방목司馬榜目』은 국가에서 발표한 사마시 입격자 명단이라는

15) 원영환, 「조선시대 생원·진사와 춘천사회의 특성」『강원문화사연구』 제3집, 1998, 248~249쪽.
16) 송준호, 『이조생원·진사시의 연구』, 문교부학술연구보고서, 1969, 9~11쪽 : 이종일, 「조선후기 사마방목의 분석」『법사학연구』 제11호, 1990, 1쪽에서 재인용.
17) 양반은 존재형태에 따라 크게 관직 및 관품 소지자와 관직이 없는 유학(幼學)과 그 중간 단계인 과거 합격자로 구분할 수 있다. 과거 합격자에는 문무과(文武科) 급제자와 생원(生員) 진사(進士)가 있다. 관료와 문과 급제자, 생원 진사가 그 신분을 획득하기 전에는 유학으로 존재한다. 유학은 중앙과 지방에 광범위하게 존재하면서 과거 급제자의 공급원 역할을 하였다. 최진옥, 『조선시대 생원 진사 연구』, 집문당, 1998, 9쪽 참조.
18) 최진옥, 앞의 책, 1998, 10~11쪽.

점에서 변조나 신분의 모칭冒稱, 모록冒錄이 불가능하며, 단순한 합격자 명단에 그치지 않고 사마시 입격자에 대한 정보를 풍부하게 담고 있다. 뿐만 아니라 자료가 15세기부터 19세기 말 과거제가 폐지되기까지 시기적·지역적으로 광범위하게 남아 있어 다른 자료의 한계점을 보완할 수 있는 장점을 지니고 있다.19)

이와 같이 지방 사족들의 사마시 입격 실태 파악과 분석을 통해 그들이 자신들의 신분과 사회적 지위를 유지하는데 사마시가 어떠한 역할을 하였고, 얼마나 중요한 의미를 가지는지 알 수 있게 될 것이다. 또한 조선시대 나주 지역 향촌 지배 세력의 실체에 조금이나마 접근할 수 있으리라 생각한다. 더 나아가 이와 같은 특정 지역에 대한 구체적 사례 연구의 축적을 통해 호남사족과 조선시대 지방 사족에 대한 이해의 폭이 보다 넓어지기를 기대한다.

이제 본격적으로 지방 거주 사족의 사회적 지위 유지 노력을 사마시와의 관계 속에서 살펴보기 위한 구체적 사례로서 나주 거주 사마시 입격자 실태를 파악·분석해 보기로 한다.

2. 司馬試 入格者의 前歷과 姓貫

현재 나주 거주 사족으로 사마시에 합격한 자는 『사마방목』에는 323

---

19) 본 연구는 『사마방목』을 중심 자료로 과거 급제자 실태를 분석하였다. 이에는 읍지류(邑誌類)에 나타나지 않는 급제자의 본관(本貫), 전력(前歷), 문과(文科) 급제 여부, 부친 관직 유무 등을 파악할 수 있기 때문이다. 하지만 현재 나주 거주자로서 『사마방목』에 나타나는 급제자는 총 323명으로 『속수나주군지(續修羅州郡誌)』에 기재되어 있는 669명, 『나주향교지(羅州鄕校誌)』에 수록되어 있는 474명에 비해 적은 수이다. 하지만 『군지』와 『향교지』에는 급제자의 성명만 전할 뿐 이들에 대해 알 수 있는 기록이 없어 구체적 사항을 분석할 수 없었다. 그러므로 기본적 분석은 『사마방목』을 중심으로 하면서 필요에 따라 다른 자료들을 활용하였다.

명,『속수나주군지(續修羅州郡誌)』에는 669명,『금성연계방안(錦城蓮桂榜案)』에는 453명,『나주상재청금록羅州上齋靑衿錄』에는 476명이 실려 있다.[20] 이들 자료를 분석하여 보면 나주에서 사마시 입격자를 배출한 성관은 모두 70개이다. 이 중 10명 이상의 합격자를 배출한 성관은 6개 성관으로 나주 나羅州 羅 49명, 광주 김光州 金 21명, 나주 임羅州 林 17명, 나주 정羅州 鄭 18명, 나주 오羅州 吳 16명, 여흥 민驪興 閔이 10명이다. 이들 6개 성관에서 배출된 생원 진사는 모두 131명으로 전체 323명의 40.55%를 차지한다. 여기에 5명 이상의 사마시 입격자를 배출한 성관 11개에서 배출된 인원 74명을 합치면 205명으로 전체의 63.46%를 차지한다. 이를 표로 나타내면 다음과 같다.

〈표 1〉[21] 사마시 배출 성관 시기별 추이

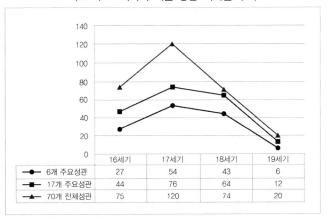

	16세기	17세기	18세기	19세기
6개 주요성관	27	54	43	6
17개 주요성관	44	76	64	12
70개 전체성관	75	120	74	20

20) 이와 같이 자료 간에 많은 차이를 보이는 까닭은 실제 거주자만을 기재한 경우와, 이 지역을 본관으로 한 사람 중 타지역에 거주하는 사람, 그리고 타지역 출신으로 어느 기간 동안 이 지역에 거주했던 사람까지도 기재한데서 비롯된 것이라 생각한다.『금성연계방안(錦城蓮桂榜案)』(1836)과『나주상재청금록(羅州上齋靑衿錄)』(1836)에 대해서는 박진철, 앞의 논문, 2006 참조.

21) 특별한 언급이 없는 한 생원·진사시 급제자와 관련된 각종 〈표〉의 출처는『사마방목』을 근거로 하여 만들었음을 밝혀 둔다.

<표 2> 사마시 배출 6개 주요 성관- 시기별 입격자 수

성관	16세기	17세기	18세기	19세기	합계
나주 나	14	19	13	3	49
광주 김	5	13	3	0	21
나주 임	0	9	6	2	17
나주 정	6	4	8	0	18
나주 오	2	9	5	0	16
여흥 민	0	0	9	1	10
합 계	27	54	44	6	131

<표 3> 사마시 배출 17개 성관의 세기별 입격자 수

주요성관	16세기	17세기	18세기	19세기	합계
경주이	4	2	0	0	6
광주김	5	13	3	0	21
김해김	0	1	4	0	5
나주나	14	19	13	3	49
나주박	1	3	1	0	5
나주오	2	9	5	0	16
나주임	0	9	6	2	17
나주정	6	4	8	0	18
문화유	2	6	1	1	10
반남박	0	0	8	1	9
양성이	1	5	1	0	7
여흥민	0	0	9	1	10
전주이	0	2	0	3	5
파주염	0	0	5	0	5
평택임	2	2	1	0	5
풍산홍	1	7	0	0	8
함평이	6	0	2	1	9
합계	44	82	67	12	205

이를 통해 알 수 있는 것은 사마시 합격자를 다수 배출한 주요 성관이 나주 나羅, 나주 임林, 나주 정鄭, 나주 오吳와 같이 나주를 본관으로 하는

토성집단이 주를 이루고 있다는 사실이다.[22] 특히 나주 나씨의 우위가 주목된다. 나주 나씨는 앞에서 언급했듯이 호남 지역의 대표적인 동인계東人系 사족이다. 나주 나씨가 나주에서 가장 많은 사마시 합격자를 배출한 성관이라는 것은 『속수나주군지續修羅州郡誌』에서도 확인된다.[23] 문과급제자와 마찬가지로 사마시에서도 나주 나씨가 가장 많은 입격자를 배출하고 있다는 것은 이들이 나주에서 차지하는 정치·사회적 위상을 짐작하게 한다. 이는 서인계西人系 사족이 우세를 보이는 호남 지역에서 동인계가 그 사회적 지위를 유지해 나가기 위해서는 사마시 입격과 같은 과거 합격을 통한 신분 확보가 중요했음을 보여준다.

그러나 이들 토성집단 출신의 사마시 합격자는 17세기를 기점으로 조선 후기로 갈수록 감소추세를 보이고 있다. 이는 사마시 입격이 문과 응시의 필수조건이 아니었기 때문인 것도 하나의 이유가 될 것이다. 이는 사마시 입격이 문과 응시의 필수조건이 아닌 상황에서 합격에 많은 어려움이 따르는 사마시 준비에 소홀하게 하였을 것이다. 그렇다고 사마시를 포기할 수는 없었을 것으로 보인다. 어쨌든 양반 사족으로서의 사회적 신분과 지위를 유지하는데 사마시 입격은 가장 중요한 수단이기 때문이다.

다른 한편 주목할 것은 〈표 1〉에 나타나는 것과 같이 이들 주요 성관의 사마시 입격자 배출 추이와 나주 거주 전체 성관의 사마시 입격자 배출 추이가 대체로 일치한다는 사실이다. 이는 이들 나주를 본관으로 하는 주요 성관의 변화 추이가 나주 전체 사족의 변화를 주도하고 있다는 것은 보여주는 것이다. 이 같은 사실은 결국 이들 주요 성관이 나주의 지배 사족이라는 것을 나타내는 것이라 하겠다.

---

22) 이들 토성집단은 나주에 누대에 걸쳐 세거하면서 호장(戶長)과 같은 주요 향리직을 과점하기도 하였다. 박진철, 「조선시대 향직운영체계의 변화와 나주의 호장층」 『이화사학연구』 제31집, 2004.

23) 『속수나주군지』에 기재되어 있는 사마시 합격자 명단 중 나주 나씨는 63명으로 가장 많은 수를 차지하고 있다 : 김동수, 앞의 논문, 1988, 17쪽.

다음으로 사마시에 합격할 당시의 신분을 알아보기 위해 생원·진사의 전력前歷을 정리하면 다음과 같다. 나주의 생원·진사들이 사마시에 합격할 당시의 신분은 유학幼學이 285명, 공생貢生이 3명, 현감縣監이 1명, 참봉參奉이 1명, 허통許通 3명, 훈도訓導 5명, 전훈도前訓導 1명, 업유業儒 1명, 전교수前敎授 1명, 참봉參奉 1명, 충의위忠義衛 1명, 무기재無記載 15명으로 나타난다. 이를 통해 보면 나주의 생원·진사들이 사마시에 입격할 당시의 신분은 유학이 전체의 88.23%에 해당하는 것을 알 수 있다. 대부분이 유학으로 존재하는 양반 사족층 내에서 생원 진사의 취득은 향촌사회 내에서 우월적인 지위를 확보하는 것이라는 것을 알 수 있다.[24]

그렇다면 나주 거주 생원·진사들의 사마시 입격시 연령은 얼마나 될까? 『사마방목』에서 연령을 확인할 수 있는 나주 거주자 257명의 입격시 평균 연령은 36.39세이다. 연령대별로는 10대 5명(1.94%), 20대 62명(24.12%), 30대 107명(41.63%), 40대 59명(22.95%), 50대 18명(7%), 60대 4명(1.55%), 70대 2명(0.77%)이다. 이는 30대에 입격하는 경우가 가장 많고, 그 다음이 20대이다. 결국 30대 이전에 입격하는 경우가 전체의 67.7%이다. 그러나 4~50대에 입격하는 경우도 30% 정도 되는 것으로 보아 많은 사람이 오랜 기간 동안 사마시에 입격하고자 노력하고 있었음을 알 수 있다. 이는 향촌 사회에서는 생원·진사로서 누릴 수 있는 사회적 지위와 연관이 있는 것으로 보인다. 다시 말해 이렇듯 오랜 기간을 투자하여 사마시에 입격하고자 했다는 것은 향촌 사회에서 생원·진사의 사회적 지위가 사족으로서 상당한 위치를 차지하고 있었던 것을 짐작하게 해준다.

---

24) 최진옥, 앞의 논문, 2006, 237쪽.

3. 司馬試 入格者의 文科 及第와 社會的 背景

과거제도 중에서도 문치주의의 영향으로 문과가 주도적인 위치에 있었다. 특히 국가의 중추적 역할을 담당하는 핵심 요직은 문과 출신들만이 맡을 수 있었다.[25] 따라서 문과에 대한 연구는 단지 관인의 선발이라는 점에 한정되는 것이 아니라 당시 지배층의 형성, 유지와 변화 및 그 성격을 파악하는데 중요한 문제라 할 수 있다.[26]

여기에서는 조선시대 나주 거주 문과 급제자에 대한 분석, 특히 급제자의 성관姓貫, 전력前歷, 급제시 연령, 급제자 아버지父의 지위, 급제자의 과거 종류별 합격 실태 등에 대하여 살펴보고자 한다. 이를 통해 문과 급제가 향촌 사회 지배층의 형성·유지에 어떠한 기능과 역할을 하였는지를 고찰해 보겠다.

조선시대에 실시된 문과는 태조 2년(1393)부터 과거가 폐지되는 고종 31년(1894)까지 총 804회가 시행되어 1만 5,127명이 합격했다.[27] 이 중 『문과방목文科榜目』에 의하면 조선시대 나주에서는 모두 42개 성관에서 90명의 문과 급제자를 배출하였다. 이 중 5명 이상을 배출한 성관은 4개 성관으로 나주 나씨가 12명[28], 나주 임씨가 6명, 양성 이씨가 5명, 함평 이씨가 5명을 배출하였다. 이는 전체 문과 급제자 90명 중 28명으로 약 31.1%를 차지한다. 여기에 2명 이상의 급제자를 배출한 성관 15개를 더하면 모두 67명으로 전체의 약 74.44%에 달한다.[29] 이는 소수의 특정 성

---

25) 한만봉·정덕희·김진욱, 「조선왕조 과거제도가 현대정책에 주는 의미」『공공정책연구』제18호, 2005, 168쪽.

26) 이원명, 「조선조 '주요 성관' 문과급제자 성관분석 - 『문과방목』을 중심으로 -」『사학연구』제73호, 2004, 93쪽.

27) 한만봉·정덕희·김진욱, 앞의 논문, 2005, 168쪽.

28) 나주 나씨로 『문과방목』에 나타나는 문과 급제자는 모두 30명이다. 이 중 거주지가 나주로 되어 있는 자가 12명이다.

관에 문과 급제자가 집중되고 있음을 보여준다. 특히 나주 나씨는 호남의 대표적인 동인東人계 양반사족이다. 이들이 서인西人계의 우세 속에서도 자신들의 위세를 지킬 수 있었던 밑바탕에는 나주에서 가장 많은 문과 급제자를 배출한 성관이라는 것과 밀접한 관계가 있을 것이다.

〈표 4〉 '문과' 급제자의 시기별 주요 성관

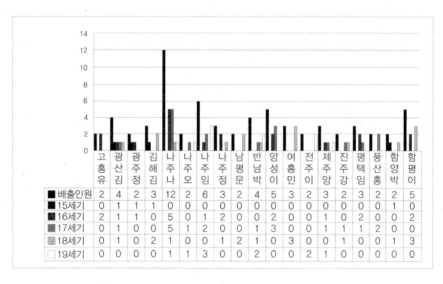

	고흥유	광산김	광주정	김해김	나주나	나주오	나주임	나주정	남평문	반남박	양성이	여흥민	전주이	제주양	진주강	평택임	풍산홍	함양박	함평이
배출인원	2	4	2	3	12	2	6	3	2	4	5	3	2	3	2	3	2	2	5
15세기	0	1	1	1	0	0	0	0	0	0	0	0	0	0	0	0	0	1	0
16세기	2	1	1	0	5	0	1	2	0	2	0	0	1	1	2	0	0	0	2
17세기	0	1	0	0	5	1	2	0	0	1	3	0	0	1	0	2	1	0	0
18세기	0	1	0	2	1	0	0	1	2	0	2	1	0	1	0	1	1	1	3
19세기	0	0	0	0	1	1	3	0	0	1	0	2	1	0	0	0	0	0	0

　　이러한 문과 응시자의 신분적 지위를 알아보기 위해 먼저 검토해야 할 것은 본인의 전력前歷이다. 전력 그 자체가 곧 응시자의 신분을 의미하는 것은 아니지만, 급제자의 전력 분석을 통해서 응시자의 신분적 지위를 유추해 볼 수 있을 뿐만 아니라 문과의 기능과 성격의 변화상도 살펴볼 수 있기 때문이다.[30] 이를 위해 먼저 조선 초기 문과급제자의 전력을 크게

---

29) 2명 이상의 급제자를 배출한 19개 성관의 '문과' 급제자 수는 〈표 4〉 참조.

30) 과거제도는 새로운 인재를 선발하여 등용시키는 초입사(初入仕) 기능과 함께 기존 관인층에게 가자(加資)와 승진 기회를 주는 초직(超職) 기능을 동시에 가지고 있었다. 이러한 문과의 두 가지 기능이 조선 초기에 어떻게 작용하고 있었는가 하는 점

유학·생원·진사 등의 미사자未仕者와 기존 관인층으로 구분하여 정리하면 다음과 같다.

나주 거주자로서 문과에 급제한 인물의 본인 전력은 교도 1명, 생원 20명, 선교 1명, 전참봉 1명, 참봉1명, 직장 1명, 진사 18명, 통덕랑 6명, 통찬 1명, 현감 1명, 훈도 2명, 유학 37 명이다. 이는 유학이 전체의 41.11%, 생원이 22.22%, 진사가 20%, 관직관품자가 16.66%를 차지하고 있음을 보여준다. 이를 다시 시기별로 나누면 다음 〈표 5〉와 같다.

〈표 5〉 '문과' 급제자 본인 전력(前歷)

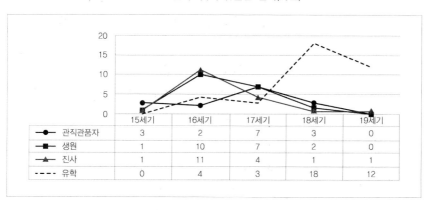

	15세기	16세기	17세기	18세기	19세기
관직관품자	3	2	7	3	0
생원	1	10	7	2	0
진사	1	11	4	1	1
유학	0	4	3	18	12

이를 통해 알 수 있는 것은 생원·진사는 16세기를 기점으로, 관직관품자는 17세기를 기점으로 계속적인 감소를 보여주고 있다는 것이다. 반면 유학은 17세기를 기점으로 급증하고 있음을 알 수 있다. 생원·진사의 비중이 지속적으로 낮아지는 이유는 조선 후기로 오면 문과 응시의 자격조

___

은 급제자의 전력 가운데 급제 이전에 입사(入仕)하지 않았던 유학·생원·진사 및 급제 이전에 이미 문음(門蔭)·대가(代加) 등을 통해 입사하였던 관인층의 비율과, 이러한 것이 왕대별(王代別)·과별(科別)로 어떻게 변화되었던 것인가를 살펴봄으로써 알 수 있을 것이다. 김창현, 「조선초기 문과급제자의 출신 배경」 『역사학보』 제155, 1997, 26~27쪽.

건이 생원·진사일 것을 요구하지 않았다는 것과 관련이 있다.[31] 반면에 유학幼學의 비중이 높아지고 있는 것은 조선후기 전국적 경향과 일치하고 있다.[32]

또한 『문과방목』을 통해 확인할 수 있는 나주 거주 급제자 77명[33]의 문과 급제시 평균 연령은 39.24세이다. 연령대 별로는 20대 10명(12.98%), 30대 32명(41.55%), 40대 23명(29.87%), 50대 11명(14.28%), 60대 1명(1.29%) 이다. 시기별 문과 급제자 평균 연령은 16세기 38.52세, 17세기 41.28세, 18세기 39.91세, 19세기 38세이다. 이는 문과 급제시 평균 연령은 시기에 따라 크게 변하지 않고 있음을 보여 준다. 이는 전국적인 문과 급제자의 연령 분포가 조선후기로 갈수록 고령화되고 있는 것과는 차이를 보여 준다.

문과 급제자 연령은 전라도의 경우 40대 이상에서 전체 평균보다 높게 나타난다. 전국적으로 전라도 지역 출신 문과급제자의 연령이 가장 높으며, 다음으로 충청도, 경상도, 경기도의 순으로 나타난다. 이 같은 현상은 지방은 과거응시가 용이하지 않았기 때문으로 생각된다.[34] 그런데 이에 비해 나주 지역 문과 급제자 연령이 낮은 것은 서울 못지않은 적극적 과거 준비 노력이 있었던 것으로 여겨진다. 다시 말해 나주 지역 주요 사족들의 과거 급제에 대한 열망과 지원이 다른 지역보다 높았던 것이다. 대체적으로 문과 급제자를 집중적으로 배출하는 지역은 성리학적 학문 전통

---

31) 차장섭, 「조선후기 문과급제자의 성분」 『대구사학』 제47집, 1994, 114쪽.
32) 조선전기의 유학(幼學)은 좁은 의미로는 성균관(下齋生), 사학(四學), 향교(鄕校)의 생도를 의미하였으며, 넓은 의미로는 유생(儒生)을 뜻하였다. 이들은 학생(學生)이 라고도 불리워지기도 하였는데 사마시나 문과에 나아갈 때는 유학이라고 불렸다. 유학의 비중이 높아지는 이유에 대해서는 차장섭, 앞의 논문, 1994, 115쪽 참조.
33) 『문과방목』에서 확인되는 나주 거주 문과 급제자 90명 중 나머지 13명은 생년월일 을 확인할 수 없어 제외하였다.
34) 조선후기 문과급제자의 고령화 현상에 대해서는 차장섭, 앞의 논문, 1994, 131~136 쪽 참조.

과 사족의 기반이 확고한 지역이거나, 농업이나 상업의 발달로 경제적 기반이 확고한 지역, 또는 군사적 요충지이거나 지리적으로 서울과 가까운 지역 등이다.35) 이를 통해 볼 때 나주가 다른 지역에 비해 문과 급제자의 평균 연령이 낮고, 평균 이상의 급제자를 배출할 수 있었던 배경에는 호남 사림의 전통과 확고한 경제적 기반이 뒷받침되었기 때문으로 여겨진다.

다음으로 아버지의 사회적 지위와 급제자 사이의 상관관계를 살펴보자. 아버지의 사회적 지위는 관직을 가지고 있는 경우가 14명, 관품만 가지고 있는 경우가 1명, 학생이 4명, 유학이 5명, 무기재가 6명이다. 이를 다시 시기별로 나누어 보면 〈표 6〉과 같다.

〈표 6〉 '문과' 급제자 아버지(父)의 사회적 지위

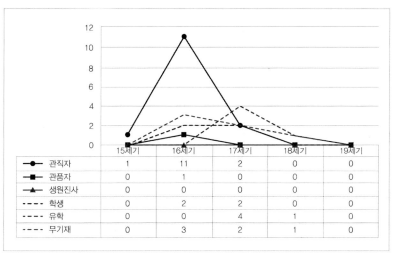

	15세기	16세기	17세기	18세기	19세기
● 관직자	1	11	2	0	0
■ 관품자	0	1	0	0	0
▲ 생원진사	0	0	0	0	0
--- 학생	0	2	2	0	0
--- 유학	0	0	4	1	0
--- 무기재	0	3	2	1	0

자료가 충분하지는 않지만 대체적 추세를 살펴보면 조선 전기에는 관직관품자의 자제의 문과 급제율이 높았고, 후기로 가면 유학 출신자의 자제가 많아짐을 알 수 있다. 이는 재지 사족의 사회적 지위가 후기로 갈수

---

35) 차장섭, 앞의 논문, 1994, 165쪽.

록 낮아지고 있음을 보여준다. 이는 문과 급제자가 서울 중심의 특정 소
수가문 곧 벌열閥閱들에 집중되는 현상과 관련이 있다고 하겠다.[36]

　마지막으로 문과 급제자가 응시한 과거 종류별 분포상황을 살펴보면
다음과 같다. 15세기에는 5명의 급제자 중 식년시 급제자가 4명, 증광시
급제자가 1명 이었다. 16세기에는 27명의 급제자 중 식년시 급제자가 13
명, 별시 급제자가 10명, 현량과 1명, 알성시 급제자 1명, 증광시 급제자
1명, 정시 급제자가 1명으로 나타난다. 17세기에는 21명의 급제자 중 식
년시 급제자가 11명, 증광시 급제자가 5명, 별시 급제자가 2명, 알성시 급
제자가 3명이었다. 18세기에는 24명의 급제자 중 식년시 급제자가 18명,
증광시 급제자가 2명, 별시 급제자가 2명, 정시 급제자가 2명이다. 19세기
에는 13명의 급제자 중 식년시 급제자 5명, 별시 급제자 1명, 정시 급제자
6명, 알성시 급제자 1명이다. 이를 보다 알기 쉽게 그린 것이 〈표 7〉이다.

〈표 7〉 과거 종류별 급제자의 수

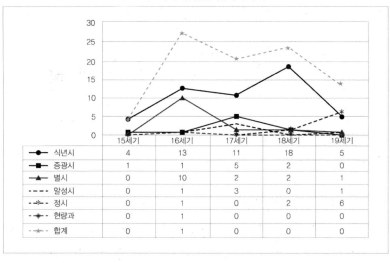

	15세기	16세기	17세기	18세기	19세기
―●― 식년시	4	13	11	18	5
―■― 증광시	1	1	5	2	0
―▲― 별시	0	10	2	2	1
- - - 알성시	0	1	3	0	1
―*― 정시	0	1	0	2	6
-◆- 현량과	0	1	0	0	0
-*- 합계	0	1	0	0	0

36) 조선후기 문과 급제자가 특정 소수 가문에 집중되는 현상과 벌열에 대해서는 차장
　섭, 앞의 논문, 1994, 138~141쪽 참조.

이를 통해 알 수 있는 것은 나주 거주 문과 급제자의 56.66%가 식년시에 급제하였다는 사실이다. 이는 지방 거주 사족들이 식년시를 선호했다는 것을 의미한다. 식년시는 주로 시골출신들이 많이 급제한 반면, 별시는 갑자기 실시되는 관계로 한양의 권세가 자제들의 합격률이 높았다는 연구결과[37]와도 합치된다. 다음으로 별시에 급제한 자가 16.66%로 두 번째로 많았다. 증광시와 정시에 급제한 자가 각각 10%, 알성시에 급제한 자가 5.55%, 마지막으로 현량과가 1.11%였다.[38] 시기별로 보면 식년시 합격자는 대체로 고른 분포를 보인 반면에 별시 급제자는 16세기를 기점으로 급감하고 있음을 알 수 있다. 이는 별시가 서울 근교 출신자에게 유리했다는 기존의 연구결과가 나주의 경우에서도 확인된다고 하겠다.

이와 같은 분석 결과들을 통해 알 수 있는 것은 지방에 거주하고 있는 사족들의 문과 합격률은 조선 전 시기에 걸쳐 크게 변화하고 있지는 않다. 그러나 조선시대는 과거라는 제도의 존재와 급제자의 수가 극히 소수였다는 사실로 인해 경쟁이 격렬한 사회였다.[39] 더구나 별시의 잦은 실시를 통한 서울 출신 문과 급제자의 비율이 높아지는 상황에서 지방의 양반 사족들의 문과 급제는 한계를 가지고 있었다. 이러한 상황에서 문과에 급제하지 못한 양반 사족들이 자신들의 신분과 사회적 지위를 유지하기 위

---

37) 한만봉·정덕희·김진욱, 「과거제도 시험주기의 정책 분석」『담론201』8-4, 2005, 40쪽.
38) 별시는 국가 경사 때 실시하였고, 전국을 대상으로 하나 부정기적이어서 서울일원에서 주로 시험을 보았고 합격생도 서울중심의 사람이 많았다. 증광시는 왕의 즉위 경사나 즉위기념 외 왕실경사 때 실시되었다. 알성시는 왕이 성균관에 참배할 때 성균관 유생들을 대상으로 치르던 과거였다. 대부분의 부정기시험은 지방이 아닌 서울, 경기지역의 선비들이 주로 합격되었다. 서울의 양반대신들은 자신의 자제들을 과거에 많이 합격시키기 위해 지방 선비들의 응시기회를 최소화하고자 했다. 한만봉·정덕희·김진욱, 「과거제도 시험주기의 정책 분석」『담론201』, 8-4, 2005, 62쪽.
39) 미야지마 히로시, 「조선 후기 지배 계층의 재생산 구조」『한국사학보』제32호, 2008, 239쪽.

해서는 또 다른 방법을 모색하지 않을 수 없었을 것이다. 그 다른 방법 중의 하나가 바로 사마시 입격을 위한 노력이라고 보여 진다.

한편 사마시 합격 후에 문과에 급제하는 경우는 얼마나 되며 또 급제시까지 소요되는 기간은 얼마나 되는 것일까?

나주 거주자로서 『사마방목』에 나타나는 323명의 사마시 입격자 중 문과 급제자는 31명이다. 약 9.6% 정도의 합격률이다. 시기별로 보면 15세기에 1명, 16세기에 17명, 17세기에 11명, 18세기에 2명, 19세기에 0명이다.[40] 이는 조선전기에는 생원·진사로서 문과에 급제하는 비율이 높았다가 조선 후기로 올수록 떨어지는 것을 보여준다. 이는 후기로 갈수록 유학으로 문과에 급제하는 경우가 많은 것과 일치하는 현상이다. 또한 이는 사마시 입격자 대부분이 생원·진사로 존재하고 문과 급제를 통해 사회적 지위가 상승되는 경우가 드물다는 것을 의미한다.

그렇다면 사마시 입격 후 문과에 급제하기까지 소요되는 시간은 얼마나 될까? 자료가 충분하지 못하여 명확히 말할 수는 없으나 확인할 수 있는 인물만으로 계산했을 때 사마시 입격 후 문과 급제시까지 걸린 기간은 평균 11.1년이다. 이는 문과 급제자라해도 평균 10년 이상을 생원·진사의 사회적 지위를 유지했음을 알 수 있다. 이와 같이 사마시 입격이 문과 급제에 크게 도움이 되지 않음에도 불구하고 양반 사족이 사마시에 입격하고자 한 이유는 무엇일까? 결국 생원·진사라는 사회적 지위가 향촌사회에서 사회적 지위를 유지하는데 상당한 기여를 하고 있었기 때문이라 생각된다.

한편 문벌이란 사조四祖 내의 현관顯官 유무를 따지는 데서 알 수 있듯

---

40) 『보주 조선문과방목』에는 나주 거주 문과 급제자 중 생원 진사 출신자는 38명이 나온다. 『문과방목』과 『사마방목』을 비교 대조하여 종합해보면 나주 거주 사마시 입격자 중 문과급제자는 총 43명이다. 시기별로 보면 15세기에 2명, 16세기에 23명, 17세기에 14명, 18세기에 3명, 19세기에 1명이다.

이 관직과 관련되어 있다. 관직 중에서도 중앙의 핵심 관직을 지냈느냐의 여부가 문벌 가문을 가늠하는 척도로 작용하였다. 그만큼 관직 취득은 양반 지배신분을 유지하는데 절대적 요인이었다. 아버지를 비롯한 선대先代의 관직의 유무와 고하高下가 문벌을 가늠하는 기본 여건임을 감안할 때 『사마방목』을 통해서 아버지의 관직 내지 과거합격에 관한 사항을 파악해 보는 것은 생원 진사의 사회적 배경을 이해하는데 관건이 된다.[41] 사회적 지위는 당대에 이루어지기도 하지만 선대에서부터의 기반이 토대가 되어야 공고한 지위 유지가 가능하기 때문이다.[42]

나주 거주자로 사마시에 합격한 자를 대상으로 그 아버지의 사회적 지위를 살펴보면 다음과 같다. 관직을 가지고 있는 경우가 102명, 관품만 가지고 있는 경우 19명, 과거합격자가 47명, 유학이 56명, 학생이 78명이다. 이를 다시 시기별로 나누어 보면 〈표 8〉과 같다.

〈표 8〉 사마시 입격자 아버지(父)의 사회적 지위

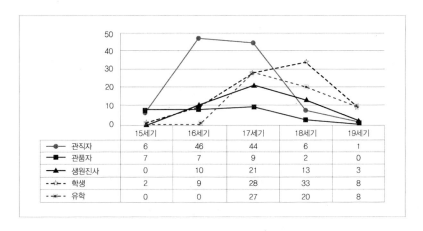

	15세기	16세기	17세기	18세기	19세기
관직자	6	46	44	6	1
관품자	7	7	9	2	0
생원진사	0	10	21	13	3
학생	2	9	28	33	8
유학	0	0	27	20	8

41) 최진옥, 앞의 책, 1998, 238쪽.
42) 최진옥, 앞의 논문, 2006, 237쪽.

이를 보면 아버지가 관직 소유자인 비율은 16세기를 정점으로 후기로 갈수록 크게 줄어들고 있음을 알 수 있다. 이는 생원 진사 가문의 정치적 지위가 조선 후기로 가면 갈 수 상대적으로 낮아지고 있음을 알 수 있다. 이에 반하여 17, 18세기에 이르면 학생과 유학의 비율이 증가하고 있다. 특히 학생 비율의 증가가 눈에 띈다. 이처럼 학생과 유학의 비율이 증가한다는 것은 아버지가 무직으로 남는 비율이 그만큼 증가했다는 것을 의미한다.[43) 이와 같은 현상은 인구의 증가로 인해 관직에 나가는 양반 사대부의 수가 상대적으로 적어지고 후기로 갈수록 중앙의 명문거족에서의 점유율이 증가하는 것과 관련하여 지방 거주 사족들의 관직 진출이 어려워지는 것과 관계가 있기 때문이다. 또한 그만큼 관직에 나가기 어려웠으며 관직자를 배출한 가문이 소수가문에 더욱 국한되어 갔음을 말해 준다고 하겠다. 이러한 변화는 상대적으로 사마시에 입격하여 생원·진사가 된다는 것이 향촌사회에서 양반 사족으로서의 지위를 유지하는데 더욱 중요한 요인이 되고 있음을 말해 준다.[44) 왜냐하면 이들은 지방에서 교도敎導나 훈도訓導로 진출하거나 이러한 관직을 사퇴해도 향촌사회에서 유호儒戶라 일컫고 군역도 면제받으면서 향촌 사회에서 자신들의 영향력을 행사할 수 있었기 때문이다.[45) 생원·진사의 자격만으로 관직을 얻기는 어려웠다 하더라도 최소한 면역 특권이 주어져 사회적으로 일정한 대우는 받을 수 있었던 것이다.[46)

최근 연구를 통해 조선후기 지방유생들이 실제 유교 경전을 공부하고 과거를 준비할 때 향교나 서원 등지에서 수학하지 않았다는 사실이 밝혀

---

43) 이는 나주만의 경우가 아니고 조선시대의 일반적 경향이라고 할 수 있다. 최진옥, 앞의 책, 1998, 250~251쪽 참조.

44) 최진옥, 앞의 책, 1998, 251~253쪽.

45) 『세종실록』세종7년 2월 갑인조 ; 최종택, 「여말선초 생원,진사」『사학연구』제54호, 1997, 69~70쪽 ; 김창현, 앞의 논문, 1997, 29쪽.

46) 이남희, 「과거제도, 그 빛과 그늘」『오늘의 동양사상』제18호., 2008, 125쪽.

졌다.47) 이를 통해 볼 때 지방양반들이 향교나 서원 등에 적을 두고 활동하는 것은 유교 공부나 과거 준비를 위한 것이기 보다는 향촌 사회에서의 사회적 지위를 유지하기 위한 방편이었을 가능성이 매우 큰 것이다. 나주의 경우 생원·진사 출신들이 향교에 관계되어 있다는 것은 향교에 적을 두고 있던 양반유생의 명단이라 할 수 있는『나주상재청금록羅州上齋青衿錄』을 통해서도 확인할 수 있다. 이 자료를 통해 나주의 생원·진사들은 향교에 적을 두고 활동하였음을 알 수 있다. 사족들이 향교를 이용하여 향촌사회에서의 주도권을 유지하려 하였음은 이미 여러 연구에서 밝히고 있다.48) 이렇듯 지방양반들은 사마시 입격을 통해 자신들의 신분과 사회적 지위를 인정받고, 다시 이를 이용하여 향촌 사회에서의 자신들의 영향력을 확대해 나갔던 것이다.

---

47) 전경목,「조선후기 지방유생들의 수학과 과거 응시」『사학연구』제88호 , 2007.
48) 윤희면,「조선후기 향교의 청금유생」『동아연구』17, 1989, 467~468쪽 ; 박진철,
　　「조선후기 향교의 청금유생과 지방양반의 동향」『한국사학보』제25호, 2006, 228쪽.

제2부

地方兩班과 鄕校

제1장 地方兩班과 靑衿案

조선후기 향촌사회의 권력구조에는 많은 변화를 있었다.[1] 기존의 연구에 의하면 관官 주도의 향촌질서가 16세기에 들어서면서 지방양반중심의 '자치적'인 질서로 변모하며, 이러한 체제는 18세기를 전후하여 크게 바뀌어 나갔던 것으로 파악된다.[2] 이와 같이 향촌사회의 권력구조의 변화를 보다 정확히 파악하기 위해서는 사족의 지방지배력은 어떠한 권력과 위신에 기초하고 있는가 또는 사족은 어떻게 국가권력에 유착해 있는가 하는 것에도 염두를 두어야 할 것 같다. 이때 우리는 그러한 권력과 위신을 창출해내는 원천으로서 중앙권력과 관계를 가지는 관직官職, 생원·진사生員·進士, 문과文科 등 과거에의 합격, 유향소留鄕所·사마소司馬所·종족조직[종회宗會, 문중門中] 등의 사회조직에의 참여를 생각해 볼 수 있겠다. 국가권력과 여러 사회권력들이 부딪치는 장場인 향촌사회에서 이들 제 권력은 어떻게 서로 갈등·타협을 해가면서 새로운 권력기구·조직을 창출해나가는가 하는 것을 검토하여야 할 것이다.[3]

---

1) 이 장에서 조선후기란 곧 18세기 전반 이후 한말에 이르는 시기를 가리킨다. 또한 이 시기 향촌사회 지방양반들의 동향과 위상의 추이를 확인하기 위해 편의상 일부 일제시기까지 자료의 범위를 확대 분석하였음을 밝혀둔다. 조선시대 시기구분에 대해서는 다음의 논문이 참고된다. 오종록, 「중세후기로서의 조선사회-조선사회의 성립을 중심으로」 『역사와 현실』 18호, 1995 ; 김성우, 「조선사회의 사회·경제적 변화와 시기구분」 『역사와 현실』 18호, 1995 ; 고영진, 「조선사회의 정치·사상적 변화와 시기구분」 『역사와 현실』 18호, 1995.

2) 김인걸, 「조선후기 향촌사회 권력구조 변동에 대한 시론」 『한국사론』 19, 1988, 318쪽

3) 김현영, 「조선시기 '士族支配體制論'의 새로운 전망-16세기 경상도 星州地方을

향촌사회 지배계층인 지방양반들은 전통사회에 있어서 국가권력의 지지집단이면서 동시에 그 취약성을 드러내주던 존재들이었다. 이들의 존재방식은 지역에 따라 차이가 있었으나 대부분은 한 지역사회에서 지속적으로 권력의 중심적인 위치를 차지하여 왔고, 국가권력과는 별도로 또는 상호 묵인 하에 직접생산자인 농민들에게 경제적, 경제외적 강제를 행해왔던 것이다. 전통적으로 향촌사회의 권력구조는 유림儒林들의 출입처였던 서원·사우 및 향교의 조직형태나 그 연결방식에 잘 나타나 있다. 그것은 이미 밝혀진 바 있듯이 구체제舊體制에서 양반 사족 또는 지배층이라는 신분身分을 유지하는 실제적인 여건이 관직官職 외에도 재지적在地的 기반基盤과 향촌사회의 영도권領導權 장악에 있었기 때문이다. 서원·사우 및 향교는 결국 향촌지배층들 간의 권력權力 교환처交換處였으므로 이에 대한 연구를 통해서 그 실제에 접근할 수 있는 것이다.[4]

그러나 양반 사족 중심의 사회체제를 유지하는데 일정한 기능을 수행해 왔던 향교鄉校에 대한 연구는 관학官學 연구의 일환으로 어느 정도 연구가 되어 있으나 청금유생靑衿儒生에 대한 연구는 미진한 형편이다.[5] 이

소재로 하여-」『한국문화』 23, 1999, 156쪽

4) 정승모, 「書院·祠宇 및 鄕校 組織과 地域社會體系(上)」『태동고전연구』 제3집, 1987, 2~5쪽

5) 향교(鄕校)와 청금유생(靑衿儒生)과 관련된 연구로는 다음의 논문들이 참고된다. 이성무, 「조선초기의 향교」『한파 이상옥박사 회갑기념논문집』, 1969 ; 이범직, 「조선 전기의 교생신분」『한국사론』 3, 1976 ; 송찬식, 「조선 후기 교원생고」『국민대학 논문집:인문과학편』 11, 197 7 ; 한동일, 「조선시대 향교의 교생에 관한 연구」『인문과학』 10, 1981 ; 김용덕, 「조선후기 향교 연구-호남을 중심으로-」『한국사학』 5, 1983 ; 김호일, 「조선후기 향교 조사보고」『한국사학』 5, 1983 ; 최영호, 「유학·학생·교생고」『역사학보』 101, 1984 ; 김호일, 「조선 후기 향교 조사연구」『중앙사론』 4, 1985 ; 최윤진, 「고창향교 동·서제 유생안에 대한 검토」『송준호교수 회갑기념논문집』, 1987 ; 강대민, 「한말 향교유림의 동향 연구-영남지방의 향교를 중심으로-」『부산사학』 17, 1989 ; 윤희면, 「조선후기 향교의 청금유생」『동아연구』 17, 1989 ; 이정우, 「조선후기 지방양반의 동향과 유림의 향촌지배-전라도 금산군 서원, 향교의 치폐와 고문서류의 작성을 중심으로-」『조선시대사학보』

와 같은 실정에서 우선 향교에 관한 연구 자료를 확대하는 일이 중요하다. 특히 향교에 남아있는 고문서古文書들을 폭넓게 이용해야 한다. 또한 조선후기 신분제 변화 속에서 양반사족과 향교와의 관계가 어떻게 변모하고 있었는지에 대해서도 알아보아야 한다. 특히 향교와 지방양반과의 관계를 알아보기 위해 향교에 출입하는 청금유생을 살펴볼 필요가 있다.[6] 이와 함께 현재 조선후기 지방양반의 연구는 신분제와 관련하여 신분의 지속성이란 측면과 변동이라는 측면으로 그 견해가 대립되고 있다.[7] 그러므로 아직까지는 보다 많은 지역적 사례연구의 축적이 요구된다고 하겠다.

이 장에서는 이러한 인식을 바탕으로 조선후기 유·향분기후 지방양반의 동향을 향교의 청금유생 분석을 통해 살펴보고자 한다. 구체적인 사례연구로 나주 향교에 남아있는 청금안을 중심으로 우선 어떠한 신분의 사람들이 청금안青衿案에 입안入案되었으며, 사회 변화 속에서 청금안의 변화는 어떠하였는지 알아보고자 한다. 이를 바탕으로 지방양반과 청금유생과의 관계를 살펴보겠다. 이를 통해 조선후기 지방양반의 추이를 파악할 수 있으리라 기대한다. 또한 청금유생과 과거科擧와의 관계를 살펴봄으로써 향촌 사회 지배 성관의 구체적 실상에도 접근하도록 노력하겠다. 특히

7, 1998 ; 이정우, 「19-20세기초 공주지방 유림의 동향과 향촌활동의 성격변화-서원, 향교의 운영과 고문서류의 작성을 중심으로-」 『충북사학』 11·12합집, 2000.

6) 윤희면, 『조선후기 향교연구』, 일조각, 1990, 2~5쪽

7) 지금까지 조선후기 향촌사회의 변동과 사족지배체제의 변화에 대한 연구는 다양한 시각에서 이루어졌다. 즉 임란을 기점으로 사족지배체제가 변동되었다는 설, 임란 이후 사족지배체제가 오히려 강화되었다는 설, 17세기이후 사족지배체제는 19세기까지 변동없이 유지되었다는 설, 18세기를 전후로 하여 지배체제가 커다란 변동을 수반하였다는 설 등이 그것이다. 대체로 많은 연구자들은 18세기를 전후로 하여 향촌사회의 변동이 크게 일어난 것에 동의하고 있다. 김경옥, 「조선후기 동성마을의 형성배경과 사족들의 향촌활동」 『지방사와 지방문화』, 학연문화사, 2003, 27쪽 주 29) 참조.

나주는 전통적으로 향리층의 위세가 컸던 지역으로 알려지고 있다.[8] 하지만 이러한 향리층을 위시한 향족들의 위세가 결코 지방양반의 지배력을 능가하지는 못했을 것으로 생각한다. 그러므로 나주의 지방양반의 구체적 실체에 접근하는 것은 조선후기 사족지배체제에 대한 이해의 폭을 넓혀주리라 기대한다.[9]

1. 羅州 『靑衿案』 資料 檢討

조선시대 향촌사회에서는 이른바 양반의 명부라고 할 수 있는 것들이 다양하게 작성되었다. 그러한 가운데서도 향안鄕案, 교안校案[향교의 교생안], 원안院案[서원의 유생안]을 삼안三案이라 하여 아주 중요시 하였다.[10]

'청금안靑衿案'이란 명칭은 향교鄕校에 적籍을 두고 있는 양반유생兩班儒生의 명단名單을 지칭하는 용어이다.[11] 양반은 향교에 적을 두고 있을지

---

8) 나주의 향리층의 존재양상과 동향에 대해서는 박진철, 「조선시대 향직운영체계의 변화와 나주의 호장층」『이화사학연구』제31집, 2004 ; 박진철, 「한말 나주읍 향리 사회의 지속성과 변화」『대동문화연구』제51집, 2005 참조.

9) 김현영은 조선후기 사족지배체제는 크게 사족이 향임을 맡아 일원적인 사족지배가 이루어지고 있는 영남형(안동형), 사족에서 향족이 분화되어(이른바 '儒鄕分岐') 사족의 향촌조직(사마소, 직월안 조직 등)과 향족의 향임조직으로 이원화된 호서호남형(남원형), 원래부터 사족이 형성되지 않아 향족이 사족으로서의 역할을 하였던 서북형의 유형적 파악이 필요하다고 보고 있다. 김현영, 「조선시기 '士族支配體制論'의 새로운 전망 — 16세기 경상도 星州地方을 소재로 하여 —」『한국문화』23, 1999, 164쪽. 이에 비해 정승모는 사족의 단합으로 향족이 도태되는 경우와 오히려 양자의 대립이 더욱 심해지는 경우로 나누고 있다. 이중 후자의 대표적 지역으로 나주를 들고 있다. 정승모, 「사원·사우 및 향교 조직과 지역사회체계(하)」『태동고전연구』제5집, 1989, 177쪽

10) 정진영, 「조선후기 향촌 양반사회의 지속성과 변화상(1)」『대동문화연구』35집, 1999.

11) 최윤진, 「高敞鄕校 東·西齋 儒生案에 대한 檢討」『송준호교수 정년기념논총』,

라도 교생校生이라 칭하지 않고 청금록靑衿錄 유생儒生 및 유림儒林이라고
별칭別稱하였다고 한다.12) 따라서 이 청금안에 수록된 것은 결국 당시 나
주향교에 적을 두고 있던 양반유생의 명단이라고 하겠다.

　연구에 사용한 자료는 현재 나주 향교에 남아 있는 청금안으로 1753년
(영조 29년)에 이등移謄한 『청금안靑衿案』(계사청금안(癸巳靑衿案, 1713),13) 『수
행안隨行案』(계축수행안(癸丑隨行案, 1733),14) 『청금안靑衿案』(병진청금안(丙辰靑
衿案, 1736),15) 『금성연계방안錦城蓮桂榜案』(1836)과 『나주상재청금록羅州上齋
靑衿錄』(1836)16), 『청금안靑衿案』(임진청금안(壬辰靑衿案), 1893)17)이 있다. 이

　　1987, 255쪽
12) 최윤진, 앞의 논문, 263~264쪽
13) 책의 첫머리에 「二去癸巳靑衿案作成凡例」가 나온다. 二去癸巳는 1713년(숙종 39)
　　으로 헤아려진다. 1753년(영조 29)에 移謄한 것으로 모두 1121명(『전남의 향교에는
　　1122명으로 오기되어 있음)의 명단이 청금·액내·액외 등의 구분없이 성명만 나열되
　　고 있다. 전라남도, 『전남의 향교』, 1987, 154쪽(앞으로는 『계사안』으로 약칭함).
14) 表題는 『隨行案』內題는 『儒林案』으로 되어 있다. 原本에는 刊記등이 없으나 鄕
　　校誌에 癸丑案으로 나오며, 말미엔 1753년에 移謄했다는 後記가 있어 癸丑年은
　　1733년(영조9)으로 헤아려 진다. 모두 246명의 명단이 수록되어 있다. 전라남도,
　　앞의 책, 158쪽(앞으로는 『계축안』으로 약칭함). 한편 『隨行案』이란 新任監司나
　　守令이 향교에 謁聖할 때 함께 참석하는 儒生들의 이름을 기록한 것이다. 윤희면,
　　『조선후기 향교연구』, 일조각, 1990, 13쪽 주23) 참조.
15) 1753년(영조29)에 移謄한 것으로 앞에 「二去丙辰靑衿案二謄凡例」가 있고 끝에 後
　　記가 있다. 「二去丙辰年」은 1736년(영조12)으로 파악되는데, 이는 後記에 보이는
　　「行縣監 李」가 바로 1736년에 부임하여 온 현감 李顯弼을 가리키는 것으로 생각되
　　므로 더욱 확실하다. 羅州牧은 1733년부터 1737년까지의 사이에 일시 縣으로 降等
　　되었던 적이 있었다. 모두 988명(『전남의 향교에는 987명으로 오기되어 있음)의 명
　　단이 區分없이 나열되고 있다. 전라남도, 앞의 책, 1987, 159쪽(앞으로 『병진안』으
　　로 약칭함).
16) 羅州上齋靑衿錄·錦城蓮桂榜案은 1836년에 작성된 것으로 生員 金立民으로부터
　　進士 李啓雨에 이르기까지 모두 453명의 명단을 싣고 있다. 한편 『羅州上齋靑衿錄』
　　은 表題는 『先生案』으로 되어 있으며 內題가 『羅州上齋靑衿錄』이다. 병풍형의 접
　　는 冊子로서 모두 455명의 명단이 있고 背面의 중간부분에 1651년에 씌어진 跋文
　　이 있다. 내용은 『錦城蓮桂榜案』과 거의 同一하나 다만 마지막 부분에서 조금 다
　　르다. 즉 『錦城蓮桂榜案』은 마지막 부분이 金麟鉉·鄭龜鉉·李啓雨로 끝나나 『先

외에 국립중앙박물관에 소장되어 있는 『전라도청금안全南道青襟案』(1921)[18]
과 『나주청금안羅州青襟案』(1930)[19]이 있다. 그 밖에 『춘추계안春秋契案』
(1912)[20]과 『신사유림안辛巳儒林案』(1941)[21]을 참고하였다.[22]

生案』은 金麟鉉에서 끝나며, 앞쪽엔 『錦城蓮桂榜案』에 없는 羅麟集·崔相憲·金祥
洙·廉右鉉 등의 명단이 첨입되어 있다. 이 자료들은 『羅州鄕校誌』에 司馬案 의
이름으로 수록되어 『錦城蓮桂榜案』의 내용과 동일하다. 다만 뒷부분에 補遺라 하
여 23명의 명단이 추가되어 있음이 다르다. 전라남도, 앞의 책, 1987, 163~164쪽
(앞으로 『상재안』으로 약칭함).

17) 1892년에 이루어진 것으로 『鄕校誌』엔 壬辰青襟案의 名目으로 수록되어 있다.
앞에 牧使 尹相翊의 序文이 있고 233명의 명단이 수록되어 있다. 전라남도, 앞의
책, 1987, 167쪽(『전남의 향교』에는 1893년에 이루어진 것으로 232명의 명단이
수록되어 있다고 되어 있으나 이는 계산 착오인 듯 하다)(앞으로는 『임진안』으로
약칭함).

18) 국립중앙도서관에 보관중인 자료로 李會 감으로 되어있는 것과 丁忠燮 저로 되어
있는 두 종류가 있다. 내용은 동일하며 총582명의 성명과 본관이 기재되어 있다(앞
으로는 『전남도안』으로 약칭함).

19) 이 또한 국립중앙도서관에 보관중인 자료로 羅憲佑 편으로 되어 있고, 총 618명의
이름과 본관 등이 기재되어 있다(앞으로 『나주안』으로 약칭함).

20) 『羅州鄕校誌』에 있는 자료로 1921년에 작성된 것으로 되어 있으며, 序에는 '이 고
장의 점잖은 人士들이 東齋에 함께모여 각자 의연금을 내어 한 契를 창립'한다고
되어 있다. 이 『계안』은 지방양반들이 향촌사회 지배 신분층으로 공통된 연대의식
을 가지면서 작성된 문서라는 의미가 있다(『계안』의 성격과 관련해서는 이정우, 앞
의 논문, 1998 참조). 이 『춘추계안』은 청금안은 아니나 19세기와 일제시기 청금안
을 이어주는 연결고리로서 논의 전개의 편의상 다른 청금안과 함께 분석하고자 한
다(앞으로는 『춘추안』으로 약칭함).

21) 이 또한 『나주향교지』에 수록되어 있는 자료로 辛巳년(1941)에 만들어졌으며, 범례
에 보면 '舊案은 青衿으로 명칭하였으나 이제 案은 儒林으로 變稱할 事'라고 씌여
있다. 또한 서문에 "선비들 論難이 一致되어 바로 有司의 修整案을 정하고 册名을
儒林案이라하니 青衿舊案과 더불어 이름은 비록 다르나 뜻인 즉 한가지이다."라고
한 것에서 알 수 있듯이 조선후기 청금안의 전통을 잇고 있는 자료로 판단된다(앞
으로는 『신사안』으로 약칭함).

22) 이 청금안들에 입록되어 있는 유생(儒生)들의 수는 다음의 표와 같다.

계사 (1713)	계축 (1733)	병진 (1736)	상재 (1836)	임진 (1892)	춘추 (1912)	전남도 (1921)	나주 (1930)	신사 (1941)
1121	246	988	474	233	430	582	618	936

우선 유생들이 청금안에 입록되는 과정에서 나타나는 특징을 살펴보면 다음과 같다. 그 하나는 어느 시점에서 유생들이 청금안에 입록되면 그 다음에 작성되는 청금안에는 더 이상 입록되지 않는 것이 아니라 그 중 일부는 거듭 입록된다는 것이다.23) 보다 구체적으로 살펴보면『계사안』 (1713)과『계축안』(1733)에 중복되어 입록되어 있는 유생儒生의 수는 97명, 『계사안』과『병진안』(1736)에 중복되어 입록되어 있는 유생의 수는 155명 이며,『계축안』과『병진안』에 중복되어 입록되어 있는 유생의 수는 177 명이고,『계사안』,『계축안』,『병진안』모두에 중복 입록되어 있는 유생 의 수는 70명이다. 이와 같이 어느 한해의 청금안에 입록된 유생이 이어 서 작성된 청금안에 중복되어 있는 이유는 무엇일까? 또 청금안에 중복해 서 등장하는 인물과 그렇지 못한 이들에는 어떠한 차이가 있는가? 이는 우선 향교에서 수학할 수 있는 연령에 제한이 있었기 때문이라고 생각한 다.24) 실제로 자료를 통해 확인되는 나주 향교 청금유생의 연령은 22세에 서 49세까지로 나타난다. 또한 청금록이 명목적이나마 과거 준비하는 학 생들의 명부였으므로 과거에 합격하면 더 이상 청금록에 입록되지 않았던 것으로 보인다. 결국 어느 한 해에 청금안에 입록된 유생의 나이가 연령 제한을 넘지 않거나 과거에 합격하지 않았다면 이어서 작성된 청금안에 중복되어 입록되었던 것으로 생각된다. 반면에 나이가 연령제한을 넘어섰 거나 과거에 합격한 자들은 다음 청금안 작성시에 제외되었던 것이다.

한편 19세기 이후의 자료를 분석한 결과는 그 시기가 지날수록 수록된 인물의 수와 성씨의 수가 많아진다는 사실이다. 1892년 자료에는 233명 에 38개의 성관姓貫이 기록되어 있었다. 그 후 1912년 자료에는 430명에

---

23) 이는 고창향교의 유생안의 경우와 마찬가지다. 최윤진, 앞의 논문, 1987, 255쪽.
24) 향교에서 수학할 수 있는 연령에 제한이 있었다는 것은『雜同散異』鄕校約令에 '試才하여 선비를 취하는데 25세에 들어와 55세에 물러난다.'는 기록을 통해 알 수 있다. 윤희면, 앞의 논문, 1989, 456쪽에서 재인용.

69개 성관, 1921년 자료에는 582명에 75개 성관, 1930년 자료에는 618명
에 79개 성관, 1941년 자료에는 936명에 97개 성관이 기록되어 있다.[25]

이와 같이 나주의 청금안에 입록되어 있는 유생의 수를 조사해 보면
청금안의 유생수는 정액定額이 없었다는 것을 알 수 있다. 또한 유생의 수
가 시대의 경과에 따라 대체로 증가하고 있다. 이러한 유생의 증가는 18
세기에 걸쳐 각 향교의 공통적인 현상이다.[26]

2. 鄕校의 靑衿儒生과 地方兩班

조선후기 특히 18~19세기에 이르면 향안鄕案이 파기되어 양반 사족들
의 이해를 대변하지 못하였다. 그러나 향교는 꾸준히 양반 사족 중심으로
운영되고 있었다. 이는 향교가 그 교육적 기능은 상실하였으나 문묘행사
文廟行事를 통한 양반 사족의 집결지로서의 의미는 지속되었기 때문이다.
향교는 교육기관으로서보다는 군역軍役 기피忌避의 장소로 변해갔다.[27]
그래서 흔히 이러한 교육기능의 측면만을 부각시켜 조선시대의 향교를 황
폐한 모습으로 묘사하기도 한다. 그러나 문묘文廟가 배치된 향교는 국가
이념인 유학儒學이 지방에까지 널리 보급되어갈수록 제향祭享의 장소로서
오히려 지역문화의 중심지가 되어갔다. 어느 지역에서나 문묘배향행사文
廟配享行事는 유교행사儒敎行事이며 유림행사儒林行事였으므로 지방의 지배
층들로서는 이에 직접, 간접으로 관계되지 않을 수 없었던 것이다. 이렇
듯 조선시대의 향교는 교육기관으로서보다는 문묘행사를 통한 유림儒林

---

25) 보다 자세한 내용은 다음 절에서 설명.
26) 윤희면, 「朝鮮後期 鄕校의 靑衿儒生」『동아연구』 제17집, 서강대 동아연구소, 1989,
    458쪽.
27) 이범직, 「조선전기의 校生身分」『한국사론』 3, 1976.

결집지結集地로서 그 존재의 의미가 있었다. 한편 향교의 교임校任들은 석전釋奠때마다 뇌물을 받고 하천下賤들을 집사執事로 남임濫任하였다고 한다.28) 이러한 예는 향교 또는 그 조직에 대한 주도권 장악이 이와 같은 이권利權들과 관련되었다는 점에서, 그 황폐상과는 달리 향교가 향촌사회 지배층들에게 있어서는 결코 무시할 수 없는 제도와 장소였음을 짐작케 한다.29) 특히 향교 교임校任은 결국 향교의 청금유생들 중 뽑는 것이므로 청금유생들 중 주도권을 가진 세력이 교임을 맡을 확률이 높았을 것이다. 이는 향촌사회 지배세력이 청금유생으로서 향교를 장악하고 있었을 가능성을 의미하는 것이라고 할 수 있다. 따라서 사족들은 명분과 교화敎化를 앞세워 이전처럼 향교를 독점하려 하였다. 그리고 향교를 이용하여 향촌사회에서의 주도권을 계속 유지하려고 노력하였다.30)

특히 지역 또는 도道 전체의 유림들을 주도할 만큼 큰 서원書院이 드물었던 호남湖南에서는 일반적으로 향교가 향권의 향방에 커다란 비중을 차지하였을 것으로 추측된다.31) 그러나 호남에서도 각 지역에 따라 향교의 존재방식은 다양하였을 것으로 생각된다. 그것은 지역마다 사족士族과 향족鄕族 간의 구분점이나 그들 간의 세력균형 등, 지배층들의 성격에 있어서의 차이와 이들과 관아와의 관계에 있어서의 차이, 그리고 특히 임진왜란으로 인해 향안鄕案이 폐지廢止된 지역과 그대로 유지된 지역 간의 향교 조직에 있어서의 차이 등이 향교의 존재방식을 결정지었을 것이기 때문이

---

28) 김용덕, 「조선후기 향교연구」 『한국사학』 5, 1983, 234쪽
29) 정승모, 「書院·祠宇 및 鄕校 組織과 地域社會體系(上)」 『태동고전연구』 제3집, 1987, 158쪽
30) 윤희면, 앞의 논문, 1989, 467~468쪽
31) 호남지역에서도 특히 나주지역은 西人系 士林과 東人·南人系 士林이 대립하였던 중심지였다. 이에 따라 향권 장악을 놓고 치열한 다툼이 계속되었으며 서로 대립되는 서원들이 散在하였다. 따라서 지역 또는 道 전체를 주도할 書院은 드물었던 것이라 생각한다. 이에 대해서는 김동수, 「16~17세기 호남사림의 존재형태에 대한 일고찰」 『역사학연구』 7집, 1977 참조.

다. 즉 향교와 관련된 지역사회 권력구조의 특징은 각 지역사회의 토착세력과 유입세력과의 관계 등 그 지역의 독특한 역사에 따라 결정되어 왔던 것이다.

한편 지방양반 즉 재지사족들은 점차 향리로부터 향촌사회 운영권을 장악하여 16세기 중·후반 경부터 그들 중심의 지배체제를 구축해 나갔다. 이 과정에서 유향소留鄕所·향안鄕案·향규鄕規 등이 조직되고 작성되었으며, 서원이 건립되기도 하였고, 향약·동약·동계가 실시되기도 하였다. 따라서 지방양반은 대체로 16, 17세기 향안에 입록될 수 있는 존재들로서, 스스로를 청문淸門, 문벌門閥, 세족世族 등으로 표현하였다. 이들은 유향소를 운영하고, 향교와 서원을 출입하며, 향약 또는 동계·동약의 실시를 주도해가던 계층이었다. 그러나 지방양반의 성장 시기, 존재 형태 그리고 구체적인 성격에 있어서는 지역적인 다양한 편차를 갖는다. 이러한 지방양반의 존재와 위치는 18세기에 이르러서 크게 동요되고 있었다.[32) 그러나 지방양반들은 청금안이라는 별도의 유생명부儒生名簿를 만들고 향교에 출입하면서 향교 운영에 간여하고 있었다. 사족들은 향안鄕案마저 변화 속에 놓이게 되자 기존의 향촌기구鄕村機構였던 향교의 참여와 활동에 더욱 치중하였던 것이다.[33)

이제 향교의 청금유생을 분석해 봄으로써 나주의 지방양반의 동향과 추이를 살펴보기로 하자. 먼저 나주 청금안 중 1713년 『계사안』으로부터 1892년 『임진안』까지를 살펴보기로 하자. 여기에 입록되어 있는 유생들의 성씨를 살펴보면 다음과 같다.[34) 우선 전체적 입록 인원은 3,062명이다. 이중 입록 인원이 100명 이상인 성씨는 이李씨로 총 594명, 전체의 19.39%를 차지한다. 두 번째로는 김金씨로 총 425명 13.87%, 세 번째가

---

32) 정진영, 『조선시대 향촌사회사』, 한길사, 1998, 21～22쪽
33) 윤희면, 앞의 책, 1990, 7~36쪽
34) 보다 자세한 내용은 〈부록 1〉 참조.

정鄭씨로 332명 10.84%, 네 번째가 나羅씨로 320명 10.45%, 다섯 번째가 유柳씨로 264명 8.62%, 여섯 번째가 임林씨로 200명 6.53%, 일곱 번째가 오吳씨로 191명 6.23%, 여덟 번째가 최崔씨로 183명 5.97%이다. 이들 여덟 개 성씨를 합한 인원이 2509명으로 전체 입록 인원의 81.93%를 차지하고 있다.[35]

이와 같은 결과를 토대로 살펴보면 『계사안』으로부터 『임진안』까지의 청금안에는 토성土姓으로서 조선시대 이전부터 나주의 지배층을 이루었던 성씨들로 나주 나羅州 羅, 나주 정羅州 鄭, 나주 오羅州 吳 씨가 주요 사족으로서 참여하고 있음을 알 수 있다. 이 밖의 성씨들은 조선 초 외부로부터 유입하여 기존세력에 편입된 사족들로서 이들을 나주에서는 '객반客班'이라 부른다. 이들 중 우선 청금록에 가장 많은 성씨로 나타나는 이李씨는 본관을 경주慶州, 전의全義, 고성固城, 양성陽城, 함평咸平 등으로 달리하는 다섯 이씨李氏들이다. 이들은 통념상 나주의 대성大姓으로 인식되며 특히 경주, 양성, 함평 이씨는 사마시司馬試나 문과급제자文科及第者 배출에서도 상위 배출 성관에 들어가는 주요 사족이다.[36] 두 번째로 많이 나타나는 성씨는 김金씨로 나주에 거주하던 주요 사족으로는 광산光山, 김해金海, 서흥瑞興, 당악棠岳을 본관本貫으로 하는 성씨들이 있다. 유씨柳氏로 나주의 대표적 사족은 문화 유씨文化 柳氏가 대성大姓으로 인식된다. 임씨林氏는 회진 임씨會津 林氏로 불리우는 나주 임씨羅州 林氏와 평택 임씨平澤 林氏가 있다. 이렇듯 청금록에는 토성土姓으로서 나주의 지배층을 이루고 있었던 사족들과 '객반客班'으로서 새로이 기존세력에 편입된 통념상 나주의 대성大姓으로 여겨지는 성씨들이 주류를 이루고 있다.[37] 다시 말하자면 청금

35) 〈표 1〉 청금안 입록 주요 성씨 참조.
36) 이 책의 제2부 제1장 3절 참조.
37) 기존의 연구를 통해 밝혀진 바에 의하면 나주에서는 통념상 羅州 吳, 濟州 梁, 羅州·平澤 林, 潘南 朴, 文化 柳, 羅州·錦城 羅, 豊山 洪, 羅州 鄭의 8姓을 大姓으로 여기며, 본관을 慶州, 全義, 固城, 陽城, 咸平 등으로 달리하는 다섯 李氏들도 여기

유생으로 입록될 수 있었던 자들은 나주에서 지방양반으로 상층 지배성관
이었던 것을 알 수 있다.

<h3 style="text-align:center">〈표 1〉 청금안 입록 주요 성씨</h3>

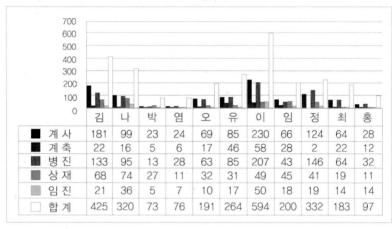

	김	나	박	염	오	유	이	임	정	최	홍
■ 계 사	181	99	23	24	69	85	230	66	124	64	28
■ 계 축	22	16	5	6	17	46	58	28	2	22	12
■ 병 진	133	95	13	28	63	85	207	43	146	64	32
■ 상 재	68	74	27	11	32	31	49	45	41	19	11
□ 임 진	21	36	5	7	10	17	50	18	19	14	14
□ 합 계	425	320	73	76	191	264	594	200	332	183	97

다음으로 19세기 이후의 청금안 자료를 살펴보도록 하자. 자료를 살펴
보면 19세기 이후 한말·일제하에 이르기까지 청금안에 입록된 유생의 수
는 계속해서 증가하고 있다. 1892년『임진안』에 233명, 1912년『춘추안』
에 430명, 1921년『전남도안』에 582명, 1930년『나주안』에 618명, 1941
년『신사안』에 936명이 입록되어 있다. 또한 입록자의 성관姓貫도『1892

에 포함된다. 또 東의 坡州 廉, 西의 達城 裵, 南의 河東 鄭, 北의 商山 金 등과
같이 수가 많은 성씨들을 구역별로 구분하기도 한다. 世宗實錄 地理誌에 나오는
나주의 土姓은 金·羅·吳·鄭·陣·孫·南·朴·柳의 9姓이다. 또 新增東國輿地勝覽에
는 前朝, 즉 고려시대의 인물로서 羅州 鄭, 河東 鄭, 錦城 羅, 潘南 朴, 押海 丁,
耽津 崔, 羅州 陣 등이 등장한다. 족보 등 관련 자료나 문헌들을 참고하면 조선시
대 이전부터 이미 土姓으로서 나주의 지배층을 이루었던 姓氏들은 錦城 羅, 羅州
羅, 羅州 吳, 羅州 鄭 등 나주를 본관으로 하는 성씨들과 潘南 朴 등이었으며, 이들
은 조선시대에 들어와서도 土族化하여 그 세력을 유지하여 왔음을 알 수 있다. 정
승모, 앞의 논문, 1989 참조. 나주지역 주요 성씨에 관한 내용은 정승모의 논문을
적극 활용하였음.

년『임진안』에 38개 성관, 1912년『춘추안』에 69개 성관, 1921년『전남
도안』에 75개 성관, 1930년『나주안』에 79개 성관, 1941년『신사안』에는
97개 성관이 나타나고 있다. 이는 시간이 흐를수록 다양한 성관과 인물이
참여하고 있다는 것을 보여준다. 이는 향촌사회 지배세력인 양반사족의
외연이 확대되고 있음을 보여준다. 다시 말하면 이는 향촌사회 지배세력
에 변화가 일어나고 있음을 보여주는 것이다. 그렇다면 청금안에 입록되
는 성씨가 시간이 갈수록 확대되는 것을 어떻게 이해해야 할 것인가? 이
는 새로운 지배세력의 등장을 의미하는 것인가, 아니면 신구新舊 지배세력
사이의 타협인가? 아니면 상층 양인세력의 성장인가?

이와 같은 의문에 답하기 위해 자료를 좀 더 구체적으로 살펴보면 다음
과 같다.38) 즉 19세기 이후 청금안에 입록되어 있는 인물은 총 2,799명이
다. 이 중 가장 많은 성관이 나주 나씨로 252명이 입록되어 전체의 9.0%
를 차지하고 있다. 다음이 함평 이씨가 198명으로 7.07%, 금성 나씨가
150명으로 5.35%, 나주 정씨가 128명으로 4.57%, 나주 오씨가 117명으로
4.18%, 광산 김씨가 114명으로 4.07%, 문화 유씨가 105명으로 3.75%, 하
동 정씨가 103명으로 3.67%로 나타나고 있다. 이는 주요 13개 성관이 전
체 입록자의 57.07%를 차지하고 있음을 보여준다. 또한 19세기 이후의
청금안 모두에 입록되어 있는 성관은 나주나, 함평이, 금성나, 나주정, 나
주오, 광산김, 문화유, 나주임, 풍산홍, 양성이 등 모두 10개 성관뿐이다.
이들 성씨는 앞에서도 살펴본 바와 같이 나주를 지배해왔던 토성을 중심
으로 하는 전통적 지배성관들이다. 이는 결국 전체적으로 청금안에 입록
되는 유생의 수와 참여 성관은 늘어났지만 절대적 비중은 여전히 전통적
지방양반인 나주를 본관으로 하는 토성 성관과 객반 출신의 몇 개의 주요
성관이 차지하고 있음을 보여준다.

---

38) 〈표 2〉 19세기 이후 청금안 입록 성관 참조.

〈표 2〉 19세기 이후 청금안 입록 성관

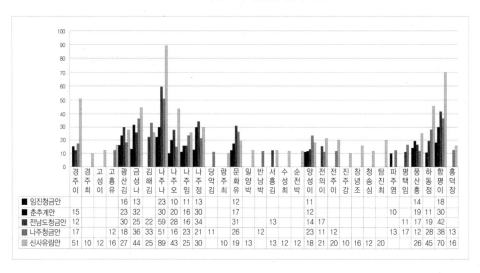

	경주이	경주최	고성이	고흥유	광산김	금성나	김해김	나주나	나주오	나주임	나주정	당악김	랑주최	문화유	밀양박	반남박	서흥김	수성최	순천박	양성이	전의이	전주이	진주강	창녕조	청송심	탐진최	파주염	평택임	풍산홍	하동정	함평이	흥덕장
임진청금안					16		13	23	10	11	13			12						11											14	18
춘추계안	15				23	32		30	20	16	30			17						12						10			19	11	30	
전남도청금안	12				30	25	22	59	28	16	34			31			13			14	17						11		17	19	42	
나주청금안	17			12	18	36	33	51	16	23	21	11		26		12				23	11	12					13	17	12	28	38	13
신사유림안	51	10	12	16	27	44	25	89	43	25	30		10	19	13		13	12	12	18	21	20	10	16	12	20			26	45	70	16

18세기 후반부터는 신·구향新·舊鄕의 대립과 매향賣鄕·승향陞鄕 등이 계속되어 더 이상 향안이 지방양반 신분의 증명서가 되지 못하고, 지방양반 중심 체제를 유지시키는 현실적인 모체도 되지 못했다. 그러므로 향권을 장악하고자 하는 지방양반들은 향안에만 집착하지는 않았다.[39] 조선후기로 내려오면서 향안이 계속 증수增修되지 않았던 지방은 이와 대등한 권위를 인정받고 있었던 청금안靑衿案이 편찬되었다. 청금안은 향교에 출입하는 사류들의 명단을 모두 기록하여 향교에 보관하였으며, 유안儒案이라 칭해지기도 했다.[40] 이처럼 청금안에 등재되는 것은 향촌사회에서 사족으로 대우 받을 수 있는 중요한 증빙서류가 될 수 있었다.[41] 이로써 향교는 지방양반의 집결지로서 사족의 여론을 수렴하고, 향약鄕約을 비롯한

39) 김인걸, 「조선후기 향안의 성격변화와 지방양반」 『김철준박사화갑기념사학논총』, 1983.
40) 최윤진, 앞의 논문, 1987. 고창향교에서는 청금안을 儒案, 儒林案, 東齋案과 같은 성격의 것으로 사용하고 있다. 타 지역에서도 이와 유사하게 사용되었다고 생각된다.
41) 강대민, 『한국의 향교연구』, 경성대학교출판부, 1998, 255~257쪽.

향내鄕內 중요사를 논의·집행하는 사족들의 실질적 구심체가 되었다.42)

향교는 '일읍일교一邑一校'의 원칙에 따라 모든 군현에 존재한 유일한 관학官學이고 공자孔子를 봉사奉祀하기 위해 마련된 문묘文廟가 소재한 공적公的 기구機構였다. 따라서 군현의 상징이고, 유학儒學의 중심지였다. 그렇기에 양반 사족들도 향교에 지대한 관심을 기울였다. 양반 사족들은 교임校任을 선출하여 운영에 간여하였다.43) 재정의 확보, 건물 유지 등을 위하여 유전儒錢을 거출醵出하고 희사喜捨를 아끼지 않았다.44) 이는 향교가 학교요 유학儒學의 상징이었을 뿐 아니라 사족들이 모여 활동하는 향촌기구였기 때문이다.45) 사족들은 향교에 교임으로, 액내교생額內校生으로 출입하고 간여함으로써 사족임을 과시하였다. 또한 향교에 간여하고 관계를 맺는 것 자체가 사족임을 인정받는 일이었다.46) 서원書院은 중앙권력구조의 변동과 밀접한 관련을 맺으면서 향론을 주도해 오던 위치에서 한계를 노정하고 있었다.47) 이러한 서원에 비해 향교는 특정 당파에 구애됨이 없이 사족이라면 누구나 또는 반드시 참여해야만 했던 향촌사회 지배세력의 가장 중요한 결집처였던 것으로 보인다. 덧붙인다면 고종 8년(1871)에 단행된 서원훼철령으로 많은 서원이 훼철되었다. 그 결과로 지방양반의 향촌지배에 일대의 타격이 가해졌을 것으로 보인다. 이런 과정에서, 일부 사족은 훼철된 서원을 대신해서 새로운 소거처로서 향교로 모이게 되었고, 또 이 과정에서 새로운 향촌 사회조직과 문서작성이 있게 되었던 것이다.48)

---

42) 강대민, 앞의 책, 1998, 283쪽.

43) 윤희면,「조선후기 鄕校校任」『이병도박사구순기념한국사학논총』, 1987, 550~551쪽.

44) 강대민,「조선후기향교의 재정적 기반」『부산사총』2, 1986, 26~28쪽.

45)『仁祖實錄』仁祖14년 4월 12일 乙卯, '今學校者 聖潮所在 多士所會 實教化風俗之本也'

46) 윤희면, 앞의 논문, 1989, 446쪽.

47) 김인걸,「조선후기 향촌사회 권력구조 변동에 대한 시론」『한국사론』19, 1988, 351쪽.

3. 靑衿儒生과 科擧

양반유생들이 청금안을 작성한 또 하나의 중요한 이유는 과거科擧 응시
자격 때문이었다. 선조宣祖 15년에 율곡이 작성한 「학교모범學校模範」에도
학교에 명부名簿를 두지 않는 자는 과거를 보지 못하게 한다는 규정이 있
었다.49)

이로 보아 양반들이 교육기능이 상실된 향교에 액내교생을 회피하면서
도 청금안을 작성하고 청금유생靑衿儒生으로 입안入案한 것도 나라에서 향
교교육 회복책의 하나로 고안한 과거응시자격부여科擧應試資格賦與 때문이
었다고 하겠다.

청금안의 입안이 천거에 의한 것이지만 향안처럼 문벌의 하자 여부뿐
만이 아니라 학교기관이었던 만큼 지식知識의 유무도 아울러 고려되었다.
또한 나이를 제한하고, 시재試才에 합격해야 입안시킨 것은 청금안이 향교
라는 학교기관의 학생명부였고, 유생儒生을 명목적이나마 과거를 준비하
는 학생으로 간주했기 때문이다.50)

이제 청금유생과 과거와의 관계를 살펴보자. 나주의 청금유생 중『사
마방목』51)에서 확인하여 밝혀진 인물은 〈표 3〉와 같다.

---

48) 이정우, 「조선후기 在地士族의 동향과 儒林의 향촌지배 – 전라도 錦山郡 書院·鄕校
    의 치폐와 古文書類의 작성을 중심으로 – 」『조선시대사학보』7, 1998, 195쪽 참조.
49) 『栗谷全書』卷14 雜著 「學校模範」
50) 윤희면, 앞의 논문, 1989, 454~456쪽. '試才하여 선비를 취하는데 25세에 들어와
    55세에 물러난다. 공부하지 않는 자는 비록 名家子弟라도 冒錄하지 못한다.' (『雜
    同散異』鄕校約令 靑衿錄)
51) 한국정신문화연구원, 『CD-ROM 사마방목』, 서울시스템주식회사, 2001.

〈표 3〉 청금유생 중 사마시 합격자

성명	본관	입격년	청금안입록연령	입격연령	본인전력	부친품관
김추	김해	1719	(계사안)40	46	유학	충의위
나만우	나주	1723	(계사안)49	59	유학	학생
나이헌	나주	1717	(계사안)29	33	유학	학생
나정일	나주	1721	(계사안)25	33	유학	학생
나찬규	나주	1721	(계사안)33	41	유학	학생
박사효	나주	1714	(계사안)32	33	유학	학생
배정좌	대구	1717	(계사안)25	29	유학	학생
염처공	파주	1723	(계사안)32	42	유학	학생
오대훈	나주	1713			유학	학생
유문세	문화	1715	(계사안)42	44	유학	학생
이만창	함평	1754	(계사안)23	64	유학	학생
장운항	홍덕	1726	(계사안)22	35	유학	학생
정언제	나주	1740	(계사안)31	58	유학	학생
염처영	파주	1738	(계축안)41	46	유학	학생
염달서	파주	1738	(병진안)25	27	유학	학생

우선 확인할 수 있는 범위 내에서 청금안에 수록된 인물들의 연령은 최저 22세에서 최고 49세까지 나타난다. 이는 보통 '25세에 들어와 55세에 물러난다'는 『잡동산이雜同散異』의 기록보다는 이른 나이에 청금록에 입안되었다는 것을 보여준다. 이들은 생원 진사시험에 합격하면 더 이상 청금록에 수록되지 않았다. 예를 들어 1713년 『계사안』에 입록되어 있는 인물 중 사마시에 합격한 자들은 그 뒤의 청금안에는 입록되지 않았다. 마찬가지로 1733년 『계축안』에 입록되어 있던 인물로 사마시에 입격한 인물도 다음 청금안에는 입록되어 있지 않다. 반면 1754년에 진사시에 합격한 이만창은 1713년 『계사안』, 1733년 『계축안』, 1736년 『병진안』에 모두 입록되어 있다. 다시 말해 사마시에 입격하지 전까지는 계속해서 청금안에 입록되고 있는 것이다. 또한 이들이 과거에 응시할때의 전력前歷은 모두 유학幼學이었다. 또한 이들의 부친 관직 중 이미 돌아가신 분은

모두 학생學生으로 기록되고 있다.

다음으로 나주의 청금유생 중『문과방목』52)에서 확인되는 인물은 두 명뿐이다. 그 한 명은 이하연이란 인물로 본관은 함평이고 문과에 급제한 해는 1717년이다. 『계사안』(1713)에 등재되어 있던 인물로 급제시 연령은 28세였다. 또 다른 한 명은 박사제로 본관은 반남이고 문과에 급제한 해는 1723년이다. 이도『계사안』에 등재되어 있던 인물로 급제시 연령은 41세였다. 이들 모두 1733년『계축안』에는 등재되어 있지 않다. 이 역시 문과 급제후에는 청금안 등재에서 제외되었음을 알 수 있게 해준다.53)

나주 읍지류 등의 자료를 통해 확인되는 사마시 합격자와 주요 성관은 〈표 4〉와 같다. 여기서도 확인되는 것은 가장 많은 사마시 입격자를 배출한 성관이 순서대로 나주나, 광산김, 문화유, 나주임, 나주오, 금성나, 김해김, 나주정, 함평이, 반남박씨 등이라는 것이다. 이는 앞서 청금록에 가장 많이 입록되어 있는 주요 성관과 거의 일치하고 있다. 이것은 사마방목에서도 확인되는 바로 이는 순서대로 나주나, 나주임, 나주오, 광주김, 나주정, 여흥민씨 등으로 나타난다.54) 문과 합격자는 나주나, 나주임, 반남박, 양성이, 여흥민, 함평이씨 순으로 나타난다.55) 결국 이는 나주의 지방양반으로 향촌사회의 지배권을 가지고 있던 몇몇 주요 성관이 과거급제자도 가장 많이 배출한 성관이면서 조선후기에 가면 청금안을 작성하여 향교를 장악함으로써 향촌사회 지배권력을 유지하려 했음을 알 수 있게 해준다.

---

52) 와그너·송준호 편저, 『보주 문과방목 CD-ROM』, 동방미디어주식회사, 2002.
53) 이와 같이 사마시나 문과에 합격한 상층 사족이 더 이상 청금안에 기재되지 않았다면 과연 청금안에 기재된 자들이 지역 최고 지배 세력으로 볼 수 있는가 하는 의문이 제기될 수 있다. 그러나 검토한 바와 같이 과거에 많은 합격자를 배출한 성관과 청금안에서 중요한 비중을 차지하고 있는 성관이 거의 일치하고 있다. 이는 과거합격자를 다수 배출하는 지배 사족의 모집단이 청금유생이라는 것을 보여준다.
54) 〈표 5〉 사마방목-시기별 합격자 주요 성관 참조.
55) 〈표 6〉 문과 급제자 주요성관 참조.

〈표 4〉 사마시에서 10인 이상 합격자를 배출한 가문과 인원수

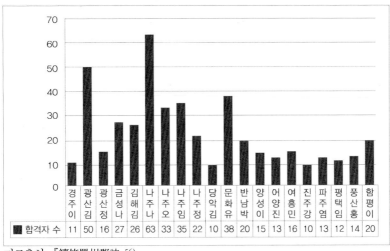

	경주이	광산김	광산정	금성나	김해김	나주나	나주오	나주임	나주정	당악김	문화유	반남박	양성이	어양진	여흥민	진주강	파주염	평택임	풍산홍	함평이
■ 합격자 수	11	50	16	27	26	63	33	35	22	10	38	20	15	13	16	10	13	12	14	20

자료출처: 『續修羅州郡誌』[56]

〈표 5〉 사마방목-시기별 합격자 주요 성관[57]

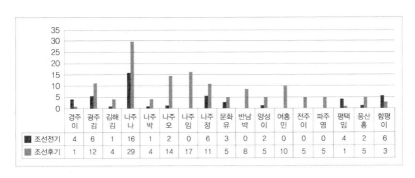

	경주이	광주김	김해김	나주나	나주박	나주오	나주임	나주정	문화유	반남박	양성이	여흥민	전주이	파주염	평택임	풍산홍	함평이
■ 조선전기	4	6	1	16	1	2	6	3	0	2	0	0	0	0	4	2	6
■ 조선후기	1	12	4	29	4	14	17	11	5	8	5	10	5	5	1	5	3

---

56) 김동수, 「조선시대 나주지방의 유력사족」『나주지방 누정문화의 종합적 연구』, 전
   남대학교 출판부, 1988, 17쪽에서 재인용.
57) 한국정신문화연구원, 앞의 자료, 2001 참조.

〈표 6〉 문과 급제자 주요성관58)

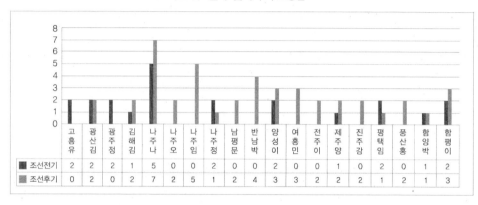

	고흥유	광산김	광주정	김해김	나주나	나주오	나주임	나주정	남평문	반남박	양성이	여흥민	전주이	제주양	진주강	평택임	풍산홍	함양박	함평이
조선전기	2	2	2	1	5	0	0	2	0	0	2	0	0	1	0	2	0	1	2
조선후기	0	2	0	2	7	2	5	1	2	4	3	3	2	2	2	1	2	1	3

58) 와그너·송준호 편저, 앞의 자료, 2002.

〈부록 1〉 1713~1892 청금안 성씨별 입록자 수

성씨	계사안	계축안	병진안	상재안	임진안	합계
강	8		7	5		20
고	2		1	2		5
기	4			5	6	15
김	181	22	133	68	21	425
나	99	16	95	74	36	320
노	15	1	3	4		23
문	6			1		7
민	3	2	8	15	3	31
박	23	5	13	27	5	73
방				1		1
배	14		13	4		31
봉				1		1
서	2			1		3
성	2		3	3		8
송	6	1	2	1	1	11
신	9		10	2	3	24
안	1			1		2
양	8	2	9	4	3	26
염	24	6	28	11	7	76
오	69	17	63	32	10	191
유	85	46	85	31	17	264
윤	1			2	1	4
이	230	58	207	49	50	594
임	66	28	43	45	18	200
장	18	6	16	5	4	49
전	10					10
정	124	2	146	41	19	332
조	3		2	4		9
진	9		3	5	1	18
최	64	22	64	19	14	183
허	6		2			8
홍	28	12	32	11	14	97
황	1					1
합계	1121	246	988	474	233	1121

〈부록 2〉 19세기 이후 청금안 입록자수와 주요성관

성관	임진안	춘추안	전남도안	나주안	신사안	합계
나주나	23	30	59	51	89	252
함평이	18	30	42	38	70	198
금성나	13	32	25	36	44	150
나주정	13	30	34	21	30	128
나주오	10	20	28	16	43	117
광산김	16	23	30	18	27	114
문화유	12	17	31	26	19	105
하동정		11	19	28	45	103
경주이		15	12	17	51	95
나주임	11	16	16	23	25	91
풍산홍	14	19	17	12	26	88
김해김			22	33	25	80
양성이	11	12	14	23	18	78
전의이			17	11	21	49
전주이				12	20	32
흥덕장				13	16	29
고흥유				12	16	28
평택임			11	17		28
서흥김			13		13	26
파주염		10		13		23
탐진최					20	20
창녕조					16	16
밀양박					13	13
고성이					12	12
반남박				12		12
수성최					12	12
순천박					12	12
청송심					12	12
당악김				11		11
경주최					10	10
랑주최					10	10
진주강					10	10

제2장 地方兩班의 鄕校 運營

조선시대의 지배체제를 구성하는 국가와 양반사족, 그리고 민民들의 상호관계를 이해하고, 근대사회로 들어가면서 그것이 어떻게 붕괴되어 가는가를 이해하는 것이 조선시대 사회사 연구의 주요한 연구과제라고 할 수 있다. 이러한 과제를 해결하는 관건 중의 하나가 지방양반의 향촌지배체제에 대한 이해라고 할 수 있다.[1] 대체로 조선시대의 지역사회에서 지배세력을 이룬 이들 지방양반은 시기와 지역에 따라 차이는 있으나 15~6세기 이후로 지역에 기반을 두고 양적 확대와 조직화를 이루었다. 이들의 전성기는 지역적 편차에도 불구하고 대략 17~8세기로 설정되며 이러한 체제가 동요, 또는 해체되기 시작한 것은 19세기 이후부터라고 한다.[2] 그러나 이러한 지방양반에 대한 대체적 이해는 논자에 따라 편차가 매우 크고 아직 규명되지 못한 과제들이 많이 남아 있다.[3] 특히 조선후기 지방양반의 연구는 신분제와 관련하여 신분의 지속성과 변동이라는 상반된 견해로 대립되고 있다.[4] 그러므로 이러한 문제를 해결하기 위해 좀 더 많은

---

1) 김현영, 『조선시대의 양반과 향촌사회』, 집문당, 1999, 427쪽.
2) 정승모, 「향집강안을 통해 본 조선 후기 순천이 향권추이」『순천향교사』, 순천향교, 2000, 141쪽.
3) 이해준, 「조선후기 신분제의 동요」『순천시사 – 정치·사회편』, 순천시사편찬위원회, 1997, 476쪽.
4) 이와 관련하여 기존의 조선후기 향촌사회의 변동의 시기와 그 계기를 설명하는 데는 몇 가지 異論이 있어 왔다. 1) 임란을 축으로 하여 기존의 체제가 크게 변동한다고 보는 견해 2) 17세기 이래의 체제가 본질적인 면에 있어서는 변동이 없으며 19세기까지 그대로 유지된다고 보는 견해 3) 18세기를 전후하여 커다란 변동이 있게 된다고 하는 견해가 그것이다. 김인걸, 「조선후기 향촌사회 권력구조 변동에 대한

지역적 사례연구의 필요성이 여전히 요구된다.

이렇듯 조선시대 지방양반의 동태를 밝히는 데 필요한 자료들은 대체로 각 지방의 향교에 소장된 문서들 가운데 남아 있다. 순천 향교의 경우 이러한 지방양반 관련 자료가 비교적 풍부하게 남아있어 많은 도움이 된다. 우선 살펴볼 수 있는 것이 순천지방 양반들의 명단을 기록한 향안鄕案이 그것이다. 여기에 등재된 인물들을 통해 조선 후기 순천 지방양반의 실태와 동향을 파악할 수 있을 것이다. 또한 순천향교에는 조선시대 향교 유생들의 명단을 실어 놓은 유안류 문서가 남아있다. 이는 우선 양적인 면에서 광주·전남 소재 향교 가운데서 가장 많은 양이다.[5] 여기에는 향교 유생들을 상액·중액·하액, 또는 액내·액외로 구별하여 작성된 명부와 양반사족의 명부인 청금록 등이 있다. 이것은 그들의 출신성분을 파악할 수 있게 한다는 점에서 중요한 자료이다. 이 외에 지방양반의 향교와 양사재 운영의 실태를 파악할 수 있는 향집강안과 양사재유사안이 있다.[6]

이 장에서는 이러한 자료들을 활용하여 조선후기 순천지방 지방양반의 실태와 동향을 살펴보고자 한다. 이는 조선후기 지방양반의 동향과 실태를 살펴보는 구체적 사례연구의 일환이 될 것이다.[7] 조선시대의 순천도

시론」『한국사론』19, 1988, 331~336쪽. 이 밖에 김현영, 「조선시기 '士族支配體制論'의 새로운 전망-16세기 경상도 星州地方을 소재로 하여-」『한국문화』23, 1999와 정승모, 「사원·사우 및 향교 조직과 지역사회체계(하)」『태동고전연구』제5집, 1989 참조. 정승모는 사족의 단합으로 향족이 도태되는 경우와 오히려 양자의 대립이 더욱 심해지는 경우로 나누고 있다. 이중 전자의 대표적 지역으로 순천을 들고 있다.

5) 1661년(현종 2)부터 1881년(고종18) 사이에 작성된 것으로 儒案·別儒案·老儒案·別案·元案 儒生案·靑衿錄·靑衿隨行案·靑衿赴擧案 등 40여 건에 이르는 문서가 소장되어 있다.

6) 조원래, 「조선 전기 순천지방의 신흥사족과 향중인물」『순천향교사』, 순천향교, 2000, 119~120쪽.

7) 박진철, 「조선후기 향교의 청금유생과 재지사족의 동향」『한국사학보』제25호, 2006.

호부는 현재의 5개 시市·군郡인 순천·여수·여천시와 승주·여천군이 차지하고 있는 지역을 모두 관할하고 있었다. 즉 임내任內 경역境域에 있어서는 전라도 최대의 고을이었다. 호구戶口상으로도 호남 53개 읍 가운데 전주와 나주에 다음가는 대읍大邑이었다.[8] 따라서 순천도호부는 전라좌도 남부지역의 정치·군사·문화의 중심지가 되었던 곳이다.[9] 뿐만 아니라 조선후기 사회변화 속에서도 지방양반의 위상이 다른 지역에 비해 대체로 큰 흔들림 없이 유지되었다고 알려지고 있는 지역이다.[10] 과연 이러한 기존의 연구가 타당한지, 정말 그렇다면 그 이유는 무엇인지 밝히고자 한다. 또한 기존의 연구에서 미흡했던 실증적 근거를 보완하는 의미도 있을 것이다.

1. 『鄕案』을 통해 본 順天의 支配 士族

향안은 '향안鄕案', '향적鄕籍', '좌목座目', '유향좌목留鄕座目', '향언록鄕彦錄' 등 다양한 명칭으로 조선초기부터 지역적으로 존재하기 시작하였다. 향안에 입록되는 것은 매우 엄격한 기준을 가지고 있었다. 즉 향촌사회에서 세족世族을 변별하는 것이 향안의 기능이기 때문에 본인의 학덕學德이나 관작官爵에 관계없이 부父·모母·처妻 3향鄕이 해당 지역의 향안에 입록되어 있는가의 여부가 향안에 입록되는 일차적 기준이었다. 향안은 지방에서의 세족을 변별하여 일향一鄕의 기강을 바로잡는 의미를 가지고 있었

---

8) 『輿地圖書』 1759년(영조 35년) 통계에 따르면, 당시 순천도호부의 호구수는 14,199호에 41,869명의 인구를 나타내고 있다. 이는 전주(21, 176호에 72,773구)·나주(17,858호에 55,994구)에 이어 세 번째로 많은 호구를 기록하고 있었다.

9) 조원래, 「승평지해제」 『승평지』, 순천대학 남도문화연구소, 1988.

10) 이해준, 「조선후기 신분제의 동요」 『순천시사 – 정치·사회편』, 순천시사편찬위원회, 1997 ; 정승모, 「향집강안을 통해 본 조선 후기 순천이 향권추이」 『순천향교사』, 순천향교, 2000.

다. 더구나 후기로 갈수록 지방양반이 관직을 가지기 어려운 상황에서 향
안은 세족을 구별해 주는 명부의 구실을 하였다.11)

　현재 순천에 남아있는 향안鄕案은 모두 9개로 표지에『향안鄕案 일一』~
『향안鄕案 구九』로 표기 되어 있다.12) 이들 향안의 내제목內題目을 통해
순천의 향안은 주로 유향좌목이라 불리었으며 '향안' 또는 '좌목'이라는
명칭도 사용하였음을 알 수 있다. 이제 이를 좀 더 구체적으로 살펴보도
록 하겠다.

　우선 입록되어 있는 인물의 수를 살펴보면 향안1(1605)은 28명, 향안
2(1623)는 34명, 향안3(1640)은 43명, 향안4(1640)는 37명, 향안5(1643)는 39
명, 향안6(1669)은 28명이다. 그런데 향안7(1694)에는 6명, 향안8(1721)에는
4명, 향안9(1721)에는 7명이 입록되어 있다. 이는 임진왜란 이후 향안의 파
치罷置 현상이 일어났던 다른 지역과는 달리 순천 지방은 지방양반들에
의해 향안 조직이 새롭게 형성되었음을 알 수 있다. 이는 순천지역이 갖
는 특징이라고 할 만하다.13) 16~17세기에 들어와서 향안조직, 즉 향안을
모집단으로 한 향회, 유향소, 좌수, 별감 등의 조직이 정비되어 갔다. 향
안조직은 16세기에 정착되기 시작한 사족지배체제가 임란을 계기로 전국
적으로 확산된 결과라고 하겠다. 임진왜란이 끝나고, 전쟁에 참가하였던
의병출신들과 지방양반을 중심으로 전쟁 전의 사족지배체제를 복구하였

---

11) 김현영,『조선시대의 양반과 향촌사회』, 집문당, 1999, 68~70쪽.
12) 순천향교,「자료편」『순천향교사』, 2000, 463~491쪽. 각 향안의 내제목(內題目)은
　　괄호 안에 들어있다.『鄕案 一(萬曆三十年正月日順天府儒鄕座目)』(1605),『鄕案
　　二(天啓三年五月日順天府儒鄕座目)』(1623),『鄕案 三(庚辰七月十九日順天府儒鄕
　　座目)』(1640),『鄕案 四(庚辰十月二十六日順天府儒鄕座目)』(1640),『鄕案 五(癸
　　未八月初七日順天府儒鄕座目)』(1643),『鄕案 六(己酉六月十五日順天府儒鄕座目)』
　　(1669),『鄕案 七(甲戌三月二十六日順天府儒鄕座目)』(1694),『鄕案 八(辛丑四月
　　二十九日庚辰八月初十日案復籍鄕案)』(1721),『鄕案 九(辛丑四月二十九日庚辰十
　　月日案復籍座目)』(1721).
13) 정승모, 앞의 논문, 2000, 154쪽.

고, 이는 거의 전국의 대부분 지역으로 확산되었다. 특히 과거응시문제, 군역부과 등과 관련하여 향안은 사족안士族案으로서의 역할을 하였다.[14] 또한 향안의 등재자들은 향회를 통하여 고을의 여론을 결정하고, 수령의 자문과 좌수와 별감 등 향임을 추천하였으며, 일향의 약속인 향규를 만들어 향촌운영의 주도권을 장악하였다. 따라서 이러한 향안의 작성은 기존 구향들의 향촌주도권이 존속되고 있음을 말하는 것이고, 반대로 그것이 중단되거나 등재문제로 대립이 있었다면 이는 기존의 사족 지배권이 동요되고 있음을 말해준다. 순천의 경우 18세기 초반까지 향안 작성이 지속되고 있었던 것을 알 수 있다. 이를 통해 적어도 이 시기까지 순천지역에서는 조선 전기 이래의 양반사족의 지위가 유지되었음을 알 수 있게 해준다.[15] 이를 좀 더 구체적 자료 분석을 통해 살펴보면 다음과 같다.

〈표 1〉『향안』입록 주요 성씨

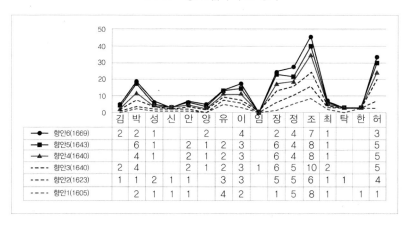

	김	박	성	신	안	양	유	이	임	장	정	조	최	탁	한	허
향안6(1669)	2	2	1			2		4		2	4	7	1			3
향안5(1643)		6	1		2	1	2	3		6	4	8	1			5
향안4(1640)		4	1		2	1	2	3		6	4	8	1			5
향안3(1640)	2	4			2	1	2	3	1	6	5	10	2			5
향안2(1623)	1	1	2	1	1		3	3		5	5	6	1	1		4
향안1(1605)		2	1	1	1		4	2		1	5	8	1		1	1

14) 김현영, 앞의 책, 1999, 430~431쪽.
15) 이해준, 앞의 논문, 1997, 480쪽

〈표 1〉을 통해 알 수 있는 바와 같이 향안에 등장하는 성씨는 모두 16
개 성씨이다. 이중 향안1~향안6까지 모두 등재되어 있는 성씨는 박, 이,
장, 정, 조, 최, 허씨 등 모두 7개 성씨이다. 향안1~향안6에 가장 많이 입
록되어 있는 성씨는 조씨로 47명22.48%이다. 다음으로 정씨 27명(12.49%),
장씨 26명(12.44%), 허씨 23명11%, 박씨 19명9.1%, 이씨 18명(8.61%), 유씨
13명(6.22%) 순이다. 이들 일곱 성씨가 차지하는 비율은 82.77%나 된다.

여기서 기존의 연구와 약간의 차이가 나타난다. 순천의 주요 사족으로
알려져 온 성씨는 7성씨으로 옥천 趙玉川, 목천 張木川, 양천 許陽川
, 경주 鄭慶州, 제주 梁濟州, 광산 李光山, 상주 朴尙州씨 이
다.16) 그러나 향안에 나타난 바로는 순천의 저성著姓으로 알려진 양씨보
다 그 입록의 지속성에 있어서는 최씨가 그 수에 있어서는 유씨가 더 많
이 입록되어 있었다. 이는 향안 입록의 주요 기준이 학덕이나 관작보다
3향 여부에 있었기 때문일 것이다. 이렇듯 순천에서 향안이 작성되는 17
세기는 16세기 조선전기의 체제를 복구하는 시기인 동시에 새로운 체제
를 만들어 가는 과도기라고도 하겠다. 즉 향안이 과거응시자격의 한 요건
이 되고 군역軍役을 면제받는 명부가 되면서, 17세기에는 거의 전국적으
로 향안이 작성되게 되는데, 그러한 점에서 17세기는 오히려 16세기보다
더 강한 신분질서 유지를 위한 노력이 시도되는 시기이다.17) 순천의 향안
도 이러한 모습을 뒷받침하고 있다. 그런데 이러한 향안체제에 변화가 생
기는 시작하는 것이 1669년에 작성된『향안6』에서 확인된다. 이전까지의
향안의 주체가 향임의 우두머리인 좌수와 별감이었던 반면『향안6』에서
는 그 주체가 향로鄕老와 향유사鄕有司로 바뀐 것이다. 이는 조직의 구심점

---

16) 조원래, 앞의 논문, 1988. 이는 순천 읍지에 나타난 사마, 문과, 무과 합격자와 음
   사, 인물, 충절, 충훈, 유일, 문학 등에 나타난 인물들을 통계 처리하여 순천 지방양
   반의 씨족세를 나타내고 있다. 그 결과 조, 장, 허, 정, 양, 이, 박씨의 7성이 순천의
   저성(著姓)이라고 밝히고 있다.
17) 김현영, 앞의 책, 1999, 68쪽.

이 유향소에서 향교로 옮아갔음을 의미한다.[18] 뿐만 아니라 1694년 『향안7』을 마지막으로 향안이 파치되어 그 기능을 상실했으며, 1721년을 끝으로 순천에서는 더 이상 향안이 작성되지 않았다. 이 마지막 향안의 명칭이 『복적향안復籍鄕案』인 것은 이미 1694년의 향안을 마지막으로 이제 향안이 파치되어 그 기능을 상실하게 되었음을 나타내는 것이다.[19] 왜 이러한 현상이 일어났을까?

17세기에 들어 향청은 수령의 사역使役기구로 변해 가기 시작하였다. 그것은 어느 정도는 『영장사목營將事目』의 영향으로도 보이며, 향임의 지위가 사족으로서는 감당하기 괴로운 고역으로 변해 갔기 때문으로 이해된다.[20] 이어 18~19세기는 사족지배체제가 동요되는 시기라고 할 수 있다. 이 시기에는 대부분 지역에서 향안이 파치罷置된다. 이른바 '향전鄕戰'[21]이라고 일컬어지는 향중쟁단에 의해 향안은 파치되는 것이다. 그것은 당색의 차이에 따른 분쟁, 서얼庶孼, 향족鄕族과 같은 신향新鄕, 구향舊鄕의 대립, '유향분기儒鄕分岐'에 의한 사족과 향족 간의 대립 등에서 비롯되었다.

---

18) 정승모, 앞의 논문, 2000, 154~155쪽.
19) 정승모, 앞의 논문, 2000, 157쪽.
20) 김현영, 앞의 책, 1999, 431쪽.
21) 정진영, 「1894년 농민전쟁기 향촌지배층의 동향」 『1894년 농민전쟁연구 5』, 역사비평사, 1997, 185쪽. 향반층은 지역사정에 따라 다양한 존재형태를 보이지만, 신향(新鄕)으로 호칭되던 양반의 서얼가계, 16, 17세기 향안에 참여할 수 없었던 하층양반, 이전 시기에는 지방양반 가문이었으나 점차 과환(科宦)과 혼벌(婚閥)을 상실한 가문 등이었다. 말하자면 문벌가문이 16세기 중반 이래 향촌사회의 각종 지배조직을 장악해온 지방양반의 후예라면, 향반층은 신분적으로는 양반이었지만 지방양반의 지배조직에 참여할 수 없었던 신향(新鄕)·향족(鄕族)·향품(鄕品)·토반(土班) 등으로 불리던 계층이었다. 그러나 이들 향반층은 조선후기의 사회경제적 변화에 더 쉽게 적응함으로써 지주로서의 경제적 기반을 구축하기도 했고, 이를 바탕하여 관직에 나아가기도 했지만, 결코 문벌가문과는 교류할 수 없었던 양반들을 말한다. 이들 향반층은 18세기 중반 이래로 향촌지배조직에 적극 참여하고자 했다. 향반층의 이러한 노력은 결국 문벌가문과의 대립을 불가피하게 했다. 이것이 바로 향전(鄕戰)이었다.

이에 따라 향청鄕廳의 향임鄕任은 일향一鄕 사족士族의 절대적인 지지를 받지 못하고 거의 일방적으로 수령에 의해 임명됨으로써 향임층은 점차 향리鄕吏와 같은 처지로 전락하게 되었다.[22] 이와 같은 변화 속에서 순천의 지방양반은 향임을 회피하고 향교를 중심으로 새로운 향촌지배체제를 형성하고자 한 것으로 보인다. 이제 순천의 사족들은 향안을 대신하여 1732년부터 향집강안을 작성하기 시작하였다.[23]

2. 地方兩班의 鄕校와 養士齋 運營

순천에서는 1732년에 『향집강안鄕執綱案』이 작성되었다.[24] '집강'은 향교를 운영하는 임원들을 총칭하는 말이며 그 중심세력들이 과거 순천지역을 주도했던 성씨들로 구성되고 있었다. 이 같은 점만을 보면 조선 후기에 와서도 순천지역 기존 사족세력의 존재는 매우 완강하게 존속하였음을 보여준다고 할 수 있다.[25] 향교 운영 담당자들을 중심으로 하는 이와 같은 향집강체제의 등장은 곧 이 지역 사족들의 중심이 향교로 옮겨져 이곳에서 본격적인 조직활동이 이루어지게 되었음을 뜻한다. 향안이 주로 한 세대를 간격으로 작성된 것임에 반해 향집강안 작성은 거의 매년 이루어졌는데, 이것은 '집강'의 활동이 단순히 명목적인 것이 아니라 실질적인 조직 활동이었음을 증명하는 것이다. 향교의 권한은 이 이후로 더욱 강화되어 그전까지 관아의 결정사항이었던 면집강 선정도 향교에서 하게 되었

---

22) 김현영, 앞의 책, 1999, 432쪽.

23) 정승모, 앞의 논문, 2000.

24) 순천의 향집강안으로는 다음의 것이 남아 있다. 『鄕執綱案(雍正十年壬子十二月初十日鄕執綱案)』, 『執綱案(己巳十月初四日執綱案)』, 『鄕校執綱案』 1・2, 『順天執綱案』이 그것이다.

25) 이해준, 앞의 논문, 1997, 481쪽.

다. 향교 운영을 맡은 집강들은 지역 내 사족을 대표하는 위치가 되었으며 이에 따라 그들의 지역 내에서의 역할도 커졌다.[26] 이제 이를 보다 구체적으로 살펴보도록 하겠다.

〈표 2〉 1732~1749년 향집강 담당 주요 성씨

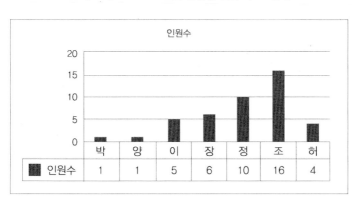

참고자료: 『향집강안』[27], 『집강안』[28]

〈표 2〉에 나타난 것과 마찬가지로 1732~1749년에 향집강을 담당한 성씨는 임진왜란 이후 향안 작성을 주도하면서 순천의 향촌사회 주도권을 장악한 지방양반층이다. 이들의 기존의 연구에서 순천의 저성著姓으로 알려진 7성과 일치한다. 특히 조, 정, 장, 이, 허씨는 향안조직을 주도했던 성씨들이다. 이를 통해 향안을 작성하고 순천의 향권을 장악했던 지방양반이 향집강안을 새롭게 작성하면서 향교를 통해 향촌을 지배하고자 했음을 알 수 있다. 이는 향촌에서의 향소의 위상이 격하되면서 이들 사족집

---

26) 정승모, 앞의 논문, 2000, 162~163쪽.
27) 이 『향집강안』에는 1732년에 20명, 1735년에 7명, 1736년에 5명, 1737년에 4명, 1738년에 1명, 1739년에 1명, 1742년에 4명이 입록되어 있다.
28) 이 『집강안』에는 1749년이 향노(鄕老)로 기재되어 있다.

안들이 지방관의 통제를 받아야 하는 향임을 기피하였기 때문이다. 이렇듯 향소의 위상격하와 이와 관련한 사족들의 향임기피 현상이 일어나게 된 중요한 계기는 효종 5년1654에 제정된 「영장사목營將事目」에 의해 마련되었다.[29] 이 사목이 규정하고 있는 향임에 대한 '장벌杖罰'과 연령과 용모의 특징 등을 적어야 하는 '파기疤記' 등은 사족들로서는 받아들이기 힘든 사항들이었기 때문이다. 그러므로 1669년의 『향안6』에 그 주체가 향로와 향유사로 되어 있는 것은 향안 입록의 기득권을 가진 사족들이 자신들의 권리를 포기하지 않은 채 향촌 운영의 주체가 되는 방법을 모색한 결과로 보여 진다.[30] 이러한 향집강체제가 19세기에 들어오면 또다시 변화를 보이기 시작한다. 먼저 그 구체적 내용을 살펴보면 〈표 3〉과 같다.[31]

〈표 3〉을 통해 보면 1801~1841년에 향집강을 담당했던 성씨는 모두 18개 성관, 총 343명이다.[32] 이들 중 가장 많은 비율을 차지하는 성관이 옥천 조씨로 76명(22.15%)을 차지하고 있다. 이어서 경주 정씨가 38명(11.07%), 제주 양씨가 28명(8.16%), 상주 박씨가 27명(7.81%), 양성 이씨가

---

29) 김용덕, 『향청연구』, 한국연구원, 1978, 46쪽.

30) 정승모, 앞의 책, 2000, 154~158쪽: 향안을 대신하여 향집강안이 작성되기 시작한 것은 1732년부터다. 이것이 단순한 명칭의 변경의 의미에만 국한된 것이 아님은 이 지역 향권의 중심지가 공식적으로 향청, 또는 향회에서 향교로 옮겨졌음을 의미하기 때문이다. 이 안이 작성되면서부터 '집강'이란 뜻은 향회 같은 모임의 대표들이라는 비공식적 명칭에서 향교를 운영하면서 향촌을 대표하는 임원들이라는 공식적인 명칭으로 전환된 것으로 보인다. 중앙정부에서는 향교의 집강은 官任이라는 인식이 있었다.

31) 19세기 이후의 향집강 담당했던 인물을 1801~1841년과 1843~1917으로 구분하여 살펴보았다. 이는 양사재 유사를 담당했던 인물과 비교하기 위한 편의적 분류이다. 『양사재유사안』이 1843~1919년까지 양사재 유사를 담당했던 인물을 기재하고 있기 때문이다. 향집강과 양사재유사를 담당했던 인물들을 비교함으로써 지방양반의 향교와 양사재 운영의 실상을 조금이나마 알 수 있게 될 것이다.

32) 이 중 본관이 확인되지 않는 인물이 11명이 포함되어 있다.

22명(6.41%), 광산 이씨가 21명(6.12%), 목천 장씨가 20명(5.83%)으로 나타난다. 이들 7개 성관이 차지하는 비율은 전체의 67.63%이다.

<표 3> 1801~1917년 향집강 담당 성씨와 인원수

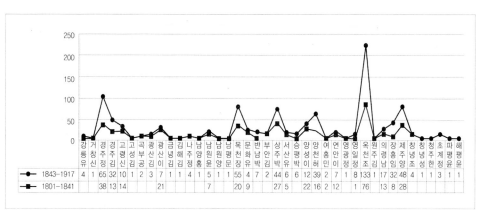

	강릉유	거창신	경주정	경주김	고령신	곡부공	광산김	광산이	금녕김	나주정	남양홍	남원윤	남원양	남평문	목천장	반남박	부안김	상주박	서산유	승평박	양성이	양천허	여흥민	연안이	영광정	영일정	옥천조	원주김	의령남	장흥임	제주양	창녕조	청녕성	청주한	초계정	파평윤	해평윤
1843~1917	4	1	65	32	10	1	2	3	7	1	1	4	5	1	55	4	7	2	44	6	6	12	39	2	7	1	8	133	1	17	32	48	4	1	1	3	1	1
1801~1841			38	13	14				21					7	20	9			27	5		22	16	2	12		1	76		13	8	28					

출처: 『향교집강안』 1·2,[33] 『순천집강안』(1962)[34]

1843~1917년에 향집강을 담당했던 성씨는 모두 40개 성관으로 총 592명이다.[35] 이는 19세기 전반기에 비해 후반기에 들어 보다 다양한 성관들이 향집강에 참여하고 있음을 보여준다. 이들 중 가장 많은 인원을 배출한 성관은 옥천 조씨로 133명(22.46%)이다.

다음으로 경주 정 65명(11.32%), 목천 장 55명(9.29%), 제주 양 48명(8.1%), 상주 박 44명(7.43%), 양천 허 39명(6.58%), 경주 김과 장흥 임이 각각 32명(5.4%) 이다. 이들 여덟 개 성관이 전체의 75.67%를 차지하고 있

---

33) 이『향교집강안』1·2에는 1801년부터 2000년까지 향교집강의 명단이 필사되어 있다. 순천향교, 앞의 책, 2000 참조.

34) 이『순천집강안』에는 1801년부터 1961년까지의 향교집강 명단이 수록되어 있다. 순천향교, 앞의 책, 2000 참조.

35) 이 중 본관이 기재되어 있지 않은 인물이 18명이 있다.

다. 이를 통해 19세기 전반기에 향집강을 주도하던 성관이 옥천 조, 경주 정, 제주 양, 상주 박씨 등은 19세기 후반에도 여전히 주도적 위상을 유지하고 있음을 알 수 있다.

반면에 19세기 전반기에 향집강을 담당하던 주요 성관 중 하나였던 양성 이씨와 광산 이씨는 후반기에는 그 세가 현저히 약화되었음을 알 수 있다. 이에 반해 경주 김, 양천 허, 장흥 임씨는 후반기에 그 비중이 높아지고 있음을 확인할 수 있다.

결과적으로 18세기에는 순천의 전통적 지방양반인 조·정·장·양·허·이·박 7姓이 향집강을 주도했음을 알 수 있다. 하지만 19세기 전반기에는 이들 외에 여러 성씨들이 향집강에 참여하고 있다. 이는 19세기 후반에는 더욱 더 많은 성관들이 향집강에 참여해 전통적 지방양반 중 일부는 그 위세가 약화되고 이를 대체하는 새로운 성관이 등장하고 있음을 나타낸다. 그럼에도 불구하고 전통적 지방양반층은 여전히 자신들의 주도권을 유지하고 있었다. 이는 전통적 지방양반층이 새로운 세력을 포용하여 향촌 지배 사족의 범위를 확대하면서 자신의 기득권을 유지·확대하고자 했음을 보여주는 것이라 생각한다.

이와 같이 19세기 중반 이후부터는 향집강에도 새로운 세력이 적극 참여하기 시작하였다. 이에 지방양반들은 이러한 향집강체제를 유지하면서도 자신의 향촌사회 주도권을 보다 확실히 할 새로운 방법을 강구하기 시작하였다. 그것이 바로 양사재養士齋의 설립과 운영이다.

향교는 존속하였지만 교육기능을 상실한 지 오래되었고, 이에 따라 향촌의 교육기구로서 양사재가 대두하게 되었다.[36] 1718년에 이루어진 순천 양사재의 건립은 향교운영 및 향교를 기반으로 한 이곳 사족들의 위상을 한 단계 높여 주었다. 본래 양사재는 조선 후기에 향교의 교육기능 상

---

36) 김현영, 앞의 책, 1999, 432쪽.

실이라는 배경 속에서 숙종대 이후 감영에 세워진 도회 유생의 거접 시설과 관련지어 등장한 교육기관으로 양반들의 주요한 활동장소였던 향교의 기능 확대를 가져다주었다.[37] 이 양사재가 서원의 재실과 다른 점은 후자와는 달리 향교라는 한 지역의 중심지에 설치되어 있기 때문에 지역 사족들을 한 군데 모을 수 있는 시설이라는 데에 있다. 양사재의 설립과 운영이 중앙정부와는 별다른 관련성이 없다는 점은 향교의 운영에 중앙의 예조가 깊이 관여하였던 것과는 대조적인 현상이다.[38]

양사재는 일향에 한 곳 설치된다는 점에서 사족들이 분열되어 있는 경우에는 해당 향촌 사회가 가지고 있는 문제점을 드러내는 계기가 되기도 한다. 순천의 경우와 같이 향론이 일치되어 있는 곳이나 남평현 홍학당興學堂의 경우처럼 사족의 활동이 약하여 현감이 그 설립을 적극 주도하는 경우는[39] 그 운영에 큰 문제가 발생하지 않는다. 반면 향론이 분열되어 있는 곳이나 거창현의 예처럼 향리층이 향권을 장악하고 있는 경우는 사족 간에, 또는 유향 간에 잠재되어 있던 갈등이 표면화하는 빌미를 마련하게 된다. 그렇기 때문에 18세기 이후 양사재의 출현을 지방양반의 영향력 위축과 수령권의 상대적 강화 현상이나,[40] 또는 수령권에 예속된 것으로써 양반층에 대한 통제기능을 수행했던 것[41] 등으로 일반화 할 수 없을 것이다. 순천의 경우는 양사재 건립을 통해 지방양반의 위상이 더 강화되었으며 이를 보조한 수령의 권한도 함께 강해진 결과로 여겨진다. 향소에서 향교로의 중심 이동은 이와 같이 사족들이 그 중심역할을 한 향교 중

---

37) 윤희면, 「양사재의 설립과 운영실태」『정신문화연구』17권4호, 1994, 10쪽.
38) 정순우, 「조선후기 양사재의 성격과 교육활동」『정신문화연구』17권4호, 1994, 50쪽.
39) 정순우, 앞의 논문, 1994, 61쪽.
40) 정순우, 앞의 논문, 1994, 69쪽.
41) 정진영, 「조선후기 양사재의 성격 – 수령권과의 관계를 중심으로 – 」『정신문화연구』17권4호, 1994, 72~91쪽.

건 및 중수활동과 양사재 건립으로 힘을 더하게 되었다.[42] 양사재의 등장
은 양반들의 중요한 활동장소요 향촌기구의 하나인 향교의 기능 학대라
할 수 있는 것이다. 향촌사회의 변화 속에서 관학인 향교는 양반사족들에
게 더할 나위 없는 중요한 기구였다. 따라서 향교의 교육기능을 보충하거
나 대신할 수 있는, 향교의 정치·사회적 활동을 확대하려는 의도에서도
양사재를 설립하였던 것이라 하겠다.[43] 양사재 설립에 관여한 지방양반
들은 자제들의 교육뿐만 아니라 향촌내의 신분질서 변화에 따른 명분확립
과 새로운 향촌기구에의 설립과 참여에 따른 지위강화의 목적을 가지고
있었다.[44] 결국 양사재는 지방교육의 부족한 부분을 메우고 돕는다는 측
면에서의 교육적 기능과 지방양반들의 보수화保守化라는 사회적 기능의
양면성을 가지고 있었다. 특히 후자에 관해서는 조선후기 사회신분문제와
관련하여 양사재에 관여한 인물들의 신분은 어떤 계층이며 이들이 추구한
목적과 이해관계는 무엇인가가 소상히 밝혀져야 할 것이다.[45]

순천의 경우 양사재 운영에 관여했던 인물들을 파악할 수 있는 자료로
『양사재유사안養士齋有司案』이 있다.[46] 이를 통해 양사재 운영에 참여했던
성씨와 인원수를 살펴보면 〈표 4〉와 같다.

1843~1919년 사이에 양사재 유사를 담당했던 인물들은 19개 성씨, 총
146명이다. 이 중 가장 많은 비중을 차지하는 성씨는 조씨로 33명(22.6%)
이다. 다음이 정씨 25명(17.12%), 허씨 22명(15.06%), 양씨 12명(8.21%), 장씨
11명(7.53%), 박씨 8명(5.47%), 임씨 7명(4.79%) 순이다. 이들 7개 성씨가 차
지하는 비율은 전체의 80.82%이다.

---

42) 정승모, 앞의 논문, 2000, 159~161쪽.
43) 윤희면, 앞의 논문, 1994, 10쪽.
44) 윤희면, 『조선후기 향교연구』, 일조각, 1990.
45) 강대민, 「북도지방의 양사기구에 관한 소고」『정신문화연구』17권4호, 1994, 21쪽.
46) 『양사재유사안』에는 매년 2명씩의 양사재 유사 명단이 1843년부터 1919년까지 기
    록되어 있다. 순천향교, 앞의 책, 2000 참조.

〈표 4〉 1843~1919년 양사재유사 담당성씨와 인원수

인원수	강	김	남	박	배	손	신	양	유	윤	이	임	장	정	조	차	최	한	허
■ 인원수	1	5	2	8	1	1	3	12	4	5	3	7	11	25	33	1	1	1	22

출처: 『양사재유사안』

여기서 주목되는 것은 전통적 지방양반인 이씨의 비중이 약화되고, 임씨의 비중이 높아졌다는 것이다. 향집강안과 양사재유사안을 비교 분석해 보면, 17세기 후반 순천의 향촌사회를 지배하고 있던 사족이 18세기와 19세기에도 계속해서 향교와 양사재 장악하고 운영하고 있었던 것을 알 수 있다. 이러한 사실은 순천의 지배사족은 양사재를 그들의 지속적인 향권 장악의 한 기관으로 운영하였다는 것을 보여준다. 이는 지방양반들은 조선후기에 이르러 기존의 신분질서가 급격히 동요되고 있는 상황에서 자신의 지위획득을 위한 가장 유리한 방법은 과거를 통한 출사에 있다고 보고 양사기구의 설립과 중건에 적극적인 자세를 취했던 것이다. 그리고 비록 출사하지 못하더라도 이러한 양사기구에의 참여와 주관은 유학幼學이나 품관品官의 신분만으로도 양반으로 행세할 수 있는 길이 되었을 것이다.[47]

이미 앞에서 살펴본 바와 같이 19세기 후반에는 향집강체제에 40개 성관이 참여하는 등 신흥세력의 향권 참여가 더욱 활발해지고 있었다. 이러

---

47) 강대민, 앞의 논문, 1994, 45쪽.

한 변화 속에 기존의 지방양반층은 자신의 위상을 지키기 위한 새로운 방안을 강구하지 않으면 안 되었을 것이다. 이들의 이러한 노력의 구체적 표현이 다름 아닌 양사재 건립과 운영이었던 것으로 생각된다. 양사재가 건립된 18세기와 19세기 전반의 양사재유사안이 없어 보다 정확한 내용은 확인할 수 없었다. 그러나 신흥세력의 향권 참여가 활발했던 19세기 후반 향집강체제를 통해 충분히 확보되지 못한 전통적 지방양반층의 사회적 위상을 양사재 운영을 통해 보완하고자 했음을 추측할 수 있다. 이와 같이 순천의 지방양반들은 향교와 양사재 운영을 통해 다른 지역과는 달리 관권官權과 일정한 유대를 유지하고 타협하고자 했음을 보여준다. 관官의 입장에서도 사족이 국가의 시책에 적극적으로 협조한다면 굳이 신흥세력을 끌어들일 이유가 없었을 것이다. 이렇듯 순천의 지방양반들은 공교육기관인 향교를 장악하고 수령과의 협조와 지원 속에 양사재를 건립하고 운영함으로써 자신들의 향촌 지배권을 유지하고 강화하고자 한 것이라 생각한다.

3. 『靑衿案』에 나타난 地方兩班의 實態

이제 순천 지방양반의 실태를 파악할 수 있는 자료로 청금록靑衿錄 살펴보기로 하겠다. 순천향교에는 조선시대 향교 유생들의 명단인 유안儒案·별유안別儒案·노유안老儒案·별안別案·청금록靑衿錄·청금수행안靑衿隨行案·청금부거안靑衿赴擧案 등 40여 건에 이르는 문서가 소장되어 있다.[48] 1661년(현종 2)부터 1881년(고종18) 사이에 작성된 이들 유안류 문서는 우선 양적인 면에서 광주·전남 소재 향교 가운데서 가장 많은 양을 보유하고 있다. 뿐만 아니라 향교 유생들을 상액·중액·하액, 또는 액내·액외로 구

---

48) 순천 향교에 소장되어 있는 유안(儒案)류에 대해서는 책 말미의 참고문헌 참조.

별하여 작성되어 있어 그들의 출신성분을 파악할 수 있다는 점에서도 중요한 자료라 할 수 있다.[49]

향교에 적을 두지 않으면 과거응시자격을 부여하지 않는다는 규정에 따라 양반들은 청금록을 별도로 작성하고 유생이라 호칭하였다. 순천향교에 남아 있는 유안을 살펴보면 모두 17세기 이후의 것이지만 「청금록」, 「청금수행안」, 「청금부거안」 등은 양반들의 명단을 담은 것이고, 「향교유생안」, 「서재유생안」 등은 평민교생들의 명단을 담은 것이다. 그리고 「향교제복유생안」, 「객사집사유생안」, 「수영객집유생안」 등은 평민교생들의 임무 수행과 관련하여 작성한 유안이다.[50] 이러한 다양한 형태의 청금록 작성은 향안의 작성이 중단되면서 향집강안으로 바뀌는 현상과 짝하는 것으로 볼 수 있겠다.[51]

이렇듯 향교의 『청금록』은 향교에 출입하던 유생의 명단을 기록한 장부로서 향교에 출입하던 지방세력의 실체를 보여주는 자료이다. 다시 말해 『청금록』은 향교에 적을 둔 전통적 지방양반의 명단이었던 것이다.[52] 이를 보다 구체적으로 살펴보면 〈표 5〉와 같다.

먼저 1678~1726년까지의 청금이란 명칭이 붙어있는 명부만 살펴보았다. 그 이유는 앞서 살펴본 순천의 지방양반 명부 중 향안은 1721년까지만 작성되었고, 이 향안을 이어 작성된 향집강안은 1732년부터 작성되기 시작하였다. 이미 앞에서 밝혔듯이 향안은 실질적으로 1669년까지 작성되었고, 그 이후에는 파치되었다. 그렇기에 1669년 이후 향집강안이 작성되는 1732년 사이의 공백을 메우고 지방양반의 동향을 파악할 수 있는 자료가 바로 청금록이라고 볼 수 있기 때문이다.

---

49) 조원래, 앞의 논문, 2000, 119쪽.
50) 윤희면, 「순천향교의 설립과 그 변천과정」 『순천향교사』, 순천향교, 2000, 63쪽.
51) 이해준, 앞의 논문, 1997.
52) 박진철, 앞의 논문, 2006.

〈표 5〉 1678~1726년 『청금안』 등재 성씨와 인원수

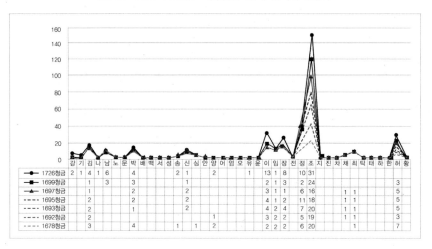

구분	강	기	김	나	남	노	문	박	배	백	서	성	송	신	심	안	양	어	엄	오	유	윤	이	임	장	전	정	조	지	진	차	채	최	탁	태	하	한	허	황
1726청금	2	1	4			1		6		4				2	1		2					1	13	1	8		10	31											
1699청금			1					3					3	1									2	1	3		2	24										3	
1697청금			1					2						2									3	1	1		6	16			1		1					5	
1695청금			2					2						2									4	1	2		11	18			1		1					5	
1693청금			2					1						2									4	2	4		7	20			1		1					5	
1692청금			2														1						3	2	2		5	19			1		1					3	
1678청금			3					4							1	1	2						2	2	2		6	20										7	

1678~1726년 『청금안』에 등재된 성씨와 인원수는 〈표 5〉와 같다.[53] 여기에는 총 28개 성씨 425명이 등재되어 있다. 이를 통해 보면 가장 많이 등재되어 있는 성씨는 조씨로 151명(35.52%), 다음이 정씨 53명(12.47%), 김씨 37명(8.7%), 이씨 36명(8.47%), 허씨 30명(7.05%), 장씨 22명(5.17%), 박씨 19명(4.47%) 순이다. 이들 7개 성씨가 차지하는 비율은 81.88%이다. 여기서도 순천의 전통적 지방양반들이 청금유생으로 적극 등재되어 있음을 확인할 수 있다. 다시 말해 순천의 전통적 지방양반들은 향안과 향집강안 작성에 적극 참여하여 향촌 주도권을 행사하였을 뿐 아니라 청금유생으로서도 자신의 위상을 드러내고 유지하고자 하였음을 알 수 있다.

　이제 순천에 남아있는 전통적 지방양반의 명부인 『유안儒案』류를 모두 분석하면 다음과 같다.

---

53) 보다 자세한 내용은 〈부록 1〉 청금안 등재 성씨와 인원 참조

〈표 6〉 1661~1761년 儒案類 청금유생과 액내 교생

	강	기	김	나	남	노	문	박	배	백	서	성	송	신	심	안	양	어	엄	오	유	윤	이	임	장	전	정	조	지	진	차	채	최	탁	태	하	한	허	황
● 청금안	5	1	37	1	9	0	1	9	0	1	10	1	0	3	1	5	5	1	1	1	36	10	22	10	5	1	53	151	0	1	0	4	12	0	0	1	3	30	2
■ 유안-액내=청금	9	2	135	2	30	1	1	110	1	3	15	5	5	33	5	11	44	1	1	18	27	5	141	34	77	1	159	399	10	1	6	10	28	2	1	1	3	79	7

1661년 『유안儒案』~1761년 『청금수행안靑衿隨行案』까지 등재되어 있는 액외 교생을 제외한 양반 유생은 39개 성씨에 수는 모두 1423명이다.[54] 이 중 가장 많은 인원이 등재되어 있는 성씨는 조씨로 399명(28.03%)이다. 이어서 정씨 159명(11.73%), 이씨 141명(9.90%), 김씨 135명(9.48%), 박씨 110명(7.73%), 허씨 79명(5.55%), 장씨 77명(5.41%), 양씨 44명(3.09%)이 입록되어 있다. 이들 8개 성씨가 차지하는 비율은 80.39%이다. 여기서도 전통적 지방양반의 위상과 비중을 확인할 수 있다.

이와 같이 청금록을 비롯한 유안류에 등재된 인물들도 향안과 향집강 안을 작성하면서 향촌사회 주도권을 행사하였던 전통적 지방양반이 주류를 이루고 있음을 알 수 있다. 그러나 이렇듯 전통적 지방양반의 주도권이 유지되는 가운데 새로운 세력이 향촌 사회 운영에 참여하고자 했음을 다양한 유생안을 통해 확인할 수 있다.[55] 이 다양한 유생안에 등재된 유

---

54) 보다 자세한 내용은 〈부록 2〉 유안 - 청금유생과 액내교생 등재 성씨와 인원 참조.
55) 『庚子十二月日鄕校移建願納儒生案』(1780), 『丁丑八月日鄕校祭服願納儒生案』(1817), 『癸未十二月日鄕校齋服儒生案』(1823), 『戊子十月日鄕校祭服願納儒生案』(1828), 『庚子三月日鄕校齋服儒生案』(1840), 『壬寅十一月日鄕校祭服儒生案』(1842), 『壬寅十一日鄕校齋服儒生案』(1842), 『己酉四月日鄕校西齋儒生案』(1849), 『己酉四月日鄕校齋服儒生案』(1849), 『乙卯正月日鄕校西齋儒生案』(1855), 『癸酉二月日元案儒生案』(1873), 『癸酉二月日祭服儒生案』(1873), 『丙子二月日祭服儒生案』(1876), 『辛巳二月日鄕校齋

생들은 모두 액외의 교생으로서,56) 원납願納을 밝히고 있는 것에서 보듯
향교의 재정확보와 관부의 필요에 따라 경제력을 가진 새로운 신분층을
동원한 예였던 것이다. 이러한 임시방편과 특수한 필요에 따라 향교의 유
생수가 급증하는 현상은 결국 『청금록』 작성 의미를 퇴색시켰다. 이렇듯
청금유생의 급격한 증가와 새로운 세력의 향권 참여로 말미암아 순천의
경우 18세기 후반에 이르면 청금안은 자취를 감추고 있다.57) 이는 조선
후기 순천 사회가 전통적인 지배세력들의 주도권이 온존하였음과 동시에
그러한 전통적 권위는 차츰 도전을 받아 변하고 있었음으로 보여준다.58)

服儒生案』(1881) 등이 그것이다.
56) 이에 대한 자세한 내용은 〈부록 3〉 유안-액외 교생 등재 성씨와 인원 참조.
57) 이해준, 앞의 논문, 1997, 481~483쪽.
58) 이해준, 앞의 논문, 1997, 483~485쪽.

〈부록 1〉 청금안 등재 성씨와 인원

	1678 청금	1692 청금	1693 청금	1695 청금	1697 청금	1699 청금	1726 청금	1741 유안	합계
강							2	3	5
기							1		1
김	3	2	2	2	1	1	4	22	37
나							1		1
남						3	6		9
노									0
문								1	1
박	4		1	2	2	3	4	3	19
배									0
백								1	1
서								7	7
성									0
송	1						2		3
신			2	2	2	1	1	1	9
심	1								1
안									0
양	2	1					2		5
어									0
엄									0
오							·	1	1
유							1		1
윤								1	1
이	2	3	4	4	3	2	13	5	36
임	2	2	2	1	1	1	1		10
장	2	2	4	2	1	3	8		22
전									0
정	6	5	7	11	6	2	10	6	53
조	20	19	20	18	16	24	31	3	151
지									0
진								1	1
차								1	1
채		1	1	1	1				4
최	1	1	1	1	1			7	12
탁									0
태									0
하									0
한								1	1
허	7	3	5	5	5	3		2	30
황								2	2
	51	39	49	49	39	43	87	68	425

〈부록 2〉 유안-청금유생과 액내교생 등재 성씨와 인원

성씨	1661유안 상액	1661유안 중액	1661유안 동몽	1664 별유	1667 별유	1678 청금	1678 동몽	1692 청금	1693 청금	1695 청금	1697 청금	1699 청금	1699노유 청금	1699노유 액내	1701 청수	1702노유 청금	1702노유 액내	1715 별유	1723 청수	1723 별유	1726 청금	1726 청수	1726 청부	1726 향유	1735 청수	1735 청부	1741 유안	1742 청수	1750 청수	1753 청부	1761 청수	합계
강																		1	1		2			1			3		1			9
기																			1									1				2
김	1	2	12	2	1	3		2	2	2	1	1	1	4	1	1	7	11	1	5	4	1	1	27	2	4	22	2	3	3	6	135
나																			1								1					2
남			1								3						3	6			2			1	1		1	1	2	2	7	30
노														1																		1
문																											1					1
박	3	8	8	4	2	4			1	2	2	3				1	2	7	7	4	4	5		4	3	9	3	2	2	5	15	110
배																		1														1
백															1			1									1					3
서		1													1			1						5			7					15
성		1														4																5
송						1															2				1						1	5
신	1	3	4	1					2	2	2	1				1		1		3	1	1	2		4				1	1	3	33
심			2			1													1						1							5
안	2	1		3	3									1			1															11
양		3	3	3		2		1	1	1						2		2	1		2	1		1		5			7	1	8	44
어					1																											1
엄															1																	1
오		3	3													2		3		1				5			1					18
유		1														2	2	2	2		1	2	1		2		3	1	1	4	3	27
윤		1	1												1												1	1				5
이	3	1	3	4	4	2		3	4	4	3	2	1	1	3	1	2	7	13	1	13	11	1	4	7	12	5	4	4		9	141
임						2	2	2	2	1	1	1			1	1		1	1		2	2		1	2		1	3	1		3	34
장				4	3	2	1	2	4	2	1	3				1		4		3	8	1	2	6	5		3	4	6		11	77
전																	1															1
정	5	7	2	7	6	6	2	5	7	11	6	2				2		3	4	7	7	10	8	3	8	6	12	6	4	7	4	159
조	12	1	1	13	9	20	1	19	20	18	16	24	5	4	23	9	3	6	8	1	31	3	32	2	15	40	3	12	7	26	15	399
지		2	5	1														1									1					10
진																											1					1
차		3																1		1							1					6
채		3	1	2				1	1	1	1																					10
최	2		1	3					1	1	1	1			1	2	2							3		7					1	28
탁			1												1																	2
태		1																														1
하			1																													1
한			1												1												1					
허	7		3	7	7	7		3	5	5	5				3		3	1	3			2	2	6	2		1	1	4		2	79
황		2		2														1									2					7
계	36	42	58	57	37	51	7	39	49	49	39	43	8	17	40	12	27	61	50	26	87	35	46	67	45	106	68	31	42	62	86	1423

〈부록 3〉 유안－액외 교생 등재 성씨와 인원

	1780	1817	1823	1828	1840	1842	1842	1849	1849	1855	1873	1873	1876	1881	합계
강			3	1		1		2	1	2	1	1			12
구															0
기			1												1
김	8	3	7	2	3	3	3	11	4	14	12	7	9	10	96
남			1							1					2
노															0
문			1									1	1		3
박	1		1	1	2	5	2	7	3	6	1		1	1	31
반			1		1										2
백								1							1
서	1		2	1	1		1		1	4	3	1		2	17
성															0
소								1							1
신															0
심															0
안											1				1
양									1	2					3
오					1			1		2					5
우														1	1
유								1							1
윤	5		1		1	2	1	5	1	4	3	1	1	2	27
이	1		2			1		3		3	1	1		3	15
임						1		2		1	1	1	1		7
장								1		1					2
전															0
정	4		2		1		1	3		3	1				15
조			1							1					2
지				1				1		1	3	1	1	1	9
진								1		2	2				5
채															0
최	1	2	1		1			3		2	3	2	2		17
탁															0
하			1												1
한					1		1	1							3
허					1			2		1					4
홍	1							1		1					3
황			1	1	1	2		3		3	2	1			14
	22	5	25	7	14	13	12	48	13	52	37	17	16	20	301

제3장 鄕校와 地方兩班의 奴婢 經營

노비奴婢에 대해서는 비교적 일찍부터 그 연구가 이루어져 왔다. 특히 해방 이후 노비연구는 대부분 공노비公奴婢에 치중되었고, 사노비私奴婢에 대한 연구는 1980년대 이후에 본격적으로 이루어졌다.[1] 고문서 연구가 활발해지면서 풍부해진 사노비 연구는 최근 호적대장 분석을 통한 연구로 더욱 발전하고 있다.[2]

이에 반해 공노비에 대한 연구 특히 이 중 교노비校奴婢에 대한 연구는 흔치 않다. 향교의 경제기반이라는 측면에서 교노비를 살펴 본 연구가 있으나[3] 교노비의 구체적 실태를 파악하는 연구는 거의 없는 형편이다. 이는 기본적으로 자료적 한계에서 기인한 것으로 여겨진다. 본 연구는 이러

---

1) 公奴婢에 대한 대표적 연구로는 平木實, 『朝鮮後期 奴婢研究』,지식산업사, 1982 를, 1950년대 한국 노비의 사회경제적 성격에 대한 연구로는 金錫亨, 『朝鮮封建時 代 農民의 階級構成』, 과학원출판사, 1957(신서원 재편집본, 1993)를, 노비의 사회 경제사적 측면에 대한 연구로는 李榮薰, 「古文書를 통해 본 朝鮮時代 奴婢의 經濟 的 性格」『한국사학』9, 1987 ; 「조선사회 率居·外居 구분 재고」『秋堰權丙卓화 갑기념논총 한국근대경제사 연구의 성과』2, 1989 ;『朝鮮後期 社會經濟史』, 한길 사, 1988 ; 「한국에 있어서 노비제의 추이와 성격」『노비·노예·농노 - 예속민의 비 교사 -』, 역사학회편, 1998을, 私奴婢에 대한 연구로는 金容晩, 「朝鮮中期 私奴婢 研究」, 영남대 박사학위논문, 1990을, 사회학 분야의 노비 연구로는 池承種, 「조선 전기 노비신분에 대한 사회사적 연구」, 서울대 박사학위논문, 1993을, 노비정책의 규명에 초점을 맞춘 연구로는 全炯澤, 「조선 후기의 私奴婢 정책」『성곡논총』18, 1987 ;『조선후기노비신분연구』,일조각, 1989를, 좀 더 자세한 노비에 대한 연구사 검토는 안승준, 『조선전기 私奴婢의 사회 경제적 성격』, 경인문화사, 2007, 3~12쪽 을 참조.
2) 권기중, 「18세기 단성현 관노비의 존재형태」『한국사연구』131, 2005, 285~286쪽.
3) 윤희면, 「조선후기 향교의 경제기반」『한국사연구』제61·62호, 1988 참조.

한 인식을 바탕으로 그 동안 상대적으로 소홀히 다루어 온 교노비 실태에
접근해 보고자 한다.

　　현재 교노비안이 남아 있는 경우가 많지 않아 연구에 어려움이 있다.
다행스럽게 조선시대 도호부都護府였던 전남 장흥 향교에는 17세기에 작
성된 3冊의 교노비안이 남아 있다.4) 본 연구는 이를 바탕으로 17세기 장
흥부 향교 노비[校奴婢]의 실태를 분석해 보고자 한다.

　　교노비는 태종대에 학전學田과 함께 지급되었다.5) 그 후『경국대전』에
부府의 향교는 30명, 대호호부大都護府, 목牧의 향교는 25명, 도호부都護府
의 향교는 20명, 군현郡縣의 향교는 10명으로 법제화되었고,6)『대전회통
大典會通』에 이르기까지 변동이 없었다.7) 하지만 17세기 장흥부 향교에는
법적으로 정해진 수보다 훨씬 많은 교노비가 존재하고 있었다. 이렇듯 교
노비의 수가 많았던 이유를 생각해 보고, 이와 함께 교노비의 실태를 이
들의 가계家系, 혼인형태, 거주지, 입역과 신공, 평균 연령, 추쇄 등을 통해
구체적으로 밝혀보고자 한다.

1.『校奴婢案』의 檢討

　　현재 장흥 향교에는 교노비명안校奴婢名案으로『숭정기원후갑술사월일
장흥부교상노비안崇禎紀元後甲戌四月日長興府校上奴婢案』8)과『숭정기원후기묘
십일월장흥부교상노비안崇禎紀元後己卯十一月長興府校上奴婢案』,9)　그리고『숭

---

4) 전라남도,『전남의 향교』, 1987 참조.
5)『태종실록』권26 태종 13월 11월 정해조.
6)『경국대전』권5 刑典 外奴婢條.
7) 윤희면, 앞의 논문, 1988, 256쪽.
8) 이하『갑술노비안』으로 약칭한다.
9) 이하『기묘노비안』으로 약칭한다.

정기원후삼갑자삼월일장흥부교상노비안崇禎紀元後三甲子三月日長興府校上奴婢
案』이 남아 있다.10) 숭정崇禎은 중국 명明나라 의종毅宗의 연호로서 숭정기
원후 갑술년은 1634년이 된다. 숭정기원후 기묘년은 1639년이다. 숭정기원
후 3회갑자년은 계산하여 보면 1804년이다.11)

　이 밖에 자료로『갑술노비안』뒤에는『계유십이월추쇄노비안癸酉十二月
推刷奴婢案』이 수록되어 있다. 계유년癸酉年은 1633년으로 추정된다. 하지
만 실제 기록은 1634년『갑술노비안』을 작성하면서 고쳐 작성된 것으로
보인다. 이는 추쇄안에 있는 노비의 연령 간지를 분석해 본 결과로 알 수
있었다. 다시 설명하자면 계유년(1633)에 작성된 추쇄안을 갑술년(1634)에
노비안을 작성하면서 첨기添記하였고, 첨기하면서 계유년 노비의 연령을
한 살씩 높여 기록한 것이다. 마지막 자료로『기묘노비안』뒤에는『계유
년추쇄질癸酉年推刷秩』이 첨부되어 있다. 이는 앞의『계유십이월추쇄노비
안』과 내용적으로 거의 같다. 하지만 실제 기록되어 있는 노비의 연령 간
지를 분석해 보면 작성된 해는 1639년 기묘己卯년인 것을 확인할 수 있다.
이는 이 자료가『기묘노비안』의 말미에 첨기되어 있는 것을 통해서도 알
수 있듯이 앞서 작성된『계유십이월추쇄노비안』을 바탕으로 1639년에 고
쳐 기록한 것으로 보인다. 다시 말하면 이 자료도 계유년(1633)에 작성된
추쇄질을 기묘년(1639)에 노비안을 작성하면서 첨기하였고, 첨기하면서 계
유년 노비의 연령을 기묘년에 맞춰 기록한 것이다. 이를 보다 구체적으로
살펴보면 〈표 1〉과 같다.

　〈표 1〉에 나오는 내용 중 생년간지生年干支의 을사乙巳는 1605년, 무신
戊申은 1608년, 을유乙酉는 1585년, 계미癸未는 1583년, 임자壬子는 1612년
이다. 예를 들어 비婢 악덕은 무신생으로『계유십이월추쇄노비안』에 기록

---

10) 이하『갑자노비안』으로 약칭한다.
11) 전라남도,『전남의 향교』1987, 677쪽에도 장흥 향교노비안(鄕校奴婢案)으로 3冊,
　　즉 1634년(仁祖12) 1冊, 1639년(仁祖17) 1冊, 1804년(純祖4) 1冊이 남아있다고 보
　　고하고 있다.

될 당시 나이가 27세였고,『계유년추쇄질』에 기록될 당시 나이는 32세였던 것이다.

〈표 1〉 장흥 향교 추쇄안 노비 연령 비교

계유십이월추쇄노비안				계유년추쇄질			
성별	이름	나이	생년간지	성별	이름	나이	생년간지
비	악례	30	을사	비	악례	35	
비	악덕	27	무신	비	악덕	32	무신
노	득장	50	을유	노	득장	55	을유
노	성진	30	을사	노	성진	35	을사
				비	준례	45	을미
비	상금	52	계미	비	상금	57	계미
노	창기	21		노	창기	26	
비	유월	39		비	유월	44	
노	정위	50	을유	노	정위	55	을유
	돌례	30		비	돌례	35	
비	우ㄱ례			비	우ㄱ례	29	임자
노	어질차이	25		노	어질차이	30	
노	방중	25		노	방중	30	
노	담용	10		노	담용	15	
비	효대	6		비	효대	11	
비	아지	2		비	악지	7	

무신생(1608)인 악덕이 27세인 해는 1634년 갑술년이고, 32세인 해는 1639년 기묘년이다. 이와 같이 두 자료에 공통으로 들어있는 인물의 연령 간지와 나이를 비교해보면『계유십이월추쇄노비안』은 1634년 갑술년에 기록된 것이고,『계유년추쇄질』은 1639년 기묘년에 기록한 것임을 알 수 있다.[12] 본고는 이들 자료 중 17세기 자료인 1634년에 작성된『갑술노비안』

---

12) 다만 돌례의 경우『갑술노비안』에는 갑진생 31세로,『기묘노비안』에는 갑진생 36세로 나와 있다.『계유십이월추쇄노비안』의 아지(阿只)와『계유추쇄질』의 악지(惡只)는 같은 인물로 생각된다.

과 1639년에 작성된 『기묘노비안』 그리고 『계유십이월추쇄노비안』과 『계유년추쇄질』을 중심으로 장흥 향교의 교노비 실태를 분석하고자 한다.

이들 노비안들은 대체로 성별[13]·이름·연령·거주지·소생所生의 순서로 기록하고 있다. 그리고 참고 기록으로 비婢인 경우 남편의 성姓이나 이름, 노奴인 경우 양처良妻 여부 등을 표기하고 있다. 예를 들면 노奴 명산 아래에 '양산良産'이라고 표기되어 있어 장흥 향교의 노奴가 양인良人 처妻를 얻었음을 알 수 있다.[14] 장흥 향교의 비婢인 차지의 경우 아래에 '부夫 김승돌'이라고 표기되어 있어 양인 남자에게 시집갔음을 알 수 있다.[15] 이렇듯 장흥 향교 노비안에는 노비의 혼인관계를 확인할 수 있는 기록이 남아 있다. 이 밖에 신공身貢 여부 등도 표기되어 있다.[16]

1634년의 『갑술노비안』에는 총 726명의 노비 이름이 수록되어 있고, 이 중 죽거나[17] 늙어 제외된[18] 노비의 수 246명을 빼면 480명의 노비가 있었다.[19] 1639년의 『기묘노비안』에는 총 732명의 노비 이름이 기록되어 있고, 이 중 죽거나 늙어 제외된 241명을 빼면 491명의 노비가 있었던 것을 알 수 있다.[20] 이렇듯 노비명에 '고故'자를 써 넣은 것으로 노비안 작성 시점에서 노비들의 생존 여부를 기록했음을 알 수 있다. 이와 같이 장흥 향교 노비안은 이미 사망한 선대先代 노비로부터 가계家系가 어떻게 이어지고 있는지 파악할 수 있는 족보적族譜的 성격도 가지고 있다.[21] 대체로

---

13) 맨 앞에 奴 또는 婢라는 글자로 성별을 표기하고 있다.
14) 노 명산은 一生으로 奴 두산과 二生으로 婢 업례를 두고 있다.
15) 비 차지는 一生으로 奴 댁노미를 두고 있다.
16) 신공(身貢) 여부는 수공(收貢)이라 표기하고 있다. 수공은 신공을 바치는 납공을 상전의 입장에서 일컫는 말이다.
17) 故로 표시되어 있다.
18) 老除로 표시되어 있다.
19) 老除로 기록된 수는 6명이다.
20) 이 중 노제로 기록된 것은 7명이다.
21) 문숙자, 「조선후기 노비 家系와 婢 - 筆岩書院〈奴婢譜〉의 분석의 통하여-」『여성과 역사』 제11집, 2009, 142~143쪽 참조.

노奴와 비婢의 비율은 비슷하나 노가 약간 더 많았던 것을 알 수 있다. 이러한 노비의 수는 『경국대전』에 도호부의 향교 노비의 수가 20명으로 법제화 되어 있었던 것과 비교해보면 대단히 많다는 것을 알 수 있다.[22)]

〈표 2〉 장흥 교노비안에 나타나는 교노비의 수[23)]

	갑술노비안	기묘노비안
記載 奴婢	726	732
故 또는 老除	246	241
生存 奴婢	480	491

이제 이들 자료를 바탕으로 17세기 장흥부 교노비의 가계, 혼인형태, 거주지, 납공, 추쇄 등 그 실태를 살펴보도록 한다.

2. 鄕校 奴婢의 實態

1) 奴婢 家系

노비의 가계는 신분과 소유권의 귀속에 따라 이어진다. 노취양녀奴娶良女 소생인 경우 부父를 따라, 그 외의 경우는 자연스럽게 비婢 즉 모계母系를 중심으로 이어지는 경우가 많다.[24)] 여기에서 쓰는 가계라는 개념은 단지 노비들이 혈연적으로 어떻게 연결되는가에 초점을 맞춘 것이다. 즉 한

---

22) 윤희면, 앞의 논문, 1988, 256쪽 참조.
23) 참고로 1804년 작성된 것으로 파악되는 『갑자노비안』에는 기재 노비 총수가 696명, 故 또는 老除로 표기되어 있는 노비가 201명으로 생존 노비수는 495명으로 파악된다.
24) 문숙자, 「16-17세기 兩班家 노비 가족의 존재 형태」 『고문서연구』 제32호, 2008, 162쪽.

명의 같은 노奴나 비婢로부터 같은 혈연관계가 몇 대까지 이어지는지를
살펴보는 것이다. 노비안은 단지 부모와 자녀들의 혈연관계와 형제자매의
수만을 알 수 있는 자료이다. 그러므로 본고에서는 같은 노와 비로부터
이어지는 혈연관계가 몇 대代까지 이어지는가를 중심으로 살펴보았다. 즉
1세대형은 부모 자녀 없이 같은 항렬의 형제자매들로만 구성된 경우이다.
2세대형은 부모 또는 자녀까지 포괄하는 경우, 즉 노나 비로부터 그 자식
까지 2대만 나타나는 경우를 나타낸다. 3세대형은 손자 대까지 3대의 항
렬로 구성된 형태이다. 이러한 형태 구분은 혈연에 따른 구분이지 표기된
그 자체로 가구家口를 구성했다는 의미는 아니다.25)

〈표 3〉 장흥 교노비안의 세대 유형별 가계 수

	갑술노비안	기묘노비안
1세대형 가계	0	0
2세대형 가계	40	33
3세대형 가계	27	32
4세대형 가계	12	11
5세대형 가계	8	10
6세대형 가계	2	1
7세대형 가계	1	1
총계	90	88

『갑술노비안』에 기재되어 있는 총 726명의 교노비校奴婢를 가계별家系
別로 구분하여 보면 모두 90개의 가계가 파악된다. 이들을 세대 유형별로

___

25) 본고는 노비의 가족 형태를 구체적으로 살펴보지는 못한 한계를 갖는다는 것을 밝
혀둔다. 신인선, 「조선 후기 사노비의 존재양상」, 인하대학교 교육대학원 석사학위
논문, 2010 참조. 노비 가족 형태를 분류하는 방법에 대해서는 이영훈, 「고문서를
통해 본 조선전기 노비의 경제적 성격」『한국사학』 9, 한국정신문화연구원, 1987,
118~119쪽과 최재석, 『한국가족연구』, 1982, 144~152쪽 및 『한국가족제도사연구』,
일지사, 1996, 392~393쪽 참조.

나누어 보면 노奴나 비婢로부터 그 자식 대代까지만 나타나는 2세대형이 40개의 가계로 가장 많이 나타난다. 다음으로 노나 비의 자녀와 그 손자 孫子 대代까지 나타나는 3세대형이 27개 가계로 다음으로 많다. 4대까지 이어지는 4세대형이 12개 가계이다. 5대까지 이어지는 5세대형이 8개, 6 대까지 이어지는 6세대형이 2개, 그리고 7대까지 이어지는 7세대형이 1개 의 가계로 나타난다.

『기묘노비안』은 총 732명의 기재 노비 중 2세대형이 33개 가계로 가장 많고, 그 다음으로 3세대형이 32개로 나타난다. 4세대형은 11개, 5세대형 은 10개의 가계로 파악된다. 6세대형과 7세대형이 각각 하나씩이다.

이상에서 살펴 본 노비 가계는 노비안에 기록되어 있는 모든 노비들을 대상으로 하여 파악한 것이다. 그러나 이 중에는 노비안 작성 당시 이미 죽은 노비들이 다수 있었다. 그런데 이런 노비들을 여전히 노비안에 기재 하여 놓은 것은 노비 자손의 정확하고 계속적인 파악을 위한 것이라고 생 각한다. 이렇듯 장흥 향교 노비안은 이미 죽은 노비의 계보까지 많게는 7대에 걸쳐 그 기록을 유지하고 있다. 이와 같이 한 이유 중의 하나는 그 소생에 대한 소유권 분쟁에 대비하기 위한 측면도 있었을 것으로 생각한 다. 이들 가운데는 양반가의 노비였으나 반주투탁叛主投託하여 교노비가 된 자도 있었을 것이다. 반주투탁이란 양인良人인 처妻가 스스로 양인 신 분을 포기하고 노비를 자처하며 공노비나 다른 집에 투탁하는 것을 일컫 는 말이다. 이 같은 경우 그 소생은 모母를 따라 공노비나 다른 집의 소유 의 노비가 된다. 양처良妻 및 그 소생所生들의 투탁 양상은 주로 세력가나 왕실, 국가기관 등이 중심을 이루었다. 사노비私奴婢는 왕실 및 국가기관 의 노비에 비하여 사역使役이 고품되었고 신공身貢이 무거웠다. 이에 반해 왕실 및 국가기관의 노비는 상대적으로 사역과 신공이 무겁지 않았다. 또 한 사노비는 향리鄕里에서 멸시당하고 보호받지 못하였기 때문에 이를 피 하는 것이 당연한 것으로 인식되었다.[26] 이와 같이 노奴의 양처良妻가 반주투탁할 경우 노주奴主는 그녀가 양처임을 입증해야만 그 소생에 대한 소유권을 주장할 수 있었다.[27] 만약 노의 양처가 향교에 투탁하여 교노비가 된 경우 향교와 노주 사이에 그 소생의 소유권을 놓고 다툼이 일어날 수 있다. 아마도 향교 측에서는 이러한 분쟁에 대비하기 위해 누대에 걸친 계보를 기록으로 유지함으로써 향교의 소유권을 주장할 수 있는 근거를 남기고자 했을 것이다. 또한 도망 노비 등이 있을 경우 나중에라도 그 추쇄의 근거 자료로도 삼고자 했을 것이다. 이는 양반들이 사노비의 추쇄를 위해 장기간 호적에 도망노비 등을 계속해서 기재하는 것과 비슷한 경우라 생각된다.

한편 노비안 작성 당시 생존해 있던 노비만을 대상으로 하여 가계 구성을 살펴보면 다음과 같다. 『갑술노비안』에서는 1세대형 가계가 25건, 2세대형 가계가 48건, 3세대형 가계가 12건, 4세대형 가계가 1건 확인된다. 『기묘노비안』에서는 1세대형이 34건, 2세대형이 44건, 3세대형이 10건, 4세대형을 2건 확인할 수 있다.

〈표 4〉 장흥 향교 생존 노비의 세대 유형별 가계 수

	갑술노비안	기묘노비안
1세대형 가계	25 (29.1%)	34 (37.7%)
2세대형 가계	48 (55.8%)	44 (48.9%)
3세대형 가계	12 (13.9%)	10 (11.1%)
4세대형 가계	1 (1.2%)	2 (2.2%)
합계	86 (100%)	90 (100%)

---

26) 노비의 반주투탁에 대해서는 지승종, 「조선전기의 투탁과 압량위천」, 12~18쪽과 김경숙, 「16, 17세기 노양처병산법(奴良妻幷產法)」『역사와 현실』 67, 2008, 260~264쪽 참조.

27) 하나의 예로서 '다물사리 송사'를 들 수 있다. 다물사리 송사에 대해서는 임상혁, 「1586년 이지도·다물사리의 소송으로 본 노비법제와 사회상」『법사학연구』 제36호, 2007, 참조.

앞서 언급한 것처럼 이들 가계가 곧 가구家口를 형성했다고는 볼 수 없으므로 확언할 수는 없지만 2세대형 가계가 가장 많이 나타나는 것은 특기할 만하다. 2세대형 가계가 단혼가족을 의미한다면 장흥 교노비는 대체로 안정적인 가족 구성 형태를 띠고 있었다고 추측할 수 있다. 왜냐하면 단혼가족이란 부부와 배우자가 없는 자식으로 이루어진 가족을 의미하며 가장 안정적인 가족 구성 형태라고 할 수 있기 때문이다.[28] 다음으로 1세대형이 많은데 이는 무혈연 단위로 명멸해갈 가능성이 높다는 것을 의미한다.

한편 이들 노비 가계의 특징은 어떤 원칙에 의한 체계적인 계승이 이루어지지는 않는다는 것이다. 가계는 노奴에 의해 계승되거나 비婢에 의해 계승되기도 한다. 또 장자상속長子相續이나 말자상속末子相續 같은 어떤 특정 소생所生이 가계를 계승한다는 원칙 같은 것은 보이지 않는다. 즉 어떤 규칙성이 발견되지는 않는다. 이는 노비의 경우 가계를 승계한다는 의미보다 노비 신분을 승계한다는 의미가 컸기 때문이다. 가계가 이어지지 않고 노비안에 나타나지 않는 이들은 노비 신분에서 떨어져나가 양인화하여 어딘가에서 별도의 가계를 구성했을 가능성이 크다. 그러나 이러한 노비 가계의 특징은 앞으로 보다 많은 사례 연구를 통해 보다 확실한 규명이 필요할 것이다.

2) 혼인 형태[29]

노비의 양천교혼良賤交婚에 대하여 고려시대에는 비婢가 양인良人 남자

---

28) 문숙자, 「16-17세기 양반가 노비 가족의 존재형태」『고문서연구』 32, 165쪽 참조. 가족 유형에 대해서는 최재석, 『한국가족연구』, 1982, 144~152쪽 ; 『한국가족제도사연구』, 일지사, 1996, 392~393쪽.

29) 조선시대 노비의 혼인형태에 관한 연구는 다음과 같은 것이 있다. 四方 博, 『朝鮮社會經濟史研究』, 圖書刊行會, 1976 ; 한영국, 「조선중엽의 노비결혼양태(상)」『역사학보』 75·76합집, 1977 ; 「조선중엽의 노비결혼양태(하)」『역사학보』 77집, 1978 ; 박용숙, 「조선후기향촌사회연구」,경북대학교 대학원 사학과 박사학위논문, 1986 ; 이성무, 「조선시대 노비의 신분적 지위」『한국사학』 9집, 1988.

와 결혼하는 경우는 '천자수모賤者隨母'의 종모법에 의해 그 소생이 비주婢
主의 소유물이 되므로 묵인하였지만 노奴가 양인 여자와 결혼하는 경우는
소생이 노비가 되어 종모법에 위배되므로 금지하였다.30) 조선시대에 들
어와서도 양천교혼은 중요한 이슈 중의 하나였다.31) 조선왕조에서는 양
천교혼자良賤交婚者 소생所生 자녀子女의 신분身分·귀속歸屬을 규정하는 특
별조치법이 크게 세 차례에 걸쳐 개변改變·시행施行되었다. 태종 14년
(1414) 6월에 제정·시행된 종부법從父法과, 세조 14년(1469) 6월에 제정·시
행된 종천법從賤法,32) 그리고 영조 7년(1731) 정월부터 시행된 종모종량從
母從良의 종모법從母法이 바로 그것이다.33) 조선은 초기부터 양천교혼을
금지하였지만 국가의 양인 확대를 겨냥한 종부법從父法이 구체화되고 있
었다. 종부법 실시에 비판적인 견해를 가졌던 인물들은 공천의 감소를 우
려하여 이 법을 반대하였다.34) 하지만 그 반대의 실제적 이유는 비婢가
양인良人 남자와 결혼할 경우 그 소생을 노비로 삼지 못하게 되어 재산증
식이 불가능한 데서 말미암은 것이라 볼 수 있다. 결국 개인의 재산증식
에 막대한 지장을 초래하고 부수적으로는 공천의 양민화를 가져오는 종부

---

30) 고려 정종(靖宗) 5년(1039)에는 이른바 천자수모법(賤者隨母法)이 제정(制定)되었
   다. 천자수모법은 양천상혼(良賤相婚)의 경우 그 소생이 모(母)의 신분을 받고 모
   (母)의 주인에게 다시 소속되는 것이 핵심이다(김용만, 『朝鮮時代 私奴婢研究』, 집
   문당, 1997, 155쪽). 천자수모(賤者隨母)는 신분귀속(身分歸屬)이 아닌 소유권귀속
   (所有權歸屬)의 원칙이라는 견해도 있다.

31) 양천교혼 중에서도 노취양처(奴娶良妻) 즉 노양처교혼은 국가와 노주(奴主)의 이해
   관계가 첨예하게 대립되는 문제였다: 김경숙, 앞의 논문, 2008.

32) 세조 14년에 제정된 양천교혼자 소생에 대한 법을 흔히 '종모법(從母法)'이라고 칭
   하고 있는데, 이는 영조 7년에 시행된 종모법(從母法)과 혼동을 일으킬 우려가 있
   다. 이 법의 내용은 '凡賤人所係 從母役'하되, '唯賤人娶良女所生 從父役'한다고 되
   어 있다. 이는 바로 고려 후기의 '若父若母一賤則賤'과 동일한 내용이므로 '종천법
   (從賤法)'이라고 칭하도록 한다. 한영국의 앞의 논문(상), 1977, 177쪽 (주)1 참조.

33) 한영국, 앞의 논문(상), 1977, 177쪽.

34) 『世宗實錄』권45, 세종 11년 7월 己巳條.

법 대신 일천즉천─賤則賤의 원칙이 만들어졌다.[35] 그 내용은 『경국대전』 형전刑典 공公·사천조私賤條에 실리게 되었고 그 후 영조英祖 7년(1731) 정월 종모법이 실시될 때까지 준수되었다. 이는 공·사의 노비수요를 충족시키기 위해 취한 조치였다.[36] 그러나 이러한 일천즉천의 원칙이 장기적으로 실시되다 보니 노비인구는 증가하였으나 양역良役 인구가 급격히 감소하였다. 이로 말미암아 국가재정은 극도로 궁핍하게 되어 현종顯宗 10년(1669)에 비로소 종모종량법從母從良法이 실시되었다.[37] 이후 여러 차례의 변화를 거쳐 결국 영조 7년(1731)에 종모종량從母從良의 종모법從母法으로 굳어졌다.[38]

이들 법규 이외에는 양역인구나 노비인구의 증대 또는 감소를 직접적으로 기도한 조치가 거의 보이지 않는다. 다만 왕조 초기에 주로 공천公賤의 확보와 반천교혼班賤交婚 소생所生의 양인화良人化를 기도한 노비변정작업奴婢辨正作業과 보충군補充軍제도의 실시가 보인다.[39] 그리고 순조純祖 원년元年(1801)에 무용無用하게 된 일부 공천公賤을 양역인구화 한 내노비內奴婢와 시노비寺奴婢의 혁파가 보이고 있을 뿐이다.[40] 대체로 이러한 법규 이외에는 양인 및 노비의 유망流亡·이탈離脫이나 이들의 신분적 이동을 억제하는 여러 종류의 통제조치만이 나타나고 있는 것이다. 따라서 조선왕조에서는 양역인구와 노비인구의 증增·감減이 주로 양천교혼인구良賤交婚人口의 수數 여하如何와 이들의 소생을 규제하는 특별조치법의 내용 여하에 따라 크게 좌우되어 갔다고 볼 수 있다. 그리고 또한 이들 특별조치법

---

35) 『世祖實錄』권46, 세조 14년 6월 壬寅條.
36) 『經國大典』刑典 賤妻妾子女條 참조. 그 내용은 "凡賤人所係 從母役 賤娶良女 從父役"를 골자로 하는 것이다.
37) 『顯宗改修實錄』권20, 현종 10년 정월 甲辰條.
38) 『續大典』(1746년 간행, 영조 22년) 刑典 公賤條.
39) 이수건, 「조선 태종조에 있어서의 대노비시책」 『대구사학』 1, 1969, 49~60쪽.
40) 이장희, 「노비제의 붕괴」 『한국사』 15, 국사편찬위원회, 1976.

의 내용은 당시의 정치적 경제적 제반 상황에 못지않게 직접적으로는 양천교혼인구의 수 여하에 따라 결정·변개되어 갔다고 볼 수 있다.41) 이와 같은 노비의 혼인형태와 그에 따른 신분 귀속의 원칙을 이해하는 바탕 위에서 장흥부 노비안에 나타난 교노비의 혼인형태를 살펴보면 다음과 같다.

우선 노노奴가 양녀良女와 혼인한 경우 즉 노취양처奴娶良妻는 '양산良産' 또는 '양처병산良妻幷産'으로 그 소생所生을 기록하고 있다. 비婢가 양인良人 남자와 결혼한 경우 즉 비가양부婢家良夫는 남편[夫]의 성명姓名을 기록하고 있다. 장흥노비안의 경우 노취양처의 형태인 노奴가 양인 여자와 결혼한 경우, 즉 교노校奴의 양처良妻와의 혼인은 1634년의『갑술노비안』에 총 51건, 1639년『기묘노비안』에 총 55건이 나타난다. 비가양부의 형태인 교비校婢가 양인 남자와 결혼하는 경우는 1634년의『갑술노비안』에 총 86건, 1639년『기묘노비안』에 총 66건이 나타난다. 노취사비奴娶私婢의 형태인 교노가 사비私婢와 혼인하는 경우는 1634년의『갑술노비안』에 총 4건, 1639년『기묘노비안』에 총 3건이 나타난다. 이 밖에 교비가 반노班奴와 혼인하는 경우, 즉 비가반노혼婢家班奴婚이 있을 수 있으나『갑술노비안』과『기묘노비안』에는 한 건도 보이지 않는다.42)

〈표 5〉 장흥 교노비의 혼인형태

	갑술노비안(1634년)	기묘노비안(1639년)
奴娶良妻	51 건	55 건
婢家良夫	86 건	66 건
奴娶私婢	4 건	3 건

이를 통해 장흥 향교의 교노비 혼인형태는 교비가 양인 남자와 결혼하는 경우[婢家良夫]가 가장 많았다는 것을 알 수 있다. 다음으로 교노가 양인

41) 한영국, 앞의 논문(상), 1977, 178쪽.
42) 비가반노혼(婢家班奴婚)의 경우『갑자노비안』에는 1건이 보인다.

여자와 혼인하는 경우[奴娶良妻]가 많았다. 대부분이 양천교혼 즉 노비와 양인이 혼인하는 경우가 많았던 것이다. 조선시대 노비 문제에 있어서 양천교혼은 중요한 이슈 중의 하나였다. 왜냐하면 양천교혼의 결과 태어나는 소생의 신분과 소유권이 어떤 방향으로 결정되느냐에 따라 이해관계가 첨예하게 대립되었기 때문이다.[43] 특히 노취양처는 소생의 신분 및 소유권 귀속 문제로 국가와 노주奴主의 이해관계가 상충되는 중요한 문제였다. 이와 같이 노가 양처와 교혼하여 낳은 소생의 신분 및 소유권 귀속에 대한 처리 규정을 '노양처병산법奴良妻幷産法'이라 한다.[44] 기존의 연구에서는 호적, 고문서에 대한 연구를 통해 노양처병산법이 사대부가의 주요한 재산증식 수단이었다는 것이 지적되었다.[45] 본 연구에서 살펴본 장흥 향교의 경우에도 이러한 노취양처의 혼인형태가 향교의 재산증식 수단으로 적극 수용되었을 가능성을 엿볼 수 있다. 이렇듯 비가양부와 노취양처라는 혼인형태는 그 자손이 모두 향교의 소유가 되므로 적극 권장되었을 가능성이 크다. 그런데 여기에서 주목할 것 중의 하나는 비가양부가 많은 이유이다. 이제까지의 연구들에서는 그 이유가 노비주가 재산증식을 위해 적극적으로 권장하였을 가능성에 주목되어 왔다. 물론 그러한 측면이 강하게 작용했을 것이다. 그러나 다른 한편으로 양부良夫 즉 양인良人의 입장에서도 생각해 볼 수 있다. 양천교혼현상을 양반의 재산증식이라는 측

---

43) 김경숙, 앞의 논문, 2008, 253~254쪽.

44) 노양처병산법에 대해서는 이상백, 「賤者隨母法 - 양천교혼출생자의 신분귀속문제」 『진단학보』 26·27·28, 1964 ; 정현재, 「조선초기의 노비법제」 『경상사학』 2, 1986 ; 양영조, 「여말선초 양천교혼과 소생에 관한 연구」 『청계사학』 3, 1986 ; 이성무, 「조선초기 노비의 종모법과 종부법」 『역사학보』 115, 1987 ; 지승종, 『조선전기 노비신분연구』, 일조각, 1995 ; 한상권, 「15세기 노양처교혼의 정책과 교혼실태」 『고문서연구』 29, 2006 ; 김경숙, 앞의 논문 참조.

45) 한영국, 「조선중엽의 노비결혼양태(상) - 1609년 울산호적에 나타난 사례를 중심으로」 『역사학보』 75·76, 1977 ; 「15세기 노양처교혼 정책과 교혼 실태」 『고문서연구』 29, 2006 참조.

면에서만 이해할 것이 아니라, 양인의 '피역避役'이라는 입장에서 이해할
수도 있을 것이다. 당시 양역良役의 과다한 증가로 양인들에게는 양역을
회피하려는 경향이 강하였고, 이는 자신의 자식들에 대한 양역 회피로 이
어졌을 가능성이 있다. 다시 말해 자신들의 자식들에게 좀 더 적은 역역役의
부담을 안겨주기 위해 상대적으로 역이 가벼운 교노비校奴婢와의 혼인을
통해서 자식들의 신분을 교노비화 하려했을 가능성이 있는 것이다.[46]

　반면에 교노가 양반의 사비私婢와 혼인하는 경우는 드물었다. 노비상혼
奴婢相婚의 경우가 극히 드물게 나타나는 것은 매우 주목할 만한 현상이
다. 왜냐하면 기존에 연구에 의하면 16세기 말에서 17세기 초의 공노비는
양인良人, 양녀良女와의 교혼交婚보다는 노비와의 상혼相婚이 월등히 많았
다고 보고되고 있기 때문이다.[47] 이에 반하여 장흥 향교의 교노비 혼인형
태에서는 노비상혼이 거의 없다고 해도 과언이 아니다. 그 이유는 종모법
에 따라 사비私婢와의 사이에서 낳은 소생은 사비의 주인이 소유하게 된
다. 즉 교노와 사비의 혼인은 향교에는 아무 이익이 되지 않는다. 따라서
향교에서는 이익이 되지 않는 교노의 사비와의 혼인을 꺼려했을 가능성이
크다. 다만 교비校婢와 반노班奴의 혼인이 없는 것은 특징적이라 할 수 있
다. 그렇다면 장흥 향교의 교비와 반노와의 혼인이 거의 나타나지 않고
있는 이유는 무엇일까? 만약 이때의 반노가 다른 양반 소유의 노비라는
뜻이라면 교비와 반노의 소생은 향교의 소유가 된다. 그러므로 반노의 소
유주인 양반에게는 경제적 손실이 된다. 이 때문에 노주奴主들은 자신의
노奴가 양처와 교혼할 것을 희망하였다. 그래야만 노의 소생을 자신의 소

---

46)　김성우, 「16세기 良少賤多현상의 발생과 국가의 대응」『경제사학』제29호, 2000의
　　논문에서 지적한 16세기 이후 '양소천다(良少賤多)' 현상을 이와 관련하여 이해할
　　수 있겠다.
47)　한영국, 앞의 논문(하), 1978, 119쪽 참조. 공노(公奴)・비(婢)의 양녀(良女)・양인류
　　(良人類)와의 결혼율이 30~36%에 달하고 있어서 양인침식(良人侵蝕)에서 얻는 공
　　노비(公奴婢) 인구(人口)의 증대(增大)는 다대(多大)하고 있었다고 한다.

유로 할 수 있기 때문이다. 만약 노가 양처와 교혼하지 않고 다른 집의
비婢 또는 공천公賤과 혼인하였을 경우에는 재산상의 손실을 끼친 것으로
생각하였다. 노주는 그 대가代價를 요구하였고, 노비는 상전의 손실을 보
상하기 위하여 자신의 재산 일부를 상전에게 바쳐야 했다.[48] 이러한 측면
에서 본다면 장흥 향교의 노비안에서 비가반노婢家班奴의 경우가 단 한 건
도 나오지 않는 것은 양반兩班 노주奴主 쪽에서 이러한 교혼을 허락하지
않았기 때문일 수 있다. 하지만 다른 한편으로 반노班奴란 반드시 양반의
노비라는 뜻이라고 볼 수만은 없다.[49] 대체로 현재까지 연구된 바에 의하
면 반노란 노비의 소유주와 한 집안의 다른 노비라는 뜻으로도 볼 수 있
다.[50] 만약 그렇다면 향교의 경우 반노와의 혼인은 같은 향교 소유의 노
비 상호간의 교혼을 의미한다고 할 수 있겠다. 그런데 같은 향교 소유의
노비 소생은 당연히 향교 소유가 되므로 이러한 교혼을 금할 이유가 없
다. 그런 점에서 장흥 향교의 교노비안에 이러한 반노와의 혼인이 거의

---

48) 김경숙, 앞의 논문, 259쪽 참조.
49) 지금까지 반노비(班奴婢)에 관한 연구나 이를 언급한 것은 다음과 같다. 四方博은
    사천(私賤)을 사노비(私奴婢), 반노비(班奴婢), 원노비(院奴婢), 교노비(校奴婢)로
    구분하였고, 반노비(班奴婢)를 양반 소유로 보는 것은 유보(留保)하였다(「李朝人
    口に關する一研究」, 『朝鮮社會法制史研究』, 東京帝國大學法學會, 1937, 341쪽 ;
    「李朝人口に關する身分階級別の觀察」『朝鮮經濟の研究』第三, 東京帝國大學法學
    會,, 1938, 378쪽). 李相佰은 兩班에 속한 私奴婢로 파악하였다(『한국사』 근세전기
    편, 을유문화사, 1962, 316쪽). W. Wagner는 班이란 용어는 奴婢所有權을 표시하
    는 데에 특별히 사용되었고 戶籍文記 속에서 '그 主人이 위와 같음'을 의미한다고
    하였다("Social Stratification in Seventeenth Century Korea: Some Observations
    from a 1663 Seoul Census Register", Occasional Papers on Korea, No. I, 1974,
    52~53쪽). 이해준은 1731년 종모법 실시 이후 班婢一色化 경향이 일반화되었다고
    주장하였다(「朝鮮後期 湖西地方 兩班家 奴婢所有 實態」『佳洋林湖洙敎授華甲紀
    念論文集(湖西史學 제8·9집)』, 1981, 73쪽). 허흥식은 반노비를 良人女가 출가할
    때 몸종으로 데리고 온 奴婢로 파악하였다(『高麗社會史研究』, 일조각, 1983, 328
    쪽). 이상의 반노비 연구에 대한 언급은 박노욱의 「조선시대 고문서상의 용어검토
    -토지·노비문기를 중심으로-」『동방학지』, 1990, 109쪽, 주)127에서 재인용.
50) 박노욱, 위의 논문, 108~112쪽 참조.

없었다는 것은 납득하기 어렵다. 그렇다면 여기에서의 반노는 다른 양반
의 노노라는 의미로 해석하는 것이 타당하지 않을까 생각한다. 결국 노비
의 혼인형태는 소유주의 이익과 관련이 깊었을 것이다.

3) 거주지와 납공

교노비가 노동력을 제공하려면 향교 근처에 거주해야 한다. 장흥 교노비
안을 살펴보면 교저校底에 거주하는 노비는 『갑술노비안』에는 16명, 『기묘
노비안』에는 10명으로 나타난다. 보다 구체적으로는 『갑술노비안』의 16명
중 노奴가 4, 비婢가 8, 성별을 구분할 수 없는 경우가 4이다. 『기묘노비안』
에는 10명 중 노奴 3, 비婢 6, 구분불가 1로 나타난다.[51] 물론 모든 교노비
의 거주지가 명시되어 있는 것이 아니므로 정확한 수치는 아니다. 또한 향
교와 가까운 지역에 거주하는 노비도 상당수 있다. 그러나 향교와 상당한
거리에 있는 지역에 거주하는 노비들이 많았던 것으로 보인다. 이들은 향
교에 입역立役하여 노동력을 제공하기 보다는 일정한 현물을 납부하는 납
공노비納貢奴婢였을 것으로 보인다. 납공노비란 사역을 면하는 대신 연간
정액의 공물貢物을 소속 관청이나 주인에게 납부하는 노비를 말한다. 이
와 달리 입역노비立役奴婢란 그 노동력이 소속 관청이나 주인에 의해 직접
사역당하는 노비를 말하는 것이다.[52] 노비의 입역立役을 다른 말로는 사
환使喚, 역사役使, 앙역仰役 등으로 부르기도 한다. 입역은 공노비公奴婢의
경우 선상選上에 해당하는 것으로 『경국대전』에는 납공納貢과 구분되어
법제화法制化되어 있다. 사노비私奴婢의 입역은 주로 주가主家의 가내사환

---

51) 『갑자노비안』에는 교저에 거주하는 노비가 24명으로 그 중 奴가 8, 婢가 10, 구분
   불가 6으로 나타난다.
52) 이영훈, 「한국사에 있어서 奴婢制의 추이와 성격」 『노비·농노·노예-예속민의 비교
   사』, 일조각, 1998, 384~385쪽.

家內使喚과 농작農作이었다. 가내사환이란 주가主家의 농경農耕과 직포織布, 취사炊事, 급수汲水, 서신왕래書信往來, 수묘守墓, 행제行祭 등에 복무하는 것을 말한다. 납공노비는 주인의 토지경작과는 무관하게 자신의 가옥·가족·토지·재산을 소유하였다.[53] 납공은 소유당한 인간이 그 몸값에 해당하는 재화를 사환 대신 납부하는 것으로 직접적 인신지배보다는 진전된 사회현상이었다.[54]

장흥 향교의 노비안에 '수공收貢'으로 표기되어 있는 노비수만 『갑술노비안』에 24명, 『기묘노비안』에 7명이 나타난다. '수공收貢'은 '납공納貢'을 상전의 입장에서 일컫는 말이다.[55] 그러나 이와 같이 장흥 노비안에 직접 '수공'으로 표시되어 있는 경우는 원래는 입역노비였다가 후에 납공노비가 된 것을 기록하고 있는 것으로 보인다. 왜냐하면 '수공'이라고 표기되어 있지는 않지만 직접 입역할 수 없는 향교로부터 먼 거리에 거주하고 있는 대다수의 노비들도 수공하고 있었을 것이기 때문이다. 아마도 입역하여 직접 사역되는 노비는 향교 근처에 사는 소수의 노비였을 것으로 생각된다. 장흥 교노비의 거주지 분포는 〈표 6〉에 정리하였다.

〈표 6〉 장흥 교노비 거주지와 거주 인원

거주지	갑술노비안	기묘노비안
강진	5	5
경	1	1
고금도	9	5
고읍	4	7
교저	16	10
나주장치도	1	2
남면	17	18

53) 이영훈, 위의 글, 1998, 389쪽.
54) 안승준, 『조선전기 私奴婢의 사회 경제적 성격』, 경인문화사, 2007, 13쪽.
55) 손병규, 『호적』, 휴머니스트, 2007, 265쪽.

남평	2	0
남산포	0	0
대흥	1	1
동복	1	1
병영	13	12
보성	2	2
부내	1	1
부동	1	1
부평	0	0
성중	5	4
수문포	1	1
안양	5	3
영암	4	11
예양	3	3
용계	6	4
유치	2	2
우도	0	0
이도조묘도	1	0
진목리	1	1
진도조란도	0	1
해남	2	2
행원	0	0

4) 노비 성별 연령

장흥 향교 노비안을 통해 노비들의 연령을 확인하여 보면 다음과 같다. 1634년『갑술노비안』에는 연령을 확인할 수 있는 노비의 수가 노奴 119명, 비婢 104명, 그리고 성별이 확인되지 않는 사람 5명을 포함하여 총 228명이다. 이 중 노奴의 평균 연령은 36.9세, 비婢의 평균 연령은 38.7세로 비의 평균 연령이 약간 높게 나타난다. 노비 전체 평균 연령은 38.4세이다.

1639년의『기묘노비안』에는 노가 106명, 비가 91명, 확인 불가 1명을 포함하여 총 198명의 노비 연령을 파악할 수 있다. 이 중 노의 평균 연령은 36.6세, 비의 평균 연령은 40.6세로 나타난다. 노비 전체 평균 연령은 38.3세이다.

이 두 자료를 종합하여 보면 17세기 장흥 교노비의 평균 연령은 38세 정도이다. 노의 평균 연령은 37세 정도이고, 비의 평균 연령은 39세 정도로 비의 평균 연령이 약간 높게 나타난다.

〈표 7〉 장흥 교노비의 연령별 분포

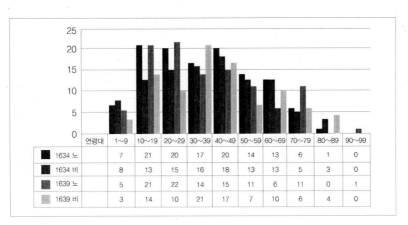

연령대	1~9	10~19	20~29	30~39	40~49	50~59	60~69	70~79	80~89	90~99
1634 노	7	21	20	17	20	14	13	6	1	0
1634 비	8	13	15	16	18	13	13	5	3	0
1639 노	5	21	22	14	15	11	6	11	0	1
1639 비	3	14	10	21	17	7	10	6	4	0

〈표 7〉을 통해 연령별 인구 분포를 살펴보면 대체로 20~30대가 가장 많고, 그 다음으로 40대, 10대 순으로 나타난다. 자료에 모든 노비들의 연령이 기재되어 있지 않아 확실치는 않지만 대체로 양질의 노동력을 확보할 수 있는 젊은 연령층이 많은 것을 알 수 있다. 이는 향교의 재정 확보 차원에서 이들 젊은 노비들을 보다 중점적으로 관리하고자 하였음을 추측하게 해준다.

5) 노비 추쇄

노비추쇄奴婢推刷를 줄여서 말하는 추노推奴란 크게 두 가지 의미를 가진다고 할 수 있다. 첫째는 노비가 그 거주지를 이탈하여 외거外居하고 있을 때에 그 소유주가 노적奴籍을 제시하여 이탈노비 및 그 자손으로부터 신공身貢을 받던 일을 일컫는다. 둘째는 도망간 종을 수색하여 연행하여 오는 일이다.[56] 요컨대 노비추쇄란 도망하거나 숨어있는 노비를 사환使喚이나 납공納貢이 가능한 상태로 되돌려 놓는 것을 말한다. 노비가 추쇄推刷의 대상이 된 것은 그 기본적 성격이 '동산動産'이라는 재화財貨였기 때문이었다.[57] 그렇기 때문에 노비의 도망은 커다란 경제문제였다. 국가는 신고자에 대한 포상, 노비 은닉자에 대한 처벌 등 각종 법제도를 통한 대책을 논의하고 시행하였다. 사노비私奴婢 소유자들은 호적, 분재기 등의 문서에 도망 노비를 수십 년간 표시해두고 노비를 추쇄하였다. 하지만 도망 노비는 양인良人이나 다른 노비奴婢들과의 혼인을 통해 그 소생所生의 신분관계나 소유관계가 복잡해지는 문제 등이 발생하였다. 부부간 또는 부모와 자식 사이에 신분이 달라지거나 소유주가 달라질 수가 있었던 것이다. 이와 같은 이유로 노비 추쇄는 쉽지 않은 문제였다. 하지만 노비 추쇄는 국가나 노비주奴婢主 개인의 입장에서 보면 경제를 위하고 신분질서를 유지하기 위한 필요불가결한 측면이 있었다.[58]

장흥 향교에 있는 『계유십이월추쇄노비안』에는 총 55명의 추쇄 노비 명이 기록되어 있다. 이 중 노奴는 28명이고, 비婢는 27명이다. 가족家族 단위로 하면 24가家가 된다. 노奴와 그 소생으로 되어 있는 것이 11가家,

---

56) 김재득 편, 『고문헌용어해례』, 배영사. 1982.

57) 안승준, 『조선전기 私奴婢의 사회 경제적 성격』, 경인문화사, 2007, 149~150쪽.

58) 공노비 추쇄에 대해서는 平木實, 『朝鮮後期奴婢制硏究』, 지식산업사, 1982, 91~127쪽 ; 김안숙, 「효종년간 노비추쇄도감설치의 배경과 성격」 『嶺南史學』 2, 영남대학교 국사학회, 1986 참조.

비婢와 그 소생으로 되어 있는 것이 13가家가 된다. 모두 부모와 자식으로만 이루어져 있는 단혼가족, 즉 2세대형 가계로 되어 있다. 이는『갑술노비안』의 생존 노비 총수의 11.4%에 해당한다.『계유추쇄질』에는 총 52명의 추쇄 노비명이 기록되어 있으며, 이 중 노奴가 26명, 비婢가 26명이다. 가족 단위는 25가家로 노奴와 그 소생이 11가家, 비婢와 그 소생이 13가家 기록되어 있다. 이는『기묘노비안』노비 총수의 10.6%에 해당한다.

　『계유십이월추쇄노비안』의 추쇄 노비가奴婢家 중 18가家가 '수공收貢'으로 표시되어 있다. 이에 대해서는 두 가지 해석이 가능하다. 첫째는 추쇄 노비 대부분이 납공노비였을 가능성이다. 즉 향교에 바쳐야 할 신공을 제대로 바치지 않고 있던 노비들을 노비 추쇄를 통해 다시 납공이 가능한 상태로 돌려놓은 것을 '수공收貢'이라는 표시로 기록했을 수 있다. 둘째는 '수공收貢'이라는 별도의 표시를 해 둔 노비가奴婢家는 원래 입역노비立役奴婢였을 수 있다. 이들을 추쇄하면서 입역하여 사환하는 대신 납공하도록 하면서 '수공收貢'이라는 기록을 하였을 가능성이 크다. 기존의 연구를 살펴보면 교노비校奴婢들은 처음에는 생산生產, 기진寄進, 매득買得, 투탁投託 등으로 증가되어 갔으나 조선후기에 이르러서는 점차 감소되어 갔다고 한다.[59) 교노비의 감소 원인으로 가장 대표적인 것이 바로 도망이다. 그러나 이때 말하는 도망 노비들은 대부분 입역노비였을 것이다. 왜냐하면 향교의 입역노비들은 각종 잡역雜役을 담당하였을 뿐 아니라 교임校任들도 사사로이 사역使役하여 그 부담이 매우 컸기 때문이다.[60) 결국 장흥 향교의 노비 추쇄는 두 가지 측면이 있었다고 생각한다. 납공노비의 추쇄는 신공을 바치지 않고 있던 노비를 신공이 가능한 상태로 되돌려 놓기 위한 것이었다. 다른 한편으로는 입역노비였던 도망 노비들은 추쇄를 통해 납공노비화하는 측면이 있었던 것으로 볼 수 있을 것이다.

59) 윤희면, 앞의 논문, 1988, 256쪽.
60) 윤희면, 위의 논문, 257쪽 참조.

제3부

地方兩班의 權益 守護 方式

제1장 地方兩班의 社會的 連帶

조선시대 지방양반은 대체로 향촌사회에서 중소지주로서의 경제적 기반과 사족으로서의 신분적 배경을 가진다. 이들은 16세기 중·후반 경부터 향촌사회 운영권을 장악하여 그들 중심의 지배체제를 구축해 나갔다. 지방양반들은 16, 17세기에는 향안에 입록될 수 있는 존재들이었다. 이들은 유향소를 운영하고, 향교와 서원을 출입하며, 향약 또는 동계·동약의 실시를 주도해가던 계층이었다.[1] 또한 지방양반들은 18세기에 이르러 자신들의 존재와 위치가 동요되자 청금안이라는 별도의 유생명부儒生名簿를 만들고 향교에 출입하면서 향교 운영에도 간여하였다. 사족들은 향안鄕案마저 변화 속에 놓이게 되자 기존의 향촌기구鄕村機構였던 향교鄕校의 참여와 활동에 더욱 치중하였던 것이다.[2] 이렇듯 조선후기 지방양반은 한 고장에 대대로 살면서 향교鄕校와 서원書院 등을 통해 한 고을을 교화敎化하고 지배하였던 향촌지배층이었다.

이제까지 지방양반에 대한 연구는 다양한 분야에서 많은 연구가 진행되어 왔다.[3] 이러한 기존의 연구는 주로 유명한 인물이나 관리를 배출한

---

1) 정진영, 『조선시대 향촌사회사』, 한길사, 1998, 21~22쪽.
2) 윤희면, 『조선후기 향교연구』, 1990, 7~36쪽.
3) 이해준, 김인걸 외, 『조선후기 사회사 연구법』,한국정신문화연구원, 1993 ; 한국역사연구회, 『조선시기 향촌사회사 연구의 성과와 전망』, 1998: 김현영, 『조선시대의 양반과 향촌사회』, 집문당, 1999 ; 이정우, 「조선후기 회덕지역 사족의 향촌지배 연구」, 충남대 박사학위논문, 1997 ; 최승희, 「조선후기 양반의 사환과 가세변동」『한국사론』 19, 1989 ; 전경목, 『고문서를 통해서 본 우반동과 우반동 김씨의 역사』, 신아출판사, 2001 등 참조.

가문, 사족의 영향력이 큰 지역 등을 중심으로 이루어져 왔다. 그러나 여러 사례 연구를 통해 다양한 계층의 사족이 존재하고 있었음이 조금씩 밝혀지고 있다.4) 특히 조선후기에는 관리를 배출하거나 정치적으로 세력이 큰 가문보다는 그렇지 못한 계층의 사족들이 더 많았을 것이다.5) 다시 말해 조선후기에는 다양한 계층의 지방양반들이 존재하였던 것이다. 이 장에서는 이러한 인식을 바탕으로 관직에 거의 진출하지 못하고 향촌지배에 주력했던 지방양반의 대표적 사례로서 구례 사족을 살펴보고자 한다.

조선시대 전라도全羅道 구례求禮의 지방 양반들은 관직에 거의 진출하지 못하여 향촌 지배에 주력할 수밖에 없었던 대표적 지방양반으로 분류할 수 있다. 구례는 조선 초기부터 지역세가 약하여 사회적 상황도 열악하였다.6) 조선 초기 각 지역의 사회경제적 사정을 보여주는 『세종실록지리지世宗實錄地理志』(1454)에 의하면 당시 구례현의 호구戶口 수는 전남지역의 25개 군현 중에서 제22위에 해당된다.7) 또한 1789년 기유식년己酉式年의 통계 자료를 수록하고 있는 『호구총수戶口總數』에 의하면 구례는 전라도 56개 군현 중에서 호수에 있어서 53위에 위치하고 있다.8) 이는 조선시대 구례의 지역세가 얼마나 열악하였는가와 이 지역 토착세력들의 기반이 그리 강하지 못하였음을 보여주는 것이기도 하다.9)

이러한 상황 속에서 구례의 지방양반들은 자신들의 사회적 지위를 유

---

4) 대표적으로 최승희, 앞의 논문, 1989 참조.
5) 김은영, 「조선후기 구례 개성왕씨가의 고문서 검토」『고문서연구』제31호, 2007, 167쪽 참조.
6) 『세종실록지리지』, 구례현 : 그리하여 자주 주변의 남원이나 순천 등 큰 고을의 관할 아래에 있었다.
7) 『세종실록지리지』, 전라도 ; 『求禮郡誌』上, 구례군지편찬위원회, 2005, 446쪽 참조.
8) 『戶口總數』, 서울大學校奎章閣, 1996.
9) 김은영, 「조선후기 구례 개성왕씨가의 고문서 검토」『고문서연구』제31호, 2007, 169쪽.

지하고 향촌 사회를 주도하기 위해 그들 사이의 사회적 연대를 모색했던 것으로 보인다. 이를 확인할 수 있는 자료가 『향안鄕案』·『청금안靑衿案』· 『유학안幼學案』·『청금계안靑衿契案』등이다.

현재 구례求禮 향교鄕校에 남아 있는 자료로서 지방양반의 실태를 파악할 수 있는 것으로는 다음과 같은 것들이 있다. 우선 인조仁祖 5년(1627)부터 숙종肅宗 20년(1694)년까지 작성된 『天啓六年丁卯一六二七 十二月 日 鄕案』, 『仁祖十七年己卯一六三九 九月二日 鄕案』, 『孝宗七年 丙申一六五六 十一月二十七日 鄕案』, 『孝宗八年 丁酉一六五七 六月 日 鄕案』, 『肅宗二十年甲戌一六九四 二月 日 鄕案』등 5책의 『향안鄕案』이 있다. 다음으로는 『辛未二月 日 靑衿儒案』(1691년 숙종17), 『癸酉八月 靑衿老儒』 (1693년 숙종19), 『戊戌七月 日 靑衿儒案』(1718년 숙종44), 『辛丑三月 日 靑 衿儒案』(1721년 경종원), 『乙巳四月 日 靑衿儒案』(1725년 영조원), 『壬子二 月 日 靑衿儒案』(1732년 영조8) 등 6책의 『청금안靑衿案』이 있다. 그리고 1824년(순조 24)에 명륜당을 중수하는데 필요한 비용을 구례현내 각 면에 거주하는 유학幼學과 교생校生에게 수전收錢하고 그 명단을 면별面別, 리별 里別로 기록한 『간전면유학안艮田面幼學案』『계사면유학안界寺面幼學案 명륜 당중수유학수전안明倫堂重修幼學收錢案』『마산면유학안馬山面幼學案(甲申十月 日) 명륜당중수구재안明倫堂重修鳩財案』『문척면유학안文尺面幼學案(甲申十月 日)』－崇禎紀元後四 歲在甲申十月日 明倫堂重修, 『방광면유학안放光面幼學案(甲申 朧月日) 갑신월일甲申月日 명륜당중수유학명첩明倫堂重修幼學名帖』, 『용천면 유학안龍川面幼學案(甲申十月)』－歲在甲申十月日 明倫堂重修, 『토지면유학명첩 안吐旨面幼學名帖案(甲申十月日)』 『현내면유학명안縣內面幼學名案(甲申十月十七 日)』 등 8책의 『유학안幼學案』이 있다. 마지막으로 19세기 자료로서 『청금 계명안靑衿契名案』 3冊이 남아 있다. 『靑衿契名案 崇禎後二百十一年己亥』 (憲宗五年, 1839), 『靑衿契名案 崇禎二百二十年甲戌』(憲宗十四年, 1848), 『靑 衿契改案 名案 丁巳』(哲宗八年, 1857)이 그것이다.

이러한 자료들을 바탕으로 구례의 지방양반들의 실태에 시기별로 접근해 보려 한다. 특히 이들이 자신들의 사회적 지위와 향촌지배를 유지하기 위해 어떻게 사회적으로 연대하고 활동하였는지 살펴볼 것이다. 이를 통해 다양한 지방양반 계층 중에서도 조선후기 관직에 거의 진출하지 못하고 향촌지배에 주력하였던 지방양반의 실체를 파악하는데 기여하기를 기대한다.

1. 『鄕案』과 科擧 合格 實態를 通해 본 地方兩班

1) 구례 사족의 과거 합격 실태

조선시대 지방양반들은 사회적 지위를 유지하기 위한 다양한 노력을 전개하였다.[10] 그 중에서도 가장 중요한 것이 문과 급제를 통한 관직 획득이다. 조선시대 과거에 합격하여 관직을 갖는다는 것은 양반으로서의 신분을 획득하고 지배집단으로서의 지위를 유지하는 가장 중요한 요소였다. 양반 가문家門의 위세는 과거급제자의 숫자와 관직의 높고 낮음에 의하여 좌우되기까지 하였다.[11] 이렇듯 지배 계층에 들어갈 수 있는 최선의 방법이 과거에 급제하는 것이었고 그렇기에 시간이 지날수록 과거의 중요성은 더욱 커져 갔다. 그러나 지방에 거주하고 있던 지방양반이 문과에 급제하여 관직에 진출하기는 쉽지 않았다. 이러한 상황에서 지방양반들이 차선으로 선택한 것이 사마시司馬試 입격이다. 사마시에 합격하여 생원이

---

10) 朴眞哲,「朝鮮時代 地方 居住 士族의 社會的 地位 維持 努力과 司馬試 — 羅州 居住 司馬試 入格者 實態 分析을 中心으로 —」『이화사학연구』41집, 2010, 142쪽.
11) 이창걸,「조선중기 지배집단의 사회적 배경에 관한 연구」『한국사회학회 93년 후기사회학대회 발표논문』, 1993, 64쪽.

나 진사가 된다는 것은 국가로부터 사족으로서의 지위를 공인받는다는 점에서 중요하였다. 그러므로 지방양반의 향촌사회에서의 사회적 지위와 동향을 이해하는데 있어서 과거 합격자의 분석은 대단히 중요한 의미를 갖는다.[12] 그런 의미에서 먼저 구례 사족의 과거합격 실태를 살펴보고자 한다.

구례의 사족들이 사마시 합격에 얼마나 노력하였는지를 알 수 있게 해주는 것이 '구례求禮 오미동五美洞 문화 유씨文化 柳氏'의 사례이다.[13] 구례 오미동에 정착했던 문화 유씨들이 우선적으로 노력했던 것이 과거科擧였다. 문화 유씨가 과거에 급제하는 사람에게 토지를 나누어주도록 하여 문중 사람들에게 과거 합격을 독려하였다.[14] 또 하나의 사례가 구례 절골 김씨 사례이다.[15] 절골 김씨는 지배 사족은 아니었지만 지배 사족이 되기 위하여 끊임없는 노력을 전개하였다. 그 대표적인 노력이 사마시司馬試 합격을 위한 노력이다. 이들은 고령자에게 내려지는 수직壽職이나 생원生員·진사進士 합격의 은전을 받기 위해 생년까지도 조작하였다. 생원시 합격을 위해 시험관을 매수하는 부정도 저질렀던 것으로 보인다.[16] 이들이 이러한 무리수를 두면서까지 과거 합격에 노력했던 것은 구례라는 지역사회에서 이들 가문의 지위가 향상되는데 도움이 되었을 것이기 때문이다.[17] 이렇듯 사마시 합격을 위해 노력하고 있는 것은 향촌 사회에서 생원·진사

---

12) 미야지마 히로시, 「조선 후기 지배 계층의 재생산 구조」『한국사학보』 제32호, 2008, 214쪽.
13) 이에 대한 자세한 내용은 안광호, 「朝鮮後期 求禮 五美洞 文化柳氏의 移徙와 定着 過程」『조선시대사학보』 30, 2004, 참조.
14) 안광호, 앞의 논문, 2004, 186쪽 : 이후 자손들은 사마시에 응시하였지만 모두 실패하였고, 단지 무과 급제자 3명만 배출하였다고 한다.
15) 이에 대해서는 전경목, 「조선말기 어느 窯戶富民家의 身分上昇을 위한 노력 - 전라도 구례현의 '절골김씨' 고문서를 중심으로 - 」『호남문화연구』 31, 2002 참조.
16) 전경목, 앞의 논문, 2002, 188~194쪽 참조.
17) 실제로 절골 김씨가에서는 생원·진사 합격자를 2명이나 배출하였고 이는 이들 가문의 사회적 지위 향상에 도움이 되었을 것이다. 전경목, 앞의 논문, 2002, 195쪽.

라는 위치가 사족으로서의 사회적 지위 유지하는데 중요한 의미를 차지하고 있었다는 것을 보여준다.

구례 거주 사족으로 사마시에 합격한 자는 『사마방목』에 32명이 기재되어 있다.18) 이들 사마시 합격자를 배출한 성관은 모두 23개이다. 이들은 전주 이全州 李 5명, 김해 김金海 金 4명, 개성 왕開城 王 3명, 그리고 고령 박高靈 朴, 구례 장求禮 張, 김녕 김金寧 金, 서산 유瑞山 柳, 수원 백水原 白, 순창 조淳昌 趙, 순천 박順天 朴, 순천 정順天 鄭, 안동 권安東 權, 연안 이延安 李, 인동 김仁同 金, 장택 고長澤 高, 장흥 마長興 馬, 전주 최全州 崔, 제주 고濟州 高, 진주 강晋州 姜, 창녕 장昌寧 張, 파평 윤坡平 尹, 한양 조漢陽 趙, 해주 정海州 鄭이 각 1명씩 사마시 합격자를 배출했다. 이는 1510년에서 1894년 사이 384년간 평균 10년에 0.83명의 합격자가 나온 것이다. 이것도 순조 이후 19세기에 배출된 수가 22명이고 이 중에서도 1865년에서 1894년까지 고종년간에 배출된 수만 16명이다. 다시 말하면 16세기에서 18세기까지 290여 년 동안 배출된 사마시 합격자는 10명에 불과했던 것이다. 아울러 구례 거주 사족으로 문과 합격자는 『문과방목』에서 확인되는 사람은 단 2명뿐이다.19) 이것은 구례 거주 사족이 과거에 합격하는 비율이 대단히 적었다는 것을 알 수 있게 해준다.

이들 구례 거주 사족들의 사마시 입격 당시 평균 연령은 40.2세이다. 이는 나이를 확인할 수 있는 30명을 대상으로 한 것으로 연령대별로는 10대 3명10%, 20대 8명26.6%%, 30대 7명23.3%, 40대 2명6.6%, 50대 4명 13.3%, 60대 4명13.3%, 70대 1명3.3%, 80대 1명3.3%이다.

---

18) 한국정신문화연구원, 『CD-ROM 사마방목』, 서울시스템주식회사, 2001 참조.

19) 구례 거주 인물로 『문과방목』에서 확인되는 사람은 仁祖 2년(1624) 甲子 增廣試에 급제한 張熙載와 哲宗 9년(1858)년 戊午 式年試에 급제한 朴英模 뿐이다. 와그너·송준호 편저, 『보주 문과방목 CD-ROM』, 동방미디어주식회사, 2002 참조.

〈표 1〉 사마시 배출 23개 성관의 세기별 입격자 수[20]

	성관	16세기	17세기	18세기	19세기	합계
1	개성왕	1		1	1	3
2	고령박			1		1
3	구례장		1			1
4	김녕김				1	1
5	김해김				4	4
6	서산유			1		1
7	수원백				1	1
8	순창조				1	1
9	순천박			1		1
10	순천정	1				1
11	안동권				1	1
12	연안이			1		1
13	인동김				1	1
14	장택고				1	1
15	장흥마				1	1
16	전주이				5	5
17	전주최				1	1
18	제주고		1			1
19	진주강				1	1
20	창녕장			1		1
21	파평윤				1	1
22	한양조				1	1
23	해주정				1	1
	합계	2	2	6	22	32

한편 구례 향교에는 1692년(숙종 18년)에 작성된 『입격안入格案』이 전하
고 있다. 이는 구례현에서 각종 과거시에 응시하여 합격한 사람들의 명단

---

20) 한국정신문화연구원, 『CD-ROM 사마방목』, 서울시스템주식회사, 2001를 통해 분석
한 것이다.

을 수록한 것이다. 여기에는 문과, 생원, 진사시에 합격한 사람은 물론 초시의 초장, 중장, 종장에 합격한 사람들 모두 57명의 이름과 자, 생년간지, 합격종류를 기록하고 있다.21) 이『입격안』에 기재되어 있는 인물 중 생원시에 합격한 것으로 기재되어 있는 사람은 장희재, 이지한, 왕학룡 등 3명이다. 진사시에 합격한 것으로 기재되어 있는 인물은 장희재, 고원후, 왕학증, 박제순 등 4명이다. 그리고 유일하게 문과에 합격한 사람이 장희재로 기재되어 있다.22) 이들 중『사마방목』에서 확인되는 인물은 장희재, 고원후, 왕학증, 왕학룡, 이지한 등 5명이다. 장희재張熙載는 광해光海 8년 (1616)에, 증광增廣 생원生員에 고원후高元厚는 현종顯宗 3년(1662) 증광增廣 진사進士에, 왕학증王學曾은 정조正祖 1년(1777) 식년式年 진사進士에, 왕학룡 王學龍은 순조純祖 1년1801 증광增廣 생원生員에, 이지한李之漢은 순조純祖 1 년(1801) 식년式年 생원生員에 합격한 것으로 되어 있다.

이상의 내용을 통해 다시 한 번 확인할 수 있는 것은 구례의 지방양반들은 과거를 통해 관직에 진출하는 경우가 거의 없었다는 것이다. 다시 말하여 구례의 사족들은 다양한 지방양반 계층 중에서도 조선후기 관직에 거의 진출하지 못하고 향촌지배에 주력하였던 지방양반의 대표적 사례에 속한다고 할 수 있을 것이다. 그렇다면 관직에 거의 진출하지 못하였던 지방양반들이 어떠한 방법으로 자신들의 사회적 지위와 향촌 지배력을 유지할 수 있었는지 살펴보기로 하자.

2)『향안』을 통해 본 구례의 지방양반

앞서 살펴본 바와 같이 구례의 사족은 과거科擧 합격률이 대단히 저조

---

21) 전라남도,『전남의 향교』, 1987, 106~109쪽.
22) 장희재의 文科 급제 내용에 대해서는 와그너·송준호 편저,『보주 문과방목 CD-ROM』, 동방미디어주식회사, 2002 참고.

하였다. 이는 이들이 관직을 통해 중앙에 진출하거나 이를 바탕으로 향촌 사회를 지배하는 것이 쉽지 않았다는 것을 의미한다. 그렇다면 구례의 사족들은 어떻게 지배세력으로서 자신들의 사회적 지위를 유지하고 향촌 사회를 주도해 나갈 수 있었을까? 과거 합격이 어려웠던 구례 사족의 경우 자신들의 사회적 지위를 유지하고 향촌 사회를 지배하기 위해서 그들은 자신들의 사회적 연대連帶를 모색했던 것이다. 그 결과가 『향안鄕案』이다. 특히 이 향안이 임진왜란 이후 만들어지는 것에 주목할 필요가 있다. 향안鄕案은 조선후기 각 지역의 지방양반을 말해주는 자료이다.[23] 즉 향촌 사회에서 지방양반을 변별하는 것이 향안의 기능이기 때문에 향안에 수록되는 것은 매우 엄격한 기준을 가지고 있었다.[24] 특히 이 향안은 조선 후기로 갈수록 지방양반이 관직을 가지기 어려운 상황에서 지배 사족을 구별해 주는 명부의 구실을 하였다.[25]

현재 구례求禮 향교鄕校에 남아 있는 『향안鄕案』은 다음과 같다. 즉 『天啓六年丁卯(一六二七) 十二月 日 鄕案』, 『仁祖十七年己卯(一六三九) 九月 二日 鄕案』, 『孝宗七年 丙申(一六五六) 十一月二十七日 鄕案』, 『孝宗八年 丁酉(一六五七) 六月 日 鄕案』, 『肅宗二十年甲戌一六九四 二月 日 鄕案』 등 5책이 있다.

이 향안들을 분석해 보면 우선 『천계육년정묘天啓六年丁卯(1627) 12월 일 향안鄕案』에 입록되어 있는 인물은 모두 39명이다. 이를 성씨별로 분류해 보면 모두 11개 성관으로 이루어져 있다. 고高씨가 9명, 김金씨가 2명, 유柳씨가 5명, 신申씨가 1명, 양梁씨가 1명, 왕王씨가 2명, 이李씨가 4명, 장張씨가 2명, 정鄭씨가 5명, 최崔씨가 4명, 한韓씨가 4명이다. 이들이 일명 11

23) 김현영, 『조선시대의 양반과 향촌사회』, 집문당, 1999, 45쪽.
24) 김준형, 「향안입록을 둘러싼 경남 서부지역 사족층의 갈등-진주향안을 중심으로」 『조선시대사학보』 33, 2005, 148~150쪽 참조. 향안에 대한 연구성과와 내용도 이 논문을 참조.
25) 김현영, 앞의 책, 1999, 68~70쪽.

원향가元鄕家이다.26) 이들 11원향가는 제주 고濟州 高, 해주 정海州 鄭, 전주 최全州 崔, 청주 한淸州 韓, 봉성 장鳳城 張, 문화 유文化 柳, 개성 왕開城 王, 남원 양南原 梁, 순천 박順天 朴, 경주 김慶州 金, 그리고 본관이 확인되지 않는 신申씨로 구성되어 있다. 이 중 개성 왕, 전주 이, 청주 한, 남원 양, 제주 고씨는 일명 칠의사七義士 가문에 속하는 성씨이다. 칠의사七義士란 정유재란丁酉再亂 당시 의병 활동을 주도하여 향촌 내에서 절의節義로 이름을 알린 구례의 7명의 사족을 가리킨다.27) 그들은 개성 왕씨인 왕득인王得仁과 왕의성王義成 부자父子, 전주 이씨 이정익李廷翼, 청주 한씨 한호성韓好誠, 남원 양씨 양응록梁應祿, 제주 고씨 고정철高貞喆, 그리고 보성 오씨 오종吳琮 등이다. 이들 칠의사 가문은 혼인관계로 맺어져 지방양반이 되었던 것으로 보인다. 뿐만 아니라 이후 이들은 향촌사회에서 자신들의 지배권을 확고히 하기 위해 상호연대를 꾀하였고 이를 위하여 향안鄕案을 작성하였던 것이다.28)

실제 칠의사 중의 한 명이었던 왕의성王義成은 1627년에 처음 작성된 『향안鄕案』과 1639년에 작성된 두 번째 『향안鄕案』에 모두 이름이 올라 있다. 칠의사와 이들의 후손들이 향안의 주체가 되어 사족들의 연대를 모색했다고 볼 수 있을 것이다.

---

26) 향안에 대대로 오른 집안들을 원향가(原鄕家)라 한다. 구례에도 원향가들이 있었다. 원향가들은 구례지역 토착세력으로 향촌사회의 운영에 영향력을 행사해온 집안으로 알려져 있다. 이들이 조선후기 구례의 지방양반이다. 처음 향안을 작성할 때 입록된 가문이 11개이기 때문에 11원향가라 불려진 것으로 보인다. 권경안, 『큰 산아래사람들-구례의 역사와 문화』, 향지사, 2000, 308쪽 ; 金恩英, 「朝鮮後期 求禮 開城王氏家門의 成長과 顯祖 顯揚活動」, 전남대학교 대학원 사학과 석사학위 논문, 2006, 7쪽 참조.

27) 김은영, 「조선후기 구례 개성왕씨가의 고문서 검토」, 『고문서연구』 제31호, 2007, 173쪽.

28) 金恩英, 앞의 논문, 2006, 13~16쪽 참조.

〈표 2〉 구례 중요 성씨의 入鄕 연도[29]

	성씨	입향연도 (간지)	입향연도 (서기)	입향조 휘	입향지	전거주지
1	봉성장씨	계유	1123	악	구례군내	
3	제주고씨	임신	1392	숭례	양전삼산	
4	청주한씨	경오	1450	세신	마산냉천	
5	해주정씨	계유	1453	주	구례동산	
6	전주최씨	경진	1460	득황	구례마산	전주
7	개성왕씨	신사	1461	정	광의남전	과천
9	남원양씨	갑인	1494	윤홍	광의지정	
10	해주오씨	갑신	1524	경감	마산사도	남원
11	전주이씨	경술	1550	원	용방두동	경
12	순천박씨	을묘	1555	이수	구례오봉	
13	경주김씨	경인	1590	창좌	토지용두	
14	함안조씨	을미	1595	두형	문척백운	
15	밀양손씨	을미	1595	진홍	구례산정	
16	문화유씨	경자	1600	천재	구례방광	곡성대평

『仁祖十七年己卯(1639) 9월2일 鄕案』에는 모두 43명이 기재되어 있다. 고高씨 10, 김金씨 1, 유柳씨 3, 신申씨 1, 양梁씨 3, 오吳씨 1, 왕王씨 2, 이李씨 7, 장張씨 1, 정鄭씨 7, 조趙씨 1, 최崔씨 4, 한韓씨 2명이 기재되어 있다. 이 향안에는 1627년 향안에서 보이지 않던 조趙씨와 오吳씨가 새롭게 등장하고 있다. 이들은 입향入鄕 시기로 보아 해주 오海州 吳, 함안 조咸安 趙로 생각된다. 『孝宗七年 丙申(1656) 11월27일 鄕案』에는 25명의 인물이 등재되어 있다. 김金씨 1, 유柳씨 1, 박朴씨 1, 양梁씨 1, 오吳씨3, 왕王씨 2, 이李씨 2, 장張씨 2, 정鄭씨 5, 조趙씨 1, 최崔씨 3, 한韓씨 3명이다. 이 향안에서는 순천 박順天 朴씨가 처음 등장한다. 『孝宗八年 丁酉(1657) 6월 일 鄕案』에는 총 36명이 입록되어 있다. 고高씨가 11, 김金씨가 3, 유

---

29) 구례 입향 성씨 중 1627년 향안이 만들어지기 이전에 입향한 성씨를 중심으로 정리한 것이다. 『구례향교지』, 구례향교지편찬위원회, 1990 ; 『전남향교문화사』 하, 전라남도향교재단, 2004, 참조.

柳씨가 1, 박朴씨가 1, 신申씨가 1, 양梁씨가 2, 오吳씨가 4, 왕王씨가 1, 이
李씨가 4, 정鄭씨가 4, 최崔씨가 3, 한韓씨가 1명이다. 『肅宗二十年甲戌
(1694) 2월 일 鄕案』에는 총 48명이 기재되어 있다. 고高씨가 10, 김金씨가
2, 박朴씨가 2, 신申씨가 4, 양梁씨가 1, 오吳씨가 2, 왕王씨가 3, 이李씨가
5, 장張씨가 5, 정鄭씨가 6, 최崔씨가 4, 한韓씨가 4명이다.

〈표 3〉『鄕案』에 입록된 성씨와 인원 수

	입록성씨	1627년 향안	1639년 향안	1656년 향안	1657년 향안	1694년 향안	계
1	고	9	10		11	10	40
2	김	2	1	1	3	2	9
3	유	5	3	1	1		10
4	신	1	1		1	4	7
5	양	1	3	1	2	1	8
6	왕	2	2	2	1	3	10
7	이	4	7	2	4	5	22
8	장	2	1	2		5	10
9	정	5	7	5	4	6	27
10	최	4	4	3	3	4	18
11	한	4	2	3	1	4	14
12	오		1	3	4	2	10
13	조		1	1			2
14	박			1	1	2	4
계		39	43	25	36	48	191

이와 같이 『향안』에 입록된 성씨는 고高씨가 40명으로 가장 많고, 정鄭
씨가 27명, 이李씨가 22명, 최崔씨가 18명, 한韓씨가 14명, 유柳씨·왕王씨·
장張씨·오吳씨가 각각 10명, 김金씨가 9명, 양梁씨가 8명, 신申씨가 7명, 박
朴씨가 4명, 조趙씨가 1명이다.

이를 통해 알 수 있는 것은 향안이 작성되는 처음 작성되는 17세기 구
례의 사족은 처음 향안鄕案에 등재되었던 11원향가元鄕家를 중심으로 14개

성씨가 주요 사족으로 존재하고 있었다는 것이다. 이들은 17세기 동안 계속해서 『향안』을 작성하면서 연대하고 있었다. 이들은 과거 합격을 통해 관직에 나가는 경우는 거의 없었다. 하지만 이들은 이러한 사족 간의 상호연대를 통하여 지방양반으로서의 사회적 지위와 향촌 지배력을 유지하고 있었던 것이다.

2. 『靑衿案』과 『幼學案』, 『靑衿契案』에 나타난 地方兩班

앞서 『향안鄕案』을 중심으로 살펴보았던 지방양반들의 위상은 17세기 말부터 서서히 흔들리기 시작하였고, 이들은 자신들의 사회적 지위와 향촌 지배력을 유지하기 위하여 새로운 방안을 모색하지 않을 수 없었다. 이러한 변화를 엿볼 수 있는 자료가 바로 『청금안靑衿案』이다.

조선후기 신분제 변화 속에서 지방양반과 향교와의 관계를 알아보기 위해서는 향교에 출입하는 청금유생을 살펴볼 필요가 있다.30) 향교鄕校에 대한 연구는 어느 정도 연구가 되어 있으나 청금안靑衿案과 청금유생靑衿儒生에 대한 연구는 미진한 형편이다.31) 향교는 사족중심의 사회체제를 유지하는데 일정한 기능을 수행해 왔다.32) 또한 향교는 향촌지배층들 간

30) 윤희면, 『조선후기 향교연구』, 일조각, 1990, 2~5쪽.
31) 청금안(靑衿案)과 청금유생(靑衿儒生)과 관련된 연구로는 다음 논문들이 참고된다. 윤희면, 「조선후기 향교의 청금유생」『동아연구』17, 1989 ; 이정우, 「조선후기 지방양반의 동향과 유림의 향촌지배 – 전라도 금산군 서원, 향교의 치폐와 고문서류의 작성을 중심으로 –」『조선시대사학보』7, 1998 ; 이정우, 「19-20세기초 공주지방 유림의 동향과 향촌활동의 성격변화 – 서원, 향교의 운영과 고문서류의 작성을 중심으로 –」『충북사학』11·12합집, 2000 ; 박진철, 「조선후기 향교의 청금유생과 지방양반의 동향」『한국사학보』제25호, 2006.
32) 향교와 향교의 교생에 대한 연구로는 다음과 같은 논문이 있다. 이성무, 「조선초기의 향교」『한파 이상옥박사 회갑기념논문집』, 1969 ; 이범직, 「조선 전기의 교생신

의 권력 교환처였다.33) 지금까지 조선후기 지방양반의 연구는 신분제와 관련하여 신분의 지속성이란 측면과 변동이라는 측면으로 그 견해가 대립되고 있다.34) 그러므로 아직까지는 보다 많은 지역적 사례연구의 필요성이 요구된다고 할 수 있다.

16세기를 거치면서 지방양반들은 다양한 향촌 지배 조직을 통해 사족중심의 신분제적 질서와 경제적 이해를 최대한 보장·구현하고 있었다. 그러나 18세기를 거치면서 사족들의 공동체 조직은 크게 위축되거나 점차 해체될 수밖에 없었다.35) 이는 18세기 이후에는 향안鄕案이 파기되거나 더 이상 작성되지 못하는 것으로 나타난다. 이러한 상황 속에서 지방양반들은 향교를 중심으로 결집하였다. 향교鄕校는 국가이념인 유학儒學이 지방에까지 널리 보급되어갈수록 제향祭享의 장소로서 오히려 지역문화의 중심지였다. 향교에는 문묘文廟가 배치되어 있고 문묘배행행사文廟配享行事는 중요한 유교儒敎·유림행사儒林行事였으므로 지방양반들로서는 이에 직·간접으로 관계되지 않을 수 없었던 것이다.36) 또한 향교鄕校의 교임校任들은 석전釋奠때마다 뇌물을 받고 하천下賤들을 집사執事로 남임濫任하였다고

분」『한국사론』3, 1976 ; 송찬식, 「조선 후기 교원생고」『국민대학 논문집:인문과학편』11, 1977 ; 한동일, 「조선시대 향교의 교생에 관한 연구」『인문과학』10, 1981 ; 김용덕, 「조선후기 향교 연구-호남을 중심으로-」『한국사학』5, 1983 ; 김호일, 「조선후기 향교 조사보고」『한국사학』5, 1983 ; 최영호, 「유학·학생·교생고」『역사학보』101, 1984 ; 김호일, 「조선 후기 향교 조사연구」『중앙사론』4, 1985 ; 최윤진, 「고창향교 동·서제 유생안에 대한 검토」『송준호교수 회갑기념논문집』, 1987 ; 강대민, 「한말 향교유림의 동향 연구-영남지방의 향교를 중심으로-」『부산사학』17, 1989.

33) 정승모, 「書院·祠宇 및 鄕校 組織과 地域社會體系(上)」『태동고전연구』제3집, 1987, 2~5쪽.

34) 김경옥, 「조선후기 동성마을의 형성배경과 사족들의 향촌활동」『지방사와 지방문화』, 학연문화사, 2003, 27쪽 참조.

35) 정진영, 「4장 양반들의 생존 전략에서 얻은 통찰: 조선의 유교적 향촌 공동체」『500년 공동체를 움직인 유교의 힘』, 글항아리, 2013, 144쪽.

36) 박진철, 앞의 논문, 2006, 228쪽.

알려질 만큼 이권利權과 관련이 많았다.37) 이러한 예는 향교鄕校 또는 그 조직組織에 대한 주도권主導權 장악掌握이 이와 같은 이권利權들과 관련되었다는 점에서 향교가 향촌사회지배층들인 지방양반에게는 결코 무시할 수 없는 제도制度와 장소場所였음을 알 수 있다.38) 특히 향교 교임校任은 결국 향교의 청금유생들 중 뽑는 것이었다. 이는 지방양반이 청금유생으로서 향교를 장악하고 있었을 가능성을 의미하는 것이다. 따라서 사족들은 명분名分과 교화敎化를 앞세워 향교를 독점하려 하였다. 그리고 그들은 향교를 이용하여 향촌사회에서의 주도권을 계속 유지하려고 노력하였던 것이다.39) 실제로 구례에서는 대체로 향안鄕案의 작성이 중단되는 시점에 청금안靑衿案이 작성되고 있다. 이는 구례의 지방양반들이 향안의 작성이 중단되는 17세기 말부터는 향교를 중심으로 결집하고 있음을 시사한다.

1) 『청금유안』을 통해 본 구례의 지방양반

본래 '청금안靑衿案'이란 향교鄕校에 적籍을 두고 있는 양반유생兩班儒生의 명단名單을 가리키는 것이다.40) 지방양반들은 향교鄕校에 적籍을 두고 청금록靑衿錄 유생儒生 또는 유림儒林이라고 칭하여 일반 교생과 구별하였다.41) 따라서 구례 향교에 남아 있는 이 『청금유안靑衿儒案』은 결국 당시 구례 향교에 적籍을 두고 있던 지방양반의 명단이다.

현재 구례 향교에는 『辛未二月 日 靑衿儒案』(1691년 숙종17), 『癸酉八

---

37) 김용덕, 「조선후기 향교연구」『한국사학』5, 1983, 234쪽.

38) 정승모, 「書院·祠宇 및 鄕校 組織과 地域社會體系(上)」『태동고전연구』제3집, 1987, 158쪽.

39) 윤희면, 앞의 논문, 1989, 467~468쪽.

40) 최윤진, 「高敞鄕校 東·西齋 儒生案에 대한 檢討」『송준호교수 정년기념논총』, 1987, 255쪽.

41) 최윤진, 앞의 논문, 1987, 263~264쪽.

月 靑衿老儒』(1693년 숙종19), 『戊戌七月 日 靑衿儒案』(1718년 숙종44), 『辛
丑三月 日 靑衿儒案』(1721년 경종원), 『乙巳四月 日 靑衿儒案』(1725년 영조
원), 『壬子二月 日 靑衿儒案』(1732년 영조8) 등 6책의 『청금안靑衿案』이 남
아 있다. 이제 이『청금안』을 통해 구례 지방양반의 실태에 접근해 보기
로 한다.

우선 『辛未二月 日 靑衿儒案』(1691년 숙종17)에는 고高씨 10, 김金씨 3,
문文씨 1, 박朴씨 7, 신申씨 1, 양梁씨 2, 오吳씨 1, 유柳씨 2, 이李씨 4, 장張
씨 4, 정鄭씨 2, 최崔씨 1, 한韓씨 3명이 기재되어 있다. 『癸酉八月 靑衿老
儒』(1693년 숙종19)에는 고高씨 7, 김金씨 3, 문文씨 1, 박朴씨 5, 신申씨 1,
양梁씨 1, 이李씨 4, 장張씨 3, 정鄭씨 2, 최崔씨 2, 한韓씨 2명이 입록되어
있다. 『戊戌七月 日 靑衿儒案』(1718년 숙종44)에는 고高씨 8, 김金씨 5, 유
柳씨 1, 박朴씨 2, 신申씨 3, 양梁씨 1, 오吳씨 4, 왕王씨 2, 이李씨 5, 장張씨
4, 정鄭씨 6, 최崔씨 3, 한韓씨 7명이 등재되어 있다. 『辛丑三月 日 靑衿儒
案』(1721년 경종원년)에는 고高씨 7, 김金씨 5, 유柳씨 1, 박朴씨 3, 신申씨 3,
양梁씨 1, 오吳씨 3, 왕王씨 3, 이李씨 4, 장張씨 3, 정鄭씨 6, 최崔씨 3, 한韓
씨 6명이 들어 있다. 『乙巳四月 日 靑衿儒案』(1725년 영조원년)에는 고高씨
4, 김金씨 3, 유柳씨 1, 박朴씨 2, 송宋씨 1, 신申씨 1, 양梁씨 1, 오吳씨 3,
왕王씨 1, 이李씨 7, 전全씨 1, 정鄭씨 8, 최崔씨 1, 한韓씨 6명 기록되어
있다. 『壬子二月 日 靑衿儒案』(1732년 영조8)에는 고高씨 2, 김金씨 4, 유柳
씨 5, 신申씨 3, 양梁씨 2, 오吳씨 3, 왕王씨 2, 이李씨 4, 장張씨 8, 정鄭씨
2, 최崔씨 6, 한韓씨 2, 황黃씨 1명을 볼 수 있다.

구례 향교에 남아 있는 『청금유안』에 등재된 성씨는 고高씨가 38명으
로 가장 많고, 이李씨가 28명, 정鄭씨와 한韓씨가 각각 26명, 김金씨가 23
명, 장張씨가 22명, 박朴씨가 19명, 최崔씨가 16명, 오吳씨가 14명, 신申씨
가 12명, 유柳씨가 10명, 양梁씨와 왕王씨가 각각 8명, 문文씨가 2명, 송宋
씨와 전全씨와 황黃씨가 각각 1명씩이다. 또한 『청금유안』에는 『향안』에

는 보이지 않던 성씨로 문文씨와 송宋씨, 전全씨와 황黃씨가 새롭게 등장하고 있다. 반대로『향안』에는 등재되어 있던 조趙씨는『청금유안』에는 나타나지 않는다. 이는『향안』이 작성되던 17세기의 지배 사족이『청금유안』이 작성되는 17세기 말에서 18세기에도 대체로 유지되고 있음을 보여준다. 하지만 일부 성씨가 지방양반에서 탈락하고 18세기에는 새로운 향촌 지배세력으로 새로운 지방양반이 편입되는 것을 알 수 있다.

〈표 4〉『靑衿儒案』입록 성씨와 인원 수

	성씨	1691	1693	1718	1721	1725	1732	계
1	고	10	7	8	7	4	2	38
2	김	3	3	5	5	3	4	23
3	문	1	1					2
4	박	7	5	2	3	2		19
5	신	1	1	3	3	1	3	12
6	양	2	1	1	1	1	2	8
7	오	1		4	3	3	3	14
8	유	2		1	1	1	5	10
9	장	4	3	4	3		8	22
10	정	2	2	6	6	8	2	26
11	최	1	2	3	3	1	6	16
12	한	3	2	7	6	6	2	26
13	이	4	4	5	4	7	4	28
14	왕			2	3	1	2	8
15	송					1		1
16	전					1		1
17	황						1	1
	계	41	31	51	48	40	44	255

2) 19세기 구례의 사족과 『각면유학안』·『청금계안』

앞에서 살펴본 바와 같이 17세기 구례의 지방양반들은 먼저 『향안』을 작성하여 연대하였다. 그들은 이를 통해 자신들의 지배권을 확고히 하였던 것이다. 17세기 이후 18세기에는 『청금안』을 작성하였다. 그들은 이를 통해 향교를 장악하고 향촌을 지배하였다. 구례의 지방양반들은 19세기에 자신들의 지위를 유지하기 힘들어지자 『청금안』을 더 이상 작성하지 않았다.

19세기 지방양반들의 위상이 위협받고 있었다는 것은 유학幼學의 수가 증가하고 있음을 통해서도 알 수 있다.[42] 유학幼學의 신분은 일반적인 관점에서는 양반이라고 할 수 있다. 그 동안 학계에서는 유학이라고 하면 양반이라고 간주해 왔기 때문이다. 그러나 유학幼學이 곧 양반兩班이라는 해석에는 많은 논란이 있다.[43] 우리가 대체로 지방양반이라고 부를 수 있는 향촌사회 양반들은 기본적으로 다음과 같은 공통점이 있었다. 첫째 세계世系가 분명했고, 조상 중에 현조顯祖가 있으며, 대대로 살아온 세거지世居地가 있었다.[44] 이러한 공통점을 가지고 있는 사람만이 향촌사회에서 양반, 즉 지방양반으로 인정되고 향교鄕校와 서원書院 등에 출입하면서 『향안鄕案』이나 『청금안青衿案』등에 입록될 수 있었던 것이다. 그렇기에 그들

---

42) 호적에 등재된 '유학(幼學)'이란 과거를 준비하는 학생을 가리킨다. 실제로 이 신분을 취한 자에게 과거를 볼 수 잇는 자격이 주어졌다. 서자(庶子)의 장인은 '급제(及第)', 얼자(孽子)의 장인은 '업유(業儒)'라는 직역명을 쓴다. '학생(學生)'이란 '유학(幼學)'을 직역명으로 사용하던 사람이 죽었을 때 붙이는 명칭이다. 손병규, 『호적』, 휴머니스트, 2007, 83~145쪽.

43) 송준호, 「조선의 양반제를 어떻게 이해할 것인가」『조선사회사연구』, 일조각, 1987 ; 최승희, 「조선후기〈유학〉·〈학생〉의 신분사적 의미」『국사관논총』1, 국사편찬위원회, 1989 등에서 유학(幼學)을 양반으로 간주하는 해석상의 문제점을 지적하고 있다.

44) 전경목, 「조선말기 어느 窯戶富民家의 身分上昇을 위한 노력-전라도 구례현의 '절골김씨' 고문서를 중심으로-」『호남문화연구』31, 2002, 181~182쪽 참조.

의 수는 제한적일 수 밖에 없었다. 그런데 19세기에 이르면 이 유학幼學의 수가 급증하고 있다. 구례의 경우도 마찬가지이다. 이를 확인할 수 있는 것이 구례 향교에 전해지고 있는 『유학안幼學案』이다.

현재 구례 향교에는 『각면유학안各面幼學案』 8책이 전하고 있다. 이 『유학안』은 1824년(순조 24)에 명륜당을 중수하는데 필요한 비용을 구례현내 각면에 거주하는 유학幼學과 교생校生에게 거두고 그 명단을 면별面別, 리별里別로 기록한 것이다.45) 구체적으로는 『간전면유학안艮田面幼學案』 『계사면유학안界寺面幼學案　명륜당중수유학수전안明倫堂重修幼學收錢案』 『마산면유학안馬山面幼學案(甲申十月日)　명륜당중수구재안明倫堂重修鳩財案』 『문척면유학안文尺面幼學案(甲申十月日)』 - 崇禎紀元後四　歲在甲申十月日　明倫堂重修, 『방광면유학안放光面幼學案(甲申臘月日)　갑신월일甲申月日　명륜당중수유학명첩明倫堂重修幼學名帖』, 『용천면유학안龍川面幼學案(甲申十月)』 - 歲在甲申十月日　明倫堂重修, 『토지면유학명첩안吐旨面幼學名帖案(甲申十月日)』 『현내면유학명안縣內面幼學名案(甲申十月十七日)』이 그것이다.

『각면유학안』에 나타나는 성씨는 모두 51개이고,46) 기재되어 있는 유학幼學과 교생校生을 모두 합한 수는 889명이다. 이 중 유학幼學으로 기재되어 있는 인원수는 모두 860명이다. 다시 말해 이 유학안이 작성되던 시점인 1824년 당시 구례군에는 전체 인구 비례 약 9.7% 정도의 유학幼學이 존재하고 있었다고 볼 수 있다.47) 이에 비해 1839년에 작성된 『청금계명안』에는 모두 46명이 기재되어 있고, 이는 인구 대비 약 0.5% 정도에 해당한다. 『향안』에 평균 38명이, 『청금유안』에는 평균 42명이 등재되어

---

45) 전라남도, 『전남의 향교』, 1987, 110쪽.

46) 『각면유학안』에 나타나는 성씨는 모두 51개 성씨로 다음과 같다. 강, 고, 공, 곽, 권, 기, 김, 나, 남, 노, 유, 마, 맹, 모, 문, 박, 방, 백, 봉, 서, 선, 설, 성, 소, 손, 송, 신, 심, 안, 양, 오, 옥, 왕, 유, 윤, 이, 임, 장, 전, 정, 조, 주, 진, 차, 채, 최, 탁, 한, 허, 홍, 황 등이다.

47) 이는 『戶口總數』의 기록을 기준으로 계산한 것이다.

있던 것에 비하면『유학안』에 등재된 860명은 지나치게 많은 수가 된다. 다시 말해 19세기 유학幼學의 수는『향안』과『청금안』등에 등재되어 있는 지방양반의 거의 20배에 달하고 있다. 이는 유학幼學이 모두 지배 신분으로서의 양반은 아니었다는 것을 반증하고 있다. 하지만 다른 한편으로는 사회적 신분으로 양반으로 간주될 수도 있는 새로운 세력이[48] 기존의 지배세력인 양반을 위협하고 있었다는 것을 보여주는 것이기도 하다.

〈표 5〉『各面幼學案』(1824년) 등재 인원수

간전면	수	계사면	수	마산면	수	문척면	수	방광면	수	용천면	수	토지면	수	현내면	수
대촌리	39	산정리	50	냉천리	54	죽연리	55	지정리	39	두지동	22	구만리	17	흑선동	3
홍대	22	신촌	5	상사리	20	귀성리	15	산변리	18	사우곡	14	신촌리	23	백련동	5
당산	18	독자리	5	하사리	20	전천리	11	수오리	36	죽림동	10	하죽리	20		
만수	7			광흥리	17	금평리	9	둔전리	11	용정동	13	오미동	7		
내곡	6			중마산	15	토고미	23	유산리	11			중산리	9		
효죽	19			가랑리	5	산치리	24	대촌리	17			상죽리	8		
금장	9			제천리	13							중대리	2		
산령	7			황둔리	19							용현리	18		
산정	12											원내리	9		
하평	6											사탄리	4		
무수천	4											시목리	3		
중대치	9											송정리	1		
												한수리	1		
												창촌리	9		
												내동리	41		
합계	158		60		163		137		132		59		172		8

〈표 6〉『戶口總數』에 나타난 구례군의 戶口數

	간전면	계사면	마산면	문척면	방광면	용천면	토지면	현내면	계
호	315	210	248	150	160	76	376	253	1788
구	1586	966	1234	626	894	416	1802	1307	8831

---

48) 이들은 흔히 新鄕이라고 불렸던 세력이었다.

이렇듯 19세기에 이르러 지방양반들은 자신들의 사회적 위상이 위협받는 상황 속에서 더 이상『청금유안』도 작성하지 않았다. 그 대신 그들은 청금계靑衿契를 결성하고『청금계안』을 만들었다. 이렇듯 지방양반들은 자신들의 사회적 지위를 유지하고 동시에 향촌 사회를 지배하기 위해 연대하면서 활동하였던 것이다.

현재 구례 향교에는 19세기 자료로서『청금계명안靑衿契名案』3冊이 남아 있다.

『靑衿契名案 崇禎後二百十一年己亥』(憲宗五年, 1839),『靑衿契名案 崇禎二百二十年甲戌』(憲宗十四年, 1848),『靑衿契改案 名案 丁巳』(哲宗八年, 1857)이 그것이다.

〈표 7〉『청금계안』 등재 성관 및 인원 수

	성관	1839	1848	1857	계
1	제주 고	7	9	7	23
2	문화 유	1	1	4	6
3	승평 박	4	3	2	9
4	남원 양	1			1
5	해주 오	2	3	3	8
6	개성 왕	3	4	4	11
7	전주 이	7	8	7	22
8	함평 이	5	4	4	13
9	구례 장	5	4	6	15
10	해주 정	5	4	4	13
11	전주 최	2	2	1	5
12	청주 한	5	4	1	10
13	안동 권			1	1
14	영천 이			1	1
15	탐진 최			1	1
	계	47	46	46	139

〈표 8〉『향안』, 『청금유안』, 『청금계안』에 입록된 성관과 인원수 비교

	향안		청금유안		청금계안	
1	고	40	고	38	제주 고	23
2	정	27	이	28	전주 이	22
3	이	22	정	26	구례 장	15
4	최	18	한	26	함평 이	13
5	한	14	김	23	해주 정	13
6	유	10	장	22	개성 왕	11
7	왕	10	박	19	청주 한	10
8	장	10	최	16	승평 박	9
9	오	10	오	14	해주 오	8
10	김	9	신	12	문화 유	6
11	양	8	유	10	전주 최	5
12	신	7	양	8	남원 양	1
13	박	4	왕	8	안동 권	1
14	조	2	문	2	영천 이	1
15			송	1	탐진 최	1
16			전	1		
17			황	1		

〈표 8〉은 17세기에 만들어진『향안』과 17세기말에서 18세기에 기록한 『청금유안』그리고 19세기에 만든『청금계안』에 입록된 성관과 인원수 비교해 본 것이다. 이를 통해 알 수 있는 것은 17세기 이래 19세기까지 구례의 지방양반으로서 그 지배력을 유지해 온 성관은 크게 변하지 않고 있음을 확인할 수 있다. 우선『향안』과『청금유안』등재되어 있던 경주 金慶州 金씨가『청금계안』에는 보이지 않는다는 것이 주목된다.『향안』에 등재되어 있던 성씨 중 김金·신申·조趙씨는『청금계안』에 나타나지 않는 다.『청금유안』에 보이던 김金·문文·송宋·신申·전全·황黃씨는『청금계안』 에 나타나지 않는다. 반면『향안』과『청금유안』에 없던 안동 권安東 權씨 가 등장하는 것이 특징적이다. 안동 권씨는 1710년에 입향한 것으로 되어 있다. 또한 전주 이全州 李씨 외에 함풍 이咸豊 李·영천 이寧川 李·탐진 최耽

津 崔씨가『청금계안』에 등재되어 있다. 함풍 이씨는 1679년 광의면光義面
에,[49] 영천 이씨는 1780년 마산면馬山面에[50], 탐진 최씨는 1710년 구례읍
求禮邑에 입향한 것으로 되어 있다.[51] 이는 19세기 이후 구례 지방양반에
약간의 변화가 생겼다는 것을 보여준다. 그럼에도 불구하고 17세기『향안』
이 작성되기 시작한 이래 전통적인 지방양반이었던 고高·유柳·박朴·양梁·
오吳·왕王·이李·장張·정鄭·최崔·한韓씨 등은 19세기까지 여전히 그 위세
를 유지하고 있는 것을 볼 수 있다.

한편, 1627년에서 1694년 사이에 작성된 5개의『향안』에 등재되어 있
는 사족의 수는 평균 38.2명이다. 1691년부터 1732년까지 작성된 6개의
『청금유안』에 등재되어 있는 사족의 수는 평균 42.5명이다. 그리고 1839
년에서 1857년 사이에 작성된 3개의『청금계명안』에 등재되어 있는 사족
의 수는 평균 48.3명이다. 이는 향안이 작성되기 시작한 17세기부터 사족
의 위세가 약해지는 19세기까지도 구례의 지방양반의 수는 크게 늘지 않
고 있다는 것을 확인할 수 있다.

이들 지방양반은 17세기에 처음『향안』을 통해 연대하였다. 이후 이들
은 17세말부터 18세기에『청금유안』을 통해 향교를 중심으로 결속하였
다. 그리고 신향新鄕 등 새로운 세력의 도전 속에 이들은 19세기 이후에는
『청금계안』을 작성하면서 여전히 지방양반으로서 연대하고 있었음을 확
인할 수 있다.

---

49)『구례향교지』, 548쪽.
50)『구례향교지』, 536쪽.
51)『구례향교지』, 518쪽.

제2장 地方兩班의 請願 活動

이 장에서는 조선후기 특히 1728년 무신란戊申亂 이후 경상도慶尙道 합천陝川 지역을 중심으로 지방양반의 실태를 살펴보고자 한다. 경상도 합천은 무신란의 핵심 인물이었던 조성좌曹聖佐[1]가 점령하였던 지역이었다. 그러나 같은 창녕昌寧 조씨曹氏 가문으로 조성좌와 가까운 친척이었던 양진당養眞堂 조한유曹漢儒[2]는 이 무신란에 참여하지 않고 도리어 항거하였다. 이와 관련한 기록이 『양진당실기養眞堂實記』로 남아있다. 이 실기에는 조한유가 무신란 당시 상황을 남긴 「무신일기戊申日記」를 비롯하여 여러 기록들이 들어있다.[3] 이 『양진당실기』에 들어있는 여러 기록들을 중심으

---

1) 조성좌 문중은 북인 및 남인의 명문세가였으며, 남명학파의 중심이었다. 또한 무신란의 핵심 인물인 정희량(鄭希亮) 가문과도 인척관계였다. 조성좌와 조한유의 가계에 대해서는 조찬용, 『1728년 무신봉기와 300년 차별』, 학고방, 2012과 강성위 역, 『養眞堂實記國譯本』, 도서출판 한림원, 2008 참조.

2) 조한유(曺漢儒, 1696~1752)는 무신란 당시 합천을 점령하였던 조성좌와 12촌간이다. 무신란 당시 33세였던 조한유는 창원부사를 역임한 조정생(曺挺生)의 현손으로 조성좌와 비슷한 연배였다. 조한유는 무신란에 대한 기록으로 「戊申日記」를 남겼고 이것이 『養眞堂實記』에 실려 있다. 강성위 역, 『養眞堂實記國譯本』, 도서출판 한림원, 2008과 조찬용, 『1728년 무신봉기와 300년 차별』, 학고방, 2012, 209~219쪽 참조.

3) 『養眞堂實記』는 조한유의 8세손인 상우(相禹), 상희(相熙) 형제가 1935년에 간행하였다. 이『양진당실기』에는 조한유가 남긴 「戊申日記」를 비롯하여 조한유 당대의 여러 인물들이 지은 만사(挽詞), 의검가(義劍歌), 양진당기(養眞堂記), 묘지명(墓誌銘) 등이 있다. 그리고 합천을 중심으로 한 경상도 사족들이 조한유의 충의(忠義)에 대한 포증(褒贈)을 청원한 등장(等狀)으로 「향장(鄕狀)」, 「도장(道狀)」, 「수의장(繡衣狀)」 등이 남아 있다. 이 밖에 「유사(遺事)」, 「행장(行狀)」 등이 실려있다. 강성위 역, 『養眞堂實記國譯本』, 도서출판 한림원, 2008(이하 『養眞堂實記』

로 합천陜川을 중심으로 한 경상도 사족들의 실태와 사회적 연대, 청원 활동 등에 대하여 살펴보겠다. 특히 무신란 이전과 그 이후 지방양반들의 위상 변화에 주목하고자 한다.

현재『양진당실기』에 실려 있는 등장等狀인「향장鄕狀」,「도장道狀」,「수의장繡衣狀」등은 모두 9가지이다.『양진당실기』에 들어있는 내용으로 보아 무신란이 일어난 다음해인 1729년 기유년부터 향장과 도장 등을 제출했던 것을 알 수 있다.[4] 하지만 현재 남아있는 것은 1824년의「향장鄕狀」과「도장道狀」, 1827년과 1833년, 그리고 1834년의「도장道狀」과 1874년의「수의장繡衣狀」과「도장」, 1878년의「수의장」, 그리고 1896년의「수의장」등 총 9가지이다. 이들 자료를 통해 1728년 무신란 이후 합천 지역을 중심으로 한 지방양반들의 실태와 이들의 상호 연대와 청원활동 등을 확인할 수 있을 것이다.

1. 戊申亂 前後 陜川의 地方兩班

조선시대 경상도慶尙道는 많은 인재를 배출했던 지역이다. 그러나 대체로 17세기 숙종대의 갑술환국 이후 중앙 정치로의 진출이 거의 차단되었다.[5] 숙종대 이후 남인南人 세력 중에서는 주로 경남京南이라 불리는 근기 남인들이 정치적 진출을 하였다. 영남 남인이라 불리는 경상도 사족들은 중앙 세력의 견제를 받아 중앙 관직으로 진출하는 것은 대단히 어려웠다.[6] 물론 중앙 관직에 진출하는 사례가 전혀 없었던 것은 아니었다. 그

로 표기함) 참조.

4) 이는『養眞堂實記』내에 들어있는「遺事」에 실려있다. 유사(遺事)란 예로부터 전하여 오는 사적(事跡)이라는 뜻이다.

5) 李根浩,「英祖代 戊申亂 이후 慶尙監司의 收拾策」『영남학』제17호, 2010, 153쪽.

러나 경상도 지역 인사들의 진출은 제한적이었다.7) 이에 따라 경상도 지역의 사족들의 불만이 쌓여 갔을 것이라는 점은 쉽게 짐작할 수 있다.8) 이러한 상황에서 정국의 상황을 일거에 바꾸기 위해 일으킨 사건이 1728년의 무신란戊申亂이다.9) 그러나 정변은 실패하고 무신란에 참여하였던 이들은 대부분 역사에서 사라졌다.10) 이렇듯 무신란戊申亂은 경상도 지역의 남인南人 사족이 중앙 관직으로 진출하는 길이 막히게 되는 기점이 되는 사건이기도 하다.11) 특히 본 연구의 대상이 되는 경상도 합천陝川지역은 무신란의 핵심 인물이던 조성좌曹聖佐가 점령했던 지역이다.12) 그러나

---

6) 이근호, 「조선후기 남인계 가문의 정치 사회적 동향 – 한음 이덕형 가문을 중심으로 – 」 『역사와 담론』 제69집, 2014, 72~73쪽.

7) 『承政院日記』 579책, 영조 즉위년 11월 20일(庚申) ; 『承政院日記』 616책, 영조 2년 5월 13일(甲辰).

8) 『承政院日記』 593책, 영조 원년 5월 20일(丁巳).

9) 현재 무신란에 대한 주요 연구는 다음과 같은 것들이 있다. 이우성, 「지방토호 대 중앙권력층의 투쟁」 『경상남도지』 상, 1959 ; 이상옥, 「영조 무신란의 연구」 『우석 사학』 2, 1969 ; 이원균, 「영조 무신란에 대하여 – 영남의 정희량 난을 중심으로 – 」, 부대사학』 2 , 1971 ; 오갑균, 「영조 무신란에 관한 고찰」 『역사교육』 21, 1977 ; 이종범, 「1728년 무신란의 성격」, 연세대학교사학과 석사학위논문, 1984 ; 이재철, 「18세기 경상우도 사림과 정희량난」 『대구사학』 31집, 1986 ; 이종범, 「여러 지역 항쟁과 '무신란'」 『한국사』 36, 국사편찬위원회, 1997 ; 고수연, 「1728년 무신란과 청주지역 사족동향」, 충북대학교대학원사학과 박사학위논문, 2008 ; 고수연, 「1728년 湖西地域 戊申亂의 叛亂軍 성격」 『역사와 실학』 44, 2011.

10) 우인수, 「塤・篪叟 鄭萬陽・葵陽 형제의 시대와 그들의 현실 대응」 『동방한문학』 제28집, 2005, 47쪽 참조. 당시 현실 상황에 대한 대응 방식에 따라 영남 남인을 세 부류로 나눌 수 있다고 한다. 하나는 노론에 협조하는 길을 모색한 부류이다. 두 번째는 정변을 통해 정국 변환을 기도한 부류이다. 세 번째는 향촌 사회에서의 위치를 지키면서 후일을 기약하는 부류라는 것이다.

11) 고수연, 「『戊申倡義錄』을 통해 본 18, 19세기 嶺南 南人의 정치동향」 『역사와 담론』 제65집, 2013. '1728년(영조 4) 일어난 戊申亂은 조선후기 정치사에서 한 획을 긋는 중요한 사건이다. 특히 嶺南지역의 南人에게 있어서는 고종대까지 중앙 宦路의 진출이 막히는 기점이 되는 사건이기도 하였다. 그럼에도 불구하고 영남 남인의 정치사 연구 성과 중에 무신란이 영남사족에게 어떤 영향을 미쳤는지에 대한 연구는 전무한 형편이다.'

같은 합천 사족이면서 조성좌와도 가까운 친척이던 조한유曺漢儒는 이러한 거병에 반대하고 저항하였다. 그 이유 중의 하나는 18세기 경상우도의 사림士林이 분열되어 있었기 때문일 것이다.[13] 그렇기에 조한유曺漢儒와 관련된 기록인『양진당실기養眞堂實記』는 합천 사족들 중 무신란에 반대했던 세력들이 자신들의 무고함과 국가에 대한 충의忠義를 증명하고자하는 목적을 가지고 쓰여졌다고 할 수 있다.[14]

그렇다면 실제로 경상도 지역, 특히 합천陝川 지역 지방양반들의 중앙 관직으로의 진출이 실제로 어떠하였는지를 살펴볼 필요가 있다. 이를 위해 중앙 관직으로 진출하는 가장 중요한 통로였던 과거 합격 실태를 검토해 보기로 한다.

조선시대 문과文科 시험은 가장 중요한 사회적 진출의 관문關門이었다. 이는 사회적 지위를 공인받는 수단이었으며 가문家門의 위상에 결정적인 영향을 주었다. 따라서 문과文科 급제及第 실태實態는 지방양반인 재지사족在地士族의 성향과 추이를 밝히는데 매우 중요하다고 할 수 있다.

조선시대『문과방목文科榜目』[15]에서 합천 거주 인물로 확인되는 문과 급제자는 모두 23명이다.[16] 〈표 1〉과 같이 성관별姓貫別로 급제자 수를

---

12) 무신란 중에서도 慶尙右道의 安陰·居昌·陝川·咸陽 등지의 起兵을 鄭希亮의 亂이라 지칭하기도 한다. 이 정희량의 인척으로 합천을 점령하였던 인물이 조성좌이다. 이재철,「18세기 경상우도 사림과 정희량난」『대구사학』 제31집, 1986, 60쪽.

13) 18세기 경상우도 사림의 분열양상에 대해서는 이재철, 앞의 논문, 51~52쪽 ; 우인수, 앞의 논문 등 참조.

14) 경상도 지역에 노론의 진출로 인한 남인의 영향력 감소와 이에 대한 대응, 그리고 영남 지역 무신란을 다룬 논문으로는 이원균,「英祖 戊申亂에 對」하여 - 嶺南의 鄭希亮亂을 중심으로 -」『釜山史學』 2, 1971과 이재철,「18世紀 慶尙右道 士林과 鄭希亮亂」『大邱史學』 31, 1986을 참조.

15) 와그너·송준호 편저,『보주 문과방목 CD-ROM』,동방미디어주식회사, 2002.

16) 와그너·송준호 편저,『보주 문과방목 CD-ROM』는 重試에 급제한 사람이나 나중에 罷榜된 과거에서 급제한 사람들은 제외하였다. 그래서 족보나 기타 자료와 약간의 차이가 있을 수 있다. 박노석,「조선시대 전주출신의 문과 급제자 현황」『전북사학』

파악하여 보면 다음과 같다. 남평 문南平 文 5, 밀양 박密陽 朴 1, 반남 박潘南 朴 1, 부안 김扶安 金 1, 서산 정瑞山 鄭 3, 선산 김善山 金 1, 순천 박順天朴 1, 전주 유全州 柳 1, 전주 이全州 李 1, 진주 강晉州 姜 2, 창녕 조昌寧曺[17] 4, 파평 윤坡平 尹 1, 합천 이陝川 李 1명이다. 이 중 가장 많은 문과 급제자를 배출한 성관은 남평 문씨이고, 그 다음이 창녕 조, 서산 정, 진주 강씨 순이다.

〈표 1〉 성관별 합천 거주 문과 급제자 수(단위: 명)

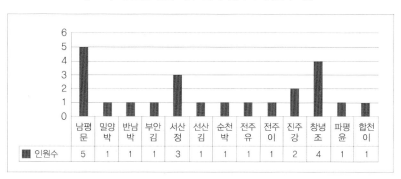

	남평문	밀양박	반남박	부안김	서산정	선산김	순천박	전주유	전주이	진주강	창녕조	파평윤	합천이
■ 인원수	5	1	1	1	3	1	1	1	1	2	4	1	1

〈표 2〉에서 살펴 볼 수 있는 것과 같이 합천 거주 문과 급제자는 17세기까지는 계속 늘어나는 추세였다. 그러나 18세기에는 단 한 명의 급제자도 배출하지 못했음을 알 수 있다. 이는 1728년 무신란 이후 합천 지역 사족의 관직 진출이 어려웠다는 것을 확인하게 해 준다. 물론 그 이유는 무신란 이후 반역향으로 낙인 찍혀 폐고廢痼된 까닭도 있을 수 있고, 지역 사족 스스로 조정에 출사하기를 꺼려했을 수도 있을 것이다. 물론 이는 조선 후기로 갈수록 지방 출신자가 문과에 급제하기가 어려웠던 것과도

제30호, 2007, 33~34쪽 참조.

17) 합천 거주 사족으로 문과에 급제한 昌寧 曺氏 4인 중 曺挺生과 曺時逸은 양진당 조한유의 高祖와 曾祖이다. 그리고 나머지 2명인 曺挺立과 曺時亮은 무신란 당시 합천을 장악했던 조성좌의 高祖와 曾祖가 된다.

관련이 있다고 할 수 있다.[18] 또한 별시別試의 잦은 시행도 지방 출신 사
족들이 문과에 급제하는 것을 어렵게 만들었다.[19] 그러나 합천의 경우 18
세기에 단 한명의 문과 급제자도 배출하지 못하였다는 것은 무신란의 영
향이 컸음을 보여준다.

<표 2> 합천 거주자 세기별 문과 급제자 추이[20]

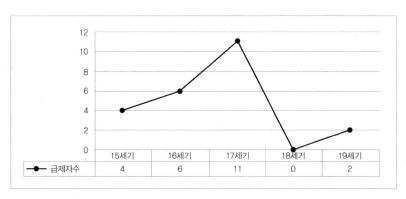

	15세기	16세기	17세기	18세기	19세기
● 급제자수	4	6	11	0	2

<표 3>에서 볼 수 있는 바와 같이 17세기 이전까지 합천 지역의 문과
급제율은 경상도 전체에 2~3% 정도를 차지했었다. 그러나 무신란이 일
어난 이후 18세기에는 0%, 19세기에도 0.43%로서 전체 평균의 1/3에도
미치지 못하고 있다. 이는 실제로 무신란 이후 합천지역 사족의 관직 진
출은 거의 불가능했다는 것을 보여준다.[21]

---

18) 조선후기 문과급제자가 서울 중심의 특정 소수가문 곧 벌열들에게 집중되는 현상
에 대해서는 차장섭, 「조선후기 문과급제자의 성분」『대구사학』제47집, 1994,
138~141쪽 참조.
19) 별시는 국가 경사 때 실시하였고, 전국을 대상으로 하나 부정기적이어서 서울일원
에서 주로 시험을 보았고 합격생도 서울 중심의 사람이 많았다. 이러한 부정기 시
험은 지방이 아닌 서울, 경기 지역의 선비들이 주로 합격되었다. 한만봉·정덕희·김
진욱, 「과거제도 시험주기의 정책 분석」『담론201』8-4, 2005, 40쪽 참조.
20) 본 논문에서 과거 합격자 분석은 와그너·송준호 편저, 『보주 문과방목 CD-ROM』,
동방미디어주식회사, 2002를 바탕으로 하였다.

〈표 3〉 경상도 전체와 합천 거주 문과 급제자 비율[22]

세기	합천(명)	경상도 전체(명)	백분율(%)
15세기	5	224	2.23
16세기	6	273	2.19
17세기	13	425	3.05
18세기	0	366	0
19세기	2	462	0.43
합계	26	1750	1.48

〈표 4〉 조선시대 도별 세기별 문과급제자 수[23]

지역	15세기	16세기	17세기	18세기	19세기	합계
경기도	71	124	166	388	401	1150
충청도	73	127	295	452	381	1328
경상도	224	273	425	366	462	1750
전라도	120	224	237	264	236	1081
황해도	21	23	34	37	64	179
강원도	52	30	93	81	73	329
함경도	9	29	48	83	99	268
평안도	14	21	96	226	548	905
합계	584	851	1394	1897	2264	6990

---

21) 〈표 4〉를 분석하면 조선시대 전체 문과 급제자 중 경상도 지역이 차지하는 비율은 15세기에는 38.35%, 16세기에는 32.08%, 17세기에는 30.49%, 18세기에는 19.29%, 19세기에는 20.41%였다. 경상도 지역 전체가 무신란 이후인 18세기 이후에 문과 급제율이 현저히 저하되고 있음을 확인할 수 있다. 그러나 특히 무신란에 적극 가담하였던 합천의 경우 문과 급제율은 더더욱 열악하였음을 알 수 있다.

22) 이원명, 『조선시대 문과급제자 연구』, 국학자료원, 2004, 303~305쪽 참조 ; 이원명의 책에는 합천 지역 문과 합격자가 26명으로 조사되어 있으나, 『보주 문과방목 CD-ROM』에서 합천 거주자로 확인되는 인물은 23명이다.

23) 이 표는 이원명, 앞의 책, 2004, 301~309쪽의 〈부록 2〉를 참조하여 재편집한 것이다.

이와 같이 현실적으로 중앙 관직으로의 진출이 어려워졌을 때 지방 거주 사족들이 자신들의 선택할 수 있는 대안은 무엇이었을까? 그것이 바로 사마시司馬試였다고 생각한다. 지방 거주 사족들이 자신들의 사회적 지위를 유지하기 위하여 포기하지 못했던 것이 사마시 합격이다.[24] 사마시 입격入格은 사족士族의 지위를 공인公認받는 것으로 지방 사족에게는 대단히 중요한 것이었다.[25] 사마시에 입격한 생원·진사들은 향촌사회의 지도자로서 행세할 수 있었다. 또한 양반 사회 내에서도 일정한 지위를 확보하는 중요한 수단이기도 하였던 것이다.[26] 이제 합천 지역 지방양반의 실태를 파악하기 위하여 사마시 입격자를 분석해 보기로 하자.

합천 거주 사족으로 사마시에 합격한 자는『사마방목』에 79명이 기재되어 있다.[27] 이들 사마시 합격자를 배출한 성관은 모두 30개이다. 구체적으로는 진주 강晉州 姜 6, 안동 권安東 權 1, 서흥 김瑞興 金 1, 김해 김金海 金 4, 광주 김光州 金 1, 일선 김一善 金 1, 선산 김善山 金 1, 의성 김義城 金 2, 남평 문南平 文 13, 순천 박順天 朴 6, 고령 박高靈 朴 1, 이천 서利川 徐 1, 진주 유晉州 柳 2, 전주 유全州 柳 1, 파평 윤坡平 尹 6, 칠원 윤漆原 尹 2, 성주 이星州 李 1, 합천 이陜川 李 4, 전주 이全州 李 1, 서산 정瑞山 鄭 7, 진주 정晉州 鄭 1, 초계 정草溪 鄭 1, 창녕 조昌寧 曺 3, 상주 주尙州 周 2, 양천 최陽川 崔

---

24) 이와 관련된 연구로 박진철, 「조선시대 지방 거주 사족의 사회적 지위 유지 노력과 사마시」,『이화사학연구』제41집, 2010 ;「19세기 조선 지방양반의 위상 변화와 권익 수호 방식」,『한국민족문화』49집, 2013 ;「향교 문서를 통해 본 조선후기 지방 양반의 실태와 사회적 연대」,『영남학』제26호, 2014 등 참조.

25) 박진철, 앞의 논문, 2010, 142쪽 참조.

26) 박진철, 앞의 논문, 2010, 142~143쪽 참조.

27) 한국정신문화연구원,『CD-ROM 사마방목』, 서울시스템주식회사, 2001 참조.『사마방목(司馬榜目)』은 국가에서 발표한 사마시 입격자 명단이다. 이는 변조나 신분의 모칭(冒稱), 모록(冒錄)이 불가능하다는 것을 의미한다. 뿐만 아니라 이 자료는 단순한 합격자 명단에 그치지 않고 사마시 입격자에 대한 정보를 풍부하게 담고 있다. 또한 자료가 15세기부터 19세기 말 과거제가 폐지되기까지 시기적·지역적으로 광범위하게 남아 있어 다른 자료의 한계점을 보완할 수 있다.

1, 평산 한平山 韓 3, 청주 한淸州 韓 2, 하양 허河陽 許 2, 그리고 본관이 확인
되지 않는 곽郭씨와 하河씨가 각각 1명씩이다. 사마시 합격자를 배출한 성관
은 〈표 5〉에서 볼 수 있는 것과 같이 남평 문씨가 13명으로 가장 많고, 다음
이 서산 정씨가 7명, 진주 강·순천 박·파평 윤씨가 6명으로 그 다음, 그리고
김해 김·합천 이씨가 4명, 창녕 조·평산 하씨가 3명으로 그 뒤를 잇고 있다.

〈표 5〉 성관별 합천 거주 사마시 합격자 수

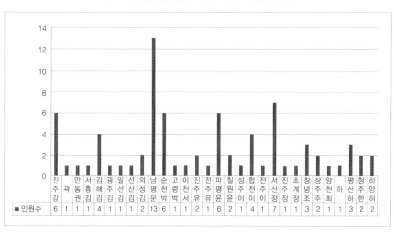

인원수	진주강	곽	안동권	서흥김	김해김	광주김	일선김	선산김	의성김	남평문	순천박	고령박	이천서	진주유	전주유	파평윤	칠원윤	성주이	합천이	전주이	서산정	진주정	초계정	창녕조	상주주	양천최	하	평산하	청주한	하양허
	6	1	1	1	4	1	1	2	13	6	1	1	2	1	6	2	1	4	1	7	1	1	3	2	1	1	3	2	2

〈표 6〉 세기별 사마시 합격자 추이

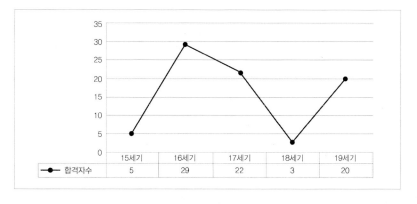

	15세기	16세기	17세기	18세기	19세기
합격자수	5	29	22	3	20

〈표 7〉 경상도 전체와 합천 거주 사마시 합격자 비율28)

세기	합천(명)	경상도전체(명)	백분율(%)
15세기	5	102	4.9
16세기	29	912	3.17
17세기	22	1270	1.73
18세기	3	1185	0.25
19세기	20	1929	1.03
합계	79	5398	1.46

이들 합천 거주 생원·진사들의 전력前歷을 정리해 보면 다음과 같다. 합천 거주 사마시 합격자들의 입격 당시 신분은 유학幼學이 72명, 공생貢生이 2명, 동몽童蒙이 2명, 확인되지 않는 인물이 1명이다. 이를 통해 알 수 있는 것은 합천 거주 생원·진사 대부분의 전력이 유학幼學이였다는 것을 알 수 있다.

다음으로 합천 거주 생원·진사들의 아버지의 사회적 지위를 살펴보자. 사마시 입격자들의 아버지들 중 관품이나 관직을 가지고 있었던 사람은 모두 30명이다. 생원·진사가 12명, 학생이 23명, 유학이 10명, 미확인 4명이다. 다시 말해 사마시 입격자 중 아버지가 관품이나 관직을 가지고 있었던 경우는 37.97%, 생원·진사인 경우가 15.18%, 학생인 경우가 29.11%, 유학인 경우가 12.65%였다. 이는 사마시 입격자들의 아버지가 관품이나 관직 또는 생원·진사였던 경우가 53.16%나 되는 것을 알 수 있다. 그러나 1728년 무신란 이후 사마시에 합격한 22명의 인물 중 아버지가 관직에 있었던 인물은 1명 밖에 없다. 진사進士가 2명 있고, 나머지는 모두 학생學生이거나 유학幼學이다. 이미 살펴보았듯이 무신란 이후 18세기에 합천 거주 사족들이 문과에 합격한 경우가 없고, 관직 진출이 거의 불가능했다.

---

28) 경상도 전체의 세기별 사마시 합격자 수는 최진옥, 『조선시대 생원진사연구』, 집문당, 1998, 204쪽 〈표 5-13〉 참조.

이러한 상황에서 사마시司馬試 입격入格은 합천陜川에서 지방양반으로 사회적 지위를 유지하는데 대단히 중요한 역할을 했음을 짐작할 수 있다.29)

합천 거주 생원·진사들의 사마시 입격시 연령을 살펴보면 평균 37세 정도이다.30) 이들 중 1728년 무신란 이후 입격한 인물들의 입격시 연령을 보면 평균 47세 정도이다. 하지만 이들 중에는 고종년간에 70세 이상으로 입격된 사람이 4명이 있다.31) 이들을 제외한 평균은 40세 정도가 된다. 20대에 입격한 경우가 36.36%로 가장 많고, 40대가 21.21%, 30대가 19.69% 순이다.32) 70~80대도 7.57%가 된다. 사마시 입격이 향촌 사회에서 차지하는 위상을 짐작할 수 있다. 이는 특히 무신란 이후 문과 합격이나 관직 진출이 거의 없어진 상황에서 지방양반들에게는 사마시 입격이 갖는 중요성은 더욱 컸으리라는 것을 알 수 있다.

조선시대 전국 대비 경상도 지역 사마시 세기별 합격률은 다음과 같다. 대략 15세기 18%, 16세기 17%, 17세기 13%, 18세기 12%, 19세기 15% 정도였다.33) 이를 통해 보면 경상도 지역의 사마시 합격률은 무신란 이후 떨어지기는 하였으나 다른 세기에 비해 현저한 차이가 있는 것은 아니었

---

29) 사마시 입격자들은 교도(教導)나 훈도(訓導)로 진출하거나 유호(儒戶)라 불리면서 군역도 면제받고 향촌 사회에서 자신들의 영향력을 행사할 수 있었다.『세종실록』세종7년 2월 갑인조 ; 최종택, 「여말선초 생원,진사」『사학연구』제54호, 1997, 69~70쪽 ; 김창현, 「조선초기 문과급제자의 출신 배경」『역사학보』제155, 1997, 29쪽.

30) 『사마방목』에서 입격시 연령을 확인할 수 있는 인물 66명의 평균이다.

31) 이들의 사마시 입격시 연령이 71, 77, 81, 83세로 고령자에게 내려지는 생원·진사 합격의 은전을 받은 것으로 보인다. 고령자에게 내려지는 생원·진사 합격의 은선에 대해서는 전경목, 「조선말기 어느 요호부민가의 신분상승을 위한 노력」『호남문화연구』31, 2002, 188~194쪽 참조.

32) 합천 거주 사마시 합격자 중 확인 가능한 66명의 입격시 연령을 살펴보았다. 이들의 입격 연령대는 10대 3명(4.54%), 20대 24명(36.36%), 30대 13명(19.69%), 40대 14명(21.21%), 50대 7명(10.6%), 70대 3명(4.54%), 80대 2명(3.03%)이다.

33) 이는 최진옥, 앞의 책, 204쪽 〈표 5-13〉을 재가공하여 분석한 결과이다.

다. 그런데 〈표 6〉에서 볼 수 있는 것과 같이 17세기부터 떨어지기 시작한 합천 지역 사족의 사마시 입격률은 무신란이 있은 18세기에는 거의 미미한 수준을 나타내고 있다. 합천 거주 사족으로 1728년 무신란 이후 사마시에 합격한 인물은 모두 22명이다.[34] 그러나 그들 대부분은 19세기 이후 합격한 이들이고, 18세기에 사마시에 합격한 사람은 단 3명이 있을 뿐이다. 이 중 1728년 무신란 이후에 합격한 자는 2명이다. 그 한 명이 1744년(영조 2) 식년시에 진사進士가 된 윤취덕이고, 다른 한 명은 1771년(영조 47) 식년 진사시進士試에 합격한 박현이다. 이는 무신란을 전후하여 합천 지역 사족들은 문과뿐만 아니라 사마시 입격도 어려워지고 있었음을 보여준다. 특히 〈표 7〉에서 확인할 수 있는 것처럼 무신란 이후 18세기에는 경상도 전체에서 합천 거주 사족이 사마시에 입격할 확률은 대단히 희박해지고 있는 것이다. 이와 같은 상황에서 합천 지역 지방양반들이 과거를 통하여 자신들의 사회적 지위를 유지하는 것은 매우 어려웠을 것이다. 이에 이들은 불명예를 씻고 자신들의 사회적 지위를 향상시키거나 유지하기 위한 또 다른 사회적 노력을 기울이지 않을 수 없었을 것이다. 그것을 보여주는 일례가 바로 『양진당실기』에서 확인할 수 있는 지방양반들의 사회적 연대와 청원활동이다.

2. 地方兩班의 請願 活動

현재 『양진당실기養眞堂實記』에는 합천을 중심으로 한 경상도 사족들이 연명정소聯名呈訴한 등장等狀들이 남아 있다. 원래 정소呈訴란 개인이 국가

---

34) 이들 중 1824년 이후 『양진당실기』에 기록이 남아있는 각종 「등장(等狀)」에 연서(連署)한 인물은 5명이 있다. 강인묵(1779년생), 문항조(1786년생), 윤우(1784년생), 한영찬(1795년생), 문양현(1797년생)이 그들이다.

에 청원할 일이 있을 때 이를 해결하기 위하여 관官에 소지所志를 제출하는 행위를 말한다.35) 연명정소聯名呈訴는 정소 활동 중에서 두 명 이상이 연명으로 정소하는 것을 의미한다. 등장等狀은 두 명 이상이 연명聯名으로 정소하는 문서로 여러 관련인들의 의견을 결집하고 단체로 행동한 결과물이다.36) 『양진당실기養眞堂實記』실려 있는 「유사遺事」의 내용으로 보아 무신란이 일어난 다음해인 1729년 기유년부터 합천을 중심으로 경상도 지방양반들이 등장等狀을 제출했던 것을 알 수 있다.37) 하지만 그것들이 모두 남아 있지는 않고 현재 남아있는 것은 1824년 갑신甲申 2월의 「향장鄕狀」, 같은 해 3월의 「도장道狀」, 1827년 정해丁亥 9월의 「도장道狀」, 1833년 계사癸巳 3월의 「도장道狀」, 1834년 갑오甲午 9월의 「도장道狀」과 1874년 갑술 11월의 「수의장繡衣狀」과 12월의 「도장道狀」, 그리고 1878년 무인戊寅 3월의 「수의장繡衣狀」, 마지막으로 1896년 병신丙申 9월의 「수의장繡衣狀」38) 등 총 9가지가 전하고 있다.39) 조선시대 정소呈訴 절차는 법전에 규정되어 있다.40) 정소자는 먼저 해당 군현郡縣의 수령守令에게 정소呈

---

35) 김경숙, 「15세기 정소(呈訴) 절차와 관찰사의 역할」『역사와 현실』59, 2006, 69쪽.

36) 김경숙, 「等狀을 통해 본 조선후기 聯名呈訴와 公論 형성」『규장각』36, 2010, 27~28쪽.

37) 『養眞堂實記』164쪽: "己酉年부터 道狀과 鄕狀이 있었지만 공은 (당연한) 직분으로 한 일 때문에 명예을 얻는 것이 부끄럽다며 그것들은 불에 던졌지만 불에 타고 남은 狀草가 70여년이 흐른 뒤에도 오히려 있었다."

38) 조한유의 7대손 相禹가 丙申年(1896)에 올린 것이다.

39) 이들 중 『養眞堂實記』에 1884년 2월과 3월에 작성된 것으로 되어 있는 「鄕狀」과 「道狀」은 각각 1824년에 작성된 것이고, 1887년 丁亥 9월의 「道狀」으로 알려진 것은 조사해보니 1827년 丁亥年에 작성된 것이다. 또 1893년에 작성된 것으로 되어 있는 「道狀」은 1833년에, 1894년 갑오 9월에 작성된 것으로 알려진 「道狀」도 그보다 60년 전인 1834년 갑오년에 작성된 것이다. 이는 連署한 인물들의 『사마방목』자료를 조사한 결과 확인할 수 있었다.

40) 『大明律』刑律, "凡軍民詞訟 皆須自下而上陳告 若越本管官司 輒赴上司稱訴者 笞五十"(범 군민의 쟁송은 모름지기 먼저 下司에 고한 후에야 上司에 陳告하되 本屬官司를 뛰어넘어 上司에 곧바로 呈訴하면 태 50이다) ; 『經國大典』刑典 訴冤, "訴

訴하고, 다음에 관찰사觀察使 그리고 사헌부司憲府를 거쳐 국왕國王에게 호
소할 수 있었다. 이렇듯 하급관下級官에서 상급관上級官으로 일정한 단계를
거치도록 되어 있었던 것이다.41) 그런 점에서 『양진당실기養眞堂實記』에 남
아 있는 「향장鄕狀」은 합천陜川 군수郡守에게 청원할 때 제출한 등장等狀이
다. 그리고 「도장道狀」은 관찰사에게 청원할 때 제출한 등장이고, 「수의
장繡衣狀」은 암행어사暗行御史에게 올린 등장等狀인 것이다. 이들 모두 청
원請願을 위한 문서라는 점에서 기본적 성격이 같다. 이 등장等狀들은 모
두 그 마지막에 연명정소聯名呈訴한 이들의 신분과 이름이 연서連署되어
있다. 그렇기에 이를 통해 당시 지방양반들의 사회적 연대와 청원활동을
엿볼 수 있는 것이다. 이제 차례로 이들 문서를 살펴보기로 한다.

　　앞서 언급한 바와 같이 지방양반들의 청원활동인 연명정소聯名呈訴는
무신란이 일어난 다음해인 1729년 기유년己酉年부터 시작되었던 것으로
보인다. 합천을 중심으로 한 지방양반들의 청원활동은 계속되었을 것이나
현재 남아있는 자료는 1824년 이후의 자료들이다. 이 자료들을 통하여 지
방양반들의 연대와 청원활동이 실태를 살펴보고자 한다.

　　첫 번째로 살펴 볼 등장等狀이 1824년 갑신甲申 2월에 합천陜川 군수郡守
에게 올린 「향장鄕狀」이다. 이 문서는 1884년의 「향장鄕狀」으로 알려져
있으나,42) 이는 1824년 甲申 2월에 작성된 것이다. 여기에 연서한 인물들
은 모두 합천의 향유鄕儒들로 모두 106명이다. 이들 중 사마방목에서 확
인되는 인물은 강인묵姜仁默, 1779년생, 문항조文恒祚, 1786년생, 윤우尹㭌,

　　冤抑者 京則呈主掌官 外則呈觀察使 猶有冤抑 告司憲府 又有冤抑 則擊申聞鼓".
　　『대명률』의 규정은 소송, 『경국대전』의 규정은 소송에서 해결되지 못하고 원통함
　　을 호소하는 訴冤에 관한 규정이다. 때문에 『경국대전』의 외방은 관찰사에게 정소
　　하는 규정은 수령 단계에서 해결되지 못하고 원통함을 호소할 때 관찰사→사헌부
　　→신문고의 단계를 거친다는 의미로 파악된다.
41) 김경숙, 앞의 논문, 2006, 75쪽.
42) 2007년에 발간된 『養眞堂實記國譯本』에 1884년 문서로 설명되어 있다.

1784년생, 한영찬韓榮纘, 1795년생 등이다. 이들은 1824년 당시 각각 46세, 39세, 41세, 30세였다.[43) 이들의 당시 나이를 통해 이 향장鄕狀이 1884년이 아닌 1824년에 작성된 것임을 알 수 있다.

〈표 8〉 1824년 갑신 2월의 「鄕狀」에 연서한 인물

鄕 儒									
文正遇	朴龍田	尹 橋	姜道永	金鼎鎭	鄭仁采	申重良	裵建中	文和八	柳益行	朴大仁
文欽博	河達明	鄭斗光	尹載懋	文恒祚	鄭益采	金鼎燦	周尙鷹	鄭東璧	河達極	鄭再璉
柳東岳	姜玉永	鄭時命	金致老	申思敬	李德奎	周 瓚	鄭碩宗	朴龍愿	鄭翰命	柳尙宗
韓相震	柳東運	文海龜	河大成	柳景哲	姜仁默	鄭東禧	許 淳	姜道默	文熙瓚	姜基默
申重鎭	柳龍佐	鄭光奎	金相鍊	權宅烈	文纘佑	申重榮	李獻根	文光瓚	李彥馥	裵鎭翰
李潤晉	朴民泰	金現九	徐命懿	朴龍九	金尙兌	朴天擎	徐有淳	金泰鍵	權宅準	柳奎邦
申思禹	李宅奎	周 璉	鄭東鶴	韓光啓	李之郁	李正炳	裵哲中	鄭奎說	劉宅中	韓相圭
朴民東	李之默	柳龍元	柳之新	朴民極	鄭恩烈	文成八	金龍雨	周瑞璜	周尙義	文相祚
金誠孝	朴民憲	朴鉉九	裵晉文	鄭時采	韓相直	鄭亨命	韓榮纘	朴民善	李之一	徐正學
文永九	申重赫	崔 赫	朴始寅	劉啓漢	沈大玧	河錫璜				

그 내용을 보면 정조正祖가 1788년 무신년이 다시 돌아왔을 때 난亂을 진정시킨 남은 충신들을 추념하며 증작을 주고 시호를 내릴 것이며, 그 후손들에게 벼슬을 주라고 명하였다는 것이다. 이에 조한유의 봉사손奉祀孫 항묵恒默이 각종 자료를 가지고 증작贈爵을 청하고자 상경上京하였으나 천연두로 객사하였다는 것이다. 그 후 문서들을 잃어버려 자손들과 사림士林들의 한이 되었다는 것이다. 이에 군郡의 수령에게 그 실적實跡을 캐보고 조정에 장계를 올려 조한유의 충렬을 포증襃贈하여 줄 것을 청원하고 있다. 이에 대한 군수郡守의 답변은 '마땅히 널리 실적實跡을 캐 감영監營에 논보論報'하겠다는 것이었다.

두 번째 자료로 1824년 갑신 3월의 「도장道狀」이 있다. 이 등장等狀도 1884년의 「도장道狀」으로 알려져 있으나, 이도 1824년 갑신甲申 3월에 작

---

43) 이들의 나이는 『司馬榜目』을 토대로 파악한 것이다. 그러므로 이 향장이 1884년에 작성되었다면 이들의 나이는 당시 각각 106세, 99세, 101세, 90세가 된다.

성된 것이다. 이것도 이 「도장道狀」에 연서한 인물 중 사마방목에서 그
생년이 확인되는 인물들을 통해 확인할 수 있다.[44] 여기에 연서한 인물들
은 모두 합천의 유생儒生들로 모두 79명이다.

〈표 9〉 1824년 갑신 3월의 「道狀」에 연서한 인물

儒 生									
朴龍田	鄭光斗	尹 梠	姜道永	金鼎鎭	許 浐	尹載懋	柳東運	文欽博	河達明	裵建中
朴大仁	申重良	文和八	金鼎燦	鄭奎說	河達極	李潤晉	鄭光奎	郭再璉	周尙鷹	姜玉永
鄭東璧	金致有	鄭東禧	李德奎	鄭時命	朴龍惠	鄭碩宗	文海龜	申重營	鄭東鶴	申重軫
柳景哲	姜仁默	徐命懿	金誠孝	河大成	姜度默	裵晉文	文熙瓚	裵晉漢	姜基默	李天樂
鄭岜采	朴龍九	朴民泰	文恒祚	朴天擎	申思敬	周 瓚	鄭翰命	柳東岳	文光瓚	申思禹
周宅義	柳奎邦	徐正學	柳龍佐	韓光啓	柳濬行	劉宅中	韓榮纘	李正炳	韓相震	柳龍元
李獻根	李昇龍	韓宅準	金尙兌	金鉉九	李完奎	金龍雨	周瑞璜	李彦馥	趙增瞻	李之郁
				朴始寅	權宅烈					

이 등장의 내용을 보면 조한유曹漢儒의 봉사손奉祀孫 조항묵曹恒默이 증
작贈爵을 청하고자 서울로 올라가 대궐에 호소하려 했음을 알 수 있다. 그
러나 서울에 머물다가 천연두로 객사하였다.[45] 이에 합천의 유생들이 연
서하여 관찰사가 장계狀啓를 올려 주상께서 들으실 수 있도록 하여달라고
등소等訴하였던 것이다. 이들은 스스로 조한유와 사우師友 관계에 있는 자
들의 후손이라고 밝히고 있다.[46] 다시 말하여 이들은 조한유와 같은 학맥
을 잇고 있는 영남 남인들이었을 것이다. 이들은 무신란 이후 쇠락하여진
사족으로서의 사회적 지위와 명예를 회복하기 위하여 조한유에 대한 청원
활동을 통해 연대하고 있었던 것이다. 이 1824년 갑신 3월 「도장」에 있는
인물 중『사마방목』에서 확인되는 인물로 생원生員은 강인묵과 문항조,
진사進士는 윤우와 한영찬이 연서하고 있다.

---

44) 이들 중 사마방목에서 확인되는 인물도 강인묵, 문항조, 윤우, 한영찬 등이다.
45) 『養眞堂實記』 184쪽 참조.
46) 『養眞堂實記』 185쪽 참조.

　세 번째 자료는 1827년 정해 9월에 관찰사觀察使에게 올린 「도장道狀」[47]
이다. 〈표 10〉과 같이 이 등장等狀에는 총 57명의 경상도 지역 생원生員,
진사進士와 유학幼學들이 연서하고 있다. 이 자료도 『양진당실기국역본養
眞堂實記國譯本』에는 1887년 정해년 9월에 작성된 것으로 되어 있다. 하지
만 이는 이보다 60년 앞선 1827년(순조27)에 작성된 것이다. 이는 이 도장
에 연서하고 있는 인물 중 『사마방목』에서 확인되는 인물들의 생년을 살
펴보면 알 수 있다. 〈표 11〉에서 볼 수 있는 것과 같이 정해년丁亥年 9월
의 도장道狀이 1887년에 작성된 것이라면 여기에 연서한 인물들의 나이는
100세가 넘어가게 된다.

〈표 10〉 1827년 정해 9월 「道狀」에 연서한 인물과 신분[48]

순번	신분	지역	성명
1	진사	상주	황반노
2	유학	상주	정상진
3	유학	상주	이매기
4	진사	선산	최운석
5	생원	선산	김양수
6	유학	선산	김량호
7	생원	안동	김희수
8	생원	예안	이휘원

---

47) 『養眞堂實記』에는 1887년 정해년 9월에 작성된 것으로 되어 있다. 하지만 이는
　　이보다 60년 앞선 1827년(순조27)에 작성된 것이다. 이는 이 도장에 연서하고 있는
　　인물 중 『사마방목』에서 확인되는 인물들의 생년을 살펴보면 알 수 있다.

48) 尙州進士 黃礭老 幼學 鄭象晉 李邁基, 善山進士 崔雲錫 生員 金陽壽 幼學 金亮昊,
　　安東生員 金義壽 , 禮安生員 李彙遠 咸昌幼學 洪錫範, 慶州幼學 李海祥 孫周振,
　　星州進士 李在衡 李亨鎭 崔演 幼學 鄭大來 崔柱河 呂文奎 李秉永, 仁同進士 張錫
　　愚 幼學 權龍度 申龜應 張民樞, 金山幼學 金宗泰 呂文成 金貞赫, 漆谷生員 李以
　　元 幼學 李秉默 , 大邱幼學 崔孝述, 昌寧進士 成孝競 幼學 金洛坤, 高靈進士 朴慶
　　家 生員 吳應雲 金相洛 幼學 金驥振, 居昌進士 李尙模 幼學 尹杓 李相吉 尹相玉
　　李秉默, 三嘉生員 尹壽 幼學 宋有成 金收九, 丹城幼學 權正甲

9	유학	함창	홍석범
10	유학	경주	이해상
11	유학	경주	손주진
12	진사	성주	이재형
13	진사	성주	이형진
14	진사	성주	최연
15	유학	성주	정대래
16	유학	성주	최주하
17	유학	성주	여문규
18	유학	성주	이병영
19	진사	인동	장석우
20	유학	인동	권용도
21	유학	인동	신귀응
22	유학	인동	장민추
23	유학	금산	김종태
24	유학	금산	여문성
25	유학	금산	김정혁
26	생원	칠곡	이이원
27	유학	칠곡	이병묵
28	유학	대구	최효술
29	진사	창녕	성효극
30	유학	창녕	김낙곤
31	진사	고령	박경가
32	생원	고령	오응운
33	생원	고령	김상락
34	유학	고령	김기진
35	진사	거창	이상모
36	유학	거창	윤표
37	유학	거창	이상길
38	유학	거창	윤상옥
39	유학	거창	이병묵
40	생원	삼가	윤수

41	유학	삼가	송유성
42	유학	삼가	김수구
43	유학	단성	권정갑
44	진사	의령	이현즙
45	진사	의령	조석련
46	진사	진주	최상갑
47	유학	진주	조희봉
48	유학	진주	박기순
49	유학	진주	정광문
50	유학	함안	조광련
51	유학	함안	이상영
52	유학	현풍	김우동
53	유학	현풍	곽용석
54	유학	합천	윤우
55	유학	합천	문항조
56	유학	합천	김환규
57	유학	합천	문광찬

〈표 11〉『司馬榜目』에서 확인되는 丁亥 9월 道狀에 連署한 人物의 身分과 生年

순번	성명	신분	생년	1827년 나이	1887년 나이
1	최운석	선산진사	1784	44	104
2	김희수	안동생원	1760	68	128
3	이휘원	예안생원	1782	46	106
4	이재형	성주진사	1767	61	121
5	이형진	성주진사	1772	56	116
6	최연	성주생원	1779	49	109
7	장석우	인동생원	1787	41	101
8	이이원	칠곡생원	1785	43	103
9	박경가	고령진사	1779	49	109
10	오응운	고령생원	1780	48	108
11	김상락	고령생원	1791	37	97
12	이상모	거창진사	1776	52	112

13	윤수	삼가생원	1781	47	107
14	이현즙	인동진사	1789	39	99
15	조석련	의령진사	1777	51	111
16	최상갑	진주진사	1794	34	94

1827년 정해 9월 「도장」에는 합천 지역 사마시 합격자는 발견되지 않는다. 다만 다른 경상도 지역 사마시 합격자들이 연서하고 있다. 상주진사 황반노, 선산진사 최운석, 안동생원 김희수, 예안생원 이휘원, 성주진사 이재형과 이형진, 성주생원 최연, 인동생원 장석우, 칠곡생원 이이원, 고령진사 박경가, 고령생원 오응운과 김상락, 거창진사 이상모, 삼가생원 윤수, 인동진사 이현즙,49) 의령진사 조석련, 진주진사 최상갑 등이 그들이다. 이 자료를 통해 알 수 있는 것은 합천 지역 이외의 경상도 여러 지역의 사족들이 연대하여 등소等訴에 참여하고 있다는 사실이다. 〈표 10〉에서 볼 수 있듯이 합천을 비롯하여 상주, 선산, 안동, 예안, 함창, 경주, 성주, 인동, 금산, 칠곡, 대구, 창녕, 고령, 거창, 삼가, 단성, 의령, 진주, 함안, 현풍 등 경상도 여러 지역의 사족들이 연명정소聯名呈訴에 동참하고 있다.

〈표 12〉 1833년 계사 3월의 「道狀」에 연서한 인물

儒 生
文正儒 朴龍田 尹 橋 裵建中 姜宇喆 朴龍九 呂錫行 申重喆 河達明 鄭再璉 金誠益 周尙鷹 文周鳳 鄭東翰 申思宅 文其璜 許 淳 朴民泰 金龍雨 柳龍元 韓光啓 文海龜 姜度默 李潤晉 鄭之翰 韓榮纘 劉漢中 河大潤

네 번째 자료는 1833년 계사 3월에 관찰사에게 올린 「도장道狀」이다. 이것도 1893년의 「도장道狀」으로 알려졌으나, 이것은 1833년 계사癸巳 3월에 작성된 것이다. 여기에는 총 28명의 합천陜川 유생儒生들이 연서하고

---

49) 인동진사 이현즙은 『養眞堂實記』에는 의령진사로 되어 있으나, 『사마방목』에는 거주지가 인동(仁同)으로 되어 있다.

제2장 地方兩班의 請願 活動 187

있다. 이들 중 『사마방목司馬榜目』에서 그 생년이 확인되는 인물은 윤우, 한영찬 등이다. 1833년 당시 이들은 각각 50세와 39세였다.[50]

이 등장等狀에 대한 관찰사의 답변도 '그 행적은 극히 공경스럽고 탄식할 만하나, 장계로 주상께서 들으실 수 있도록 하는 것은 중한 일이므로 뒷날을 기다리라'는 것이었다.

다섯 번째 자료는 1834년 갑오 9월에 경상도 사족들이 연대하여 관찰사에게 올린 「도장道狀」이다. 이 자료도 『양진당실기국역본養眞堂實記國譯本』에는 1894년 갑오년 9월에 작성된 것으로 되어 있다. 하지만 이것은 이보다 60년 앞선 1834년(순조34) 甲午 9월에 작성된 것이다. 〈표 13〉에서 볼 수 있는 것처럼 총 49명의 경상도 사족들이 연서하고 있다. 이 도장道狀에 대한 답변도 "들어보니 가상하고 감탄스러우나, 장계로 주상께서 들으실 수 있도록 하는 것은 때가 있을 것이니 잠시 뒷날을 기다리라"는 것이었다.[51]

〈표 13〉 1834년 갑오 9월의 「道狀」에 연서한 인물과 신분[52]

순번	신분	지역	성명
1	진사	안동	유진명
2	생원	안동	김병수
3	유학	안동	유진조

---

50) 만약 이 「도장(道狀)」이 1893년에 작성되었다면 이들의 나이는 각각 110세와 99세가 된다.

51) 『養眞堂實記』 201쪽 참조.

52) 安東進士 柳進明 生員 金崱銖 幼學 柳璿祚, 尙州進士 姜冑永 幼學 李錫, 仁同幼學 張民樞 申永躋, 星州進士 李在翮 金昊誠 幼學 鄭大永, 漆谷進士 鄭光格 生員 李以斗 幼學 李大永, 慶州進士 李海詳 幼學 孫星壽 金亮昊 崔雲述, 大邱進士 朴履坦 幼學 崔鳳述, 金山幼學 金宗泰 呂文成, 高靈進士 朴慶家 生員 金相洛 幼學 李正斗, 居昌進士 李尙模 生員 吳應雲 幼學 尹章玉, 三嘉生員 尹宅權 幼學 李東楨 宋思敬 許栻, 宜寧進士 李賢楫 幼學 李嶔 安處大 李東運, 晉州進士 崔詳甲 幼學 朴基淳 韓光範, 丹城幼學 權正斗 朴民定 金定鎭, 陜川進士 尹橋 生員 文恒祚 都運奎 幼學 朴龍九 申思禹 河大成 文光瓚 李正斗

4	진사	상주	강주영
5	유학	상주	이석
6	유학	인동	장민추
7	유학	인동	신영재
8	진사	성주	이재흰
9	진사	성주	김호성
10	유학	성주	정대영
11	진사	칠곡	정광격
12	생원	칠곡	이이두
13	유학	칠곡	이대영
14	진사	경주	이해상
15	유학	경주	손성수
16	유학	경주	김량호
17	유학	경주	최운술
18	진사	대구	박이탄
19	유학	대구	최봉술
20	유학	금산	김종태
21	유학	금신	여문성
22	진사	고령	박경가
23	생원	고령	김상락
24	유학	고령	이정두
25	진사	거창	이상모
26	생원	거창	오응운
27	유학	거창	윤장옥
28	생원	삼가	윤택권
29	유학	삼가	이동정
30	유학	삼가	송사경
31	유학	삼가	허식
32	진사	의령	이현즙
33	유학	의령	이금
34	유학	의령	안처대
35	유학	의령	이동운

36	진사	진주	최상갑
37	유학	진주	박기순
38	유학	진주	한광범
39	유학	단성	권정두
40	유학	단성	박민정
41	유학	단성	김정진
42	진사	합천	윤우
43	생원	합천	문항조
44	생원	합천	도운규
45	유학	합천	박용구
46	유학	합천	신사우
47	유학	합천	하대성
48	유학	합천	문광찬
49	유학	합천	이정두

이 1834년 갑오 9월 「도장道狀」에서 사마시 합격자로 합천陜川 거주 인물로는 진사進士 윤우와 생원生員 문항조가 확인된다. 합천 이외의 경상도 지역 사마시 합격자로는 안동생원 유진명,[53] 안동생원 김병수, 상주진사 강주영,[54] 성주진사 이재횐,[55] 성주 생원 김호성, 칠곡진사 정광격,[56] 경주 진사 이해상,[57] 대구진사 박이탄, 고령진사 박경가, 고령생원 김상락, 거창 진사 이상모, 고령생원 오응운, 인동진사 이현즙, 진주진사 최상갑, 대구 생원 도운규 등이 있었다. 이렇듯 생원生員·진사進士 등 사마시 입격자들을 중심으로 경상도 지역 지방양반들이 연대하고 있었음을 확인할 수 있다.

---

53) 『養眞堂實記』에는 진사로 되어 있으나, 『사마방목』을 확인해본 결과 생원으로 되어 있다.
54) 『養眞堂實記』에는 상주진사 강주영으로 되어 있으나, 『사마방목』에서는 확인되지 않는다. 다만 강주영의 동생 강서영이 상주 출신으로 생원시에 합격된 것이 확인된다.
55) 『사마방목』에서는 확인되지 않는 인물이다.
56) 『사마방목』에는 생원으로 확인된다.
57) 『사마방목』에는 생원으로 확인된다.

〈표 14〉『사마방목』에서 확인되는 갑오 9월「道狀」에 연서한 인물과 생년

순번	성명	신분	생년	1834년 나이	1894년 나이
1	유진명	안동생원	1787	48	108
2	김병수	안동생원	1801	34	94
3	김호성	성주생원	1791	44	104
4	정광격	칠곡생원	1778	57	117
5	이이두	칠곡생원	1807	28	88
6	이해상	경주진사	1781	54	114
7	박이탄	대구진사	1781	54	114
8	박경가	고령진사	1779	56	116
9	김상락	고령생원	1791	44	104
10	이상모	거창진사	1776	59	119
11	오응운	고령생원	1780	55	115
12	이현줍	안동진사	1789	46	106
13	최상갑	진주진사	1794	41	101
14	윤우	합천진사	1784	51	111
15	문항조	합천생원	1786	49	109
16	도운규	대구생원	1790	45	105

이후 40년 만인 1874년 다시 합천의 사족들이 어사御使에게 연명정소聯名呈訴를 올리게 된다. 이렇듯 40년 만에 다시 양진당養眞堂 조한유曹漢儒의 충의忠義에 대한 포증褒贈을 청원하는 등장等狀을 올리게 된 배경은 무엇일까? 그것은 19세기 대원군의 집권 이후 영남 남인과 북인이 다시 등용되기 시작한 것과 연관이 있어 보인다.58) 이는 1728년(영조 4) 무신란 당시 반란군 진압에 나선 영남지역 '의병義兵'에 대한 기록을 모은 책인『무신창의록戊申倡義錄』이 1874년에 발간되는 것으로도 미루어 알 수 있다.59)

---

58) 대원군의 집권과 영남 유림의 정치적 동향에 대해서는 정진영,「19세기 후반 영남 유림의 정치적 동향」『지역과 역사』4, 1997 참조.

59) 이에 대해서는 고수연,「『戊申倡義錄』을 통해 본 18, 19세기 嶺南 南人의 정치동향」『역사와 담론』제65집, 2013 참조.

무신란 이후 정치적으로 억압되어 있던 경상도 사족들이 자신들의 명예와 입지를 회복하고자하는 노력은 계속되어왔다.[60] 그러나 노론의 일당독재 체제였던 19세기 세도정치기에는 현실적으로 그러한 노력이 결실을 맺기 는 어려웠다. 그러나 대원군이 집권하면서 희망의 싹이 보이기 시작하였 고 경상도 사족들의 노력이 다시 시작되었던 것이다. 합천을 중심으로 한 경상도 사족들의 청원 활동도 이러한 상황 속에서 재개되었다고 보여진 다. 이 40년 만에 올린 등장等狀이 여섯 번째 자료인 1874년 갑술甲戌 11 월에 암행어사暗行御史에게 올린 「수의장繡衣狀」이다. 그러나 이 연명정소 에 대해서도 관찰사는 장계로 올리는 것은 신중히 거절하고 있다. 여기에 연서한 인물 중 진사進士는 문양현(1797년생) 뿐으로 당시 나이는 78세였

---

60) 17~18세기 경상도 사족 특히 영남 남인에 대한 정치사회사적 연구는 다음과 같은 것들이 있다. 李樹健, 「正祖朝 嶺南萬人疏」『嶺南史學』1, 1985 ; 이수건, 「朝鮮 後期 嶺南儒疏에 대하여」『李丙燾九旬紀念韓國史學論叢』, 1987 ; 이태진, 「18세 기 南人의 정치적 쇠퇴와 嶺南地方」『민족문화논총』11, 1990 ; 이재철, 「朝鮮後 期 大邱地域 西人勢力의 動向」『대구사학』76, 2004 ; 이우성, 「初期實學과 性理 學의 關係-磻溪 柳馨遠의 경우-」『동방학지』58, 1988 ; 이수건, 「朝鮮後期 ‘嶺南’ 과 ‘京南’의 提携」『민족사의 전개와 그 문화(상)』, 이우성교수정년기념논총, 1990 ; 이수건, 「晩學堂裵尙瑜研究」『嶺南史學』5, 1990 ; 신항수, 「17세기 후반 嶺南 南 人學派의 經世論」, 고려대학교 석사학원논문, 1993 ; 우인수, 「18세기 초 鄭萬陽· 葵陽 兄弟의 改革論」『이수건교수 정년기념 한국중세사논총』, 2000 ; 우인수, 「塤 叟 鄭萬陽의 土地制度 改革論」『退溪學과 韓國文化』35-2, 2004 ; 이수건, 「旅軒 張顯光의 政治社會思想」『嶺南史學』6, 1994 ; 우인수, 「17世紀 初半 政局下 旅 軒 張顯光의 位相」『旅軒 張顯光의 學文과 思想』, 금오공과대학교 선주문화연구 소, 1994 ; 신항수, 「17세기 중반 洪汝河의 田制認識」『韓國思想史學』8, 1997 ; 정호훈, 「17세기 후반 영남남인학자의 사상-이현일을 중심으로-」『역사와 현실』 13, 1994 ; 김학수, 「葛庵 李玄逸 研究-政治活動을 중심으로-」『朝鮮時代史學 報』4, 1998 ; 설석규, 「拙齋 柳元之의 理氣心性論 辨說과 政治的 立場」『朝鮮史 研究』6, 1997 ; 이수건, 「密菴 李栽 家門과 嶺南學派」『密菴 李栽研究』, 영남대 학교 출판부, 2001 ; 정만조, 「肅宗後半~英祖初의 政局과 密菴 李栽의 政治論」 『密菴 李栽研究』, 영남대학교 출판부, 2001 ; 우인수, 「立齋 鄭宗魯의 嶺南南人 學界內의 位相과 그의 現實 對應」『東方漢文學』25, 2003.

다.61) 나머지 인물들은 〈표 15〉에서 볼 수 있는 것처럼 신분은 모두 유학
으로 총 29명이 연서하고 있다.

〈표 15〉 1874년 갑술 11월의 「繡衣狀」에 연서한 인물

陜川進士 文養賢									
幼學	李翰基	文在友	申必教	金甫根	權正甲	尹載天	沈漢民	柳長源	李　洌 李斗相
	姜世熙	姜正南	陳鍾瑊	尹義植	鄭煥旭	李錫民	文祥鳳	朴永春	金兌根 柳敏鳳
	姜友燕	朴挺豪	朴成玉	徐達俊	河慶基	韓福履	李漢喆	崔厦源	

일곱 번째 등장等狀은 1874년 갑술 12월 경상도 여러 지역의 사족들이
관찰사에게 올린 「도장道狀」이다. 이 도장道狀의 내용도 '조한유를 행적을
살펴 포증褒贈하도록 주상께 장계를 올려주면 사림士林에 크나큰 다행일
것'이라는 것이다.

이를 통해서도 알 수 있는 것이 합천을 중심으로 경상도 사족들이 연대
하여 청원하고 있다는 사실이다. 이들은 조한유의 무신란 당시의 충의忠
義로운 행적을 포증褒贈받으므로써 빈역향叛逆鄕이라는 불명예를 씻고자
하였던 것이다. 더 나아가 이들은 이러한 연명정소를 통해 연대하고 자신
들의 힘을 과시하고자 했던 것이다. 이 1874년(고종11) 갑술 12월 「도장道
狀」에 연서한 인물은 〈표 16〉에서 보이는 총 34명이다. 이들 중 사마방목
에서 확인되는 인물은 합천진사 문양현(1797년생), 금산진사 조진백(1829년
생), 산청진사 배찬(1823년생), 고령진사 김중(1840년생), 진주진사 하재원
(1812년생), 거창진사 박희전(1803년생), 성주생원 정건화(1826년생), 성주생원
이진상62)(1818년생) 등이다. 이 밖에 『사마방목』에서는 확인되지 않는 인
물로 선산진사 이능제가 있다.

---

61) 『司馬榜目』에는 생원으로 확인된다.
62) 「道狀」에는 進士로 되어 있으나, 『司馬榜目』에는 生員에 입격한 것으로 되어 있다.

〈표 16〉 1874년 갑술 12월의 「道狀」에 연서한 인물과 신분63)

순번	신분	지역	성명
1	진사	합천	문양현
2	유학	합천	문재우
3	유학	합천	이두상
4	유학	합천	이한철
5	유학	합천	신필교
6	유학	합천	하상진
7	진사	선산	이능제
8	유학	상주	강임형
9	진사	금산	조진백
10	진사	단성	양간
11	유학	단성	권한성
12	진사	산청	배찬
13	유학	산청	민두남
14	유학	초계	전낙성
15	유학	초계	이병수
16	유학	초계	조성필
17	유학	초계	이승의
18	유학	초계	송도명
19	유학	삼가	박치복
20	유학	삼가	강세희
21	유학	삼가	유환모
22	진사	고령	김증
23	유학	고령	곽성연
24	유학	고령	정규원
25	진사	진주	하재원

63) 陜川進士 文養賢 幼學 文在友 李斗相 李漢喆 申必教 河尙晉, 善山進士 李能濟, 尙
州幼學 姜林馨, 金山進士 曺鎭百, 丹城進士 梁簡 幼學 權漢成, 山淸進士 裵襸 幼學
閔斗南, 草溪幼學 全洛成 李丙洙 趙性秘 李承懿 宋道明, 三嘉幼學 朴致馥 姜世熙
柳煥模, 高靈進士 金增 幼學 郭聖淵 鄭奎元, 晉州進士 河載源 卞準欽 金定鎭, 居昌
進士 朴熙典 鄭健和 幼學 尹鳳朝 崔憲穆 金台應, 星州進士 李震相 許�勳

26	진사	진주	변준흠
27	진사	진주	김정진
28	진사	거창	박희전
29	진사	거창	정건화
30	유학	거창	윤봉조
31	유학	거창	최헌목
32	유학	거창	김태응
33	진사	성주	이진상
34	진사	성주	허훈

경상도 사족들의 연명정소聯名呈訴한 기록은 1878년 것이 마지막으로 남아 있다. 이것이 여덟 번째 자료인 1878년 무인 3월에 경상도 사족들이 연대하여 암행어사에게 올린 「수의장繡衣狀」이다. 물론 이때의 청원도 받아들여지지 않았다. 이 1878년(고종15) 무인戊寅 3월에 올린 「수의장繡衣狀」에 연서한 인물들은 〈표 17〉과 같이 모두 37명이다. 이에는 합천 진사로는 문양현이 연서하고 있다. 다른 지역 생원·진사로는 성주진사 이진상, 의령진사 안처근,[64] 단성진사 권병철,[65] 창녕진사 박효성,[66] 산청진사 배찬, 선산진사 허걸[67] 등이 보인다. 이 중 사마방목에서 확인되는 인물은 성주생원 이진상(1818년생), 산청진사 배찬(1823년생), 합천진사 문양현(1797년생) 등이다.

그리고 마지막 아홉 번째 자료로 1896년 병신 9월에 조한유의 7대손인 조상우曺相禹가 단독으로 어사御使에게 정소呈訴한 「수의장繡衣狀」이 있다.

이상에서 살펴 본 바와 같이 합천을 중심으로 한 경상도 사족들은 무신란 이후 미약해진 자신들의 위상과 반역향叛逆鄕으로 낙인찍혀진 불명예

---

64) 『사마방목』에서는 확인되지 않는 인물이다.
65) 『사마방목』에서는 확인되지 않는 인물이다.
66) 『사마방목』에서는 확인되지 않는 인물이다.
67) 『사마방목』에서는 확인되지 않는 인물이다.

을 씻기 위해 노력하고 있었다. 그 구체적인 방법이 무신란 당시 충의忠義를 보인 조한유曹漢儒에 대한 포증을 연대하여 청원하는 활동이었다. 이들 지방양반들은 무신란 이후 거의 150여 년간 연명정소聯名呈訴를 통한 청원 활동을 통하여 서로 연대하면서 자신들의 정치·사회적 위상을 회복하고 유지하고자 끊임없는 노력을 경주하고 있었던 것이다.

〈표 17〉 1878년 무인(戊寅) 3월의 「繡衣狀」에 연서한 인물과 신분68)

순번	신분	지역	성명
1	유학	합천	문재우
2	창녕	창녕	노수철
3	유학	현풍	김강제
4	진사	성주	이진상
5	진사	의령	안처근
6	유학	의령	권방하
7	유학	의령	심한택
8	유학	초계	유상목
9	유학	초계	노수희
10	유학	초계	안태진
11	유학	고령	박동섭
12	유학	고령	이상우
13	유학	고령	김석제
14	유학	고령	이근우
15	진사	단성	권병철
16	유학	단성	권병주
17	유학	함안	조성규
18	유학	함안	이재근

68) 陜川幼學 文在友, 昌寧 盧秀喆, 玄風幼學 金康濟, 星州進士 李震相, 宜寧進士 安處根 幼學 權邦夏 沈漢澤, 草溪幼學 柳相穆 盧秀喜 安泰鎭, 高靈幼學 朴東燮 李相佑 金碩濟 李根祐, 丹城進士 權秉喆 幼學 權秉柱, 咸安幼學 趙聖奎 李在根, 大邱幼學 徐相穆 朴基斗, 靈山幼學 申學敎 辛志俊 李眞和, 昌寧幼學 成日鎬 進士 朴敭成 金井奎, 山淸進士 裵贊 幼學 閔大秀, 三嘉幼學 朴致馥 李承懿, 善山進士 許傑, 陜川參奉 尹炳敭 進士 文養賢 幼學 姜泳欽

19	유학	대구	서상목
20	유학	대구	박기두
21	유학	밀양	박상두
22	유학	밀양	이문극
23	유학	밀양	박규철
24	유학	영산	신학교
25	유학	영산	신지준
26	유학	영산	이진화
27	유학	창녕	성일호
28	진사	창녕	박효성
29	진사	창녕	김정규
30	진사	산청	배찬
31	유학	산청	민대수
32	유학	삼가	박치복
33	유학	삼가	이승의
34	진사	선산	허걸
35	참봉	합천	윤병효
36	진사	합천	문양현
37	유학	합친	깅영흠

제3장 地方兩班의 位相 變化와 對應

　조선후기 특히 19세기 세도정치기 지방양반들[1]의 사회적 위상은 갈수록 약해지고 있었다. 이들이 전통적으로 가지고 있었던 '양반'이라는 신분적 우위는 관직에의 접근성이 약해짐에 따라 약화될 수밖에 없었다. 또한 지방양반으로서의 향촌사회 지배력은 '수령-이·향 지배체제'의 확립과 '향품鄕品'과 '신향新鄕' 등의 도전으로 분화되고 약화되었다. 이렇듯 약화된 위상 속에서 지방양반들은 일반 농민과 함께 또 다른 수탈의 대상으로 전락하고 있었다.

　현재 학계에서는 조선시대 신분제에 대한 논란으로 조선 말기까지 양반제가 강하게 존속되었는지, 아니면 양반 신분제의 커다란 변동이 있었는지를 놓고 의견이 분분하다. 하지만 중요한 것은 각 시기마다 양반들의 존재양식이 어떻게 변했는지, 그들의 지배 기반이 어디에 있었는지를 구체적으로 밝히는 것이다.[2]

　이 장에서는 이러한 문제의식을 바탕으로 19세기 조선 지방양반의 위상 변화 양상과 그들의 권익 수호 방식을 살펴보고자 한다. 특히 1850년 전라도 보성寶城에서 발생한 '경술사건庚戌事件'을 중심으로 논의를 진행하고자 한다. 이 사건은 '경술이포사건庚戌吏逋事件'이라고도 알려져 왔다.[3]

---

1) 19세기 조선의 지방 양반은 여러 계층으로 분화되고 있었다. 대체적으로 구향(舊鄕)으로 일컬어지는 전통적 사족(士族)과 신향(新鄕)으로 불리우는 신흥 향족(鄕族)으로 크게 나눌 수 있다.
2) 미야지마 히로시, 『나의 한국사 공부』, 너머북스, 2013, 143쪽 참조.
3) 趙湲來, 「제4절 朝鮮末期 지방행정의 파탄과 寶城 庚戌抗拒」, 寶城郡史編纂委員會, 『寶城郡史』, 全日實業(株)出版局, 1995, 283~288쪽 참조.

이는 전라도 보성 지방의 양반들이 수령의 권분勸分에 대항하여 일으킨 집단 반발 사건이라고 할 수 있다. 더구나 이 사건은 관련 가문에서 작성하여 남긴 『경술록庚戌錄』이라는 기록이 남아 있어 당시 이 사건과 관련된 지방양반들의 인식과 구체적 동향을 추적해 볼 수 있다. 19세기 지방 지배체제는 '수령-이·향 지배체제'로 변화되어 있었고, 이러한 체제 아래에서 지방양반의 신분적 특권은 더 이상 봉건정부의 수탈을 막아 주는 장치가 될 수 없게 되었다.[4]

1. 19世紀 地方兩班의 位相 變化

1) 地方兩班의 位相 變化와 1850년 寶城의 '庚戌事件'

대체로 16, 17세기에는 지방양반이 주도하는 향촌지배 체제가 형성되어 있었고,[5] 이러한 지배구조는 18세기 이후에는 점차 해체되어갔음이 기존의 연구 성과를 통해 밝혀졌다.[6] 최근의 연구는 19세기 향촌사회의 지배 구조에 대한 관심으로 이어지고 있다.[7] 이들 연구는 19세기 향촌사

---

4) 이세영, 「19세기 농촌사회의 계급구조 – 富民·饒戶의 願納기록을 중심으로 –」『한신논문집』 제8집, 1991, 170쪽 참조.
5) 정진영, 「16, 17세기 지방양반의 향촌지배구조와 성격」『역사와 현실』 3, 1989 참조.
6) 한상권, 「조선후기 향촌사회와 향촌사회조직 연구현황」『한국 중세사회 해체기의 제문제』(하), 1987 ; 김현영, 「조선시대 향촌사회사연구의 새로운 진전을 위하여」『역사와 현실』 4, 1990 ; 정진영, 『조선시대 향촌사회사』, 한길사, 1988 등 참조
7) 안병욱, 「조선후기 자치와 저항조직으로서의 '향회'」『성심여자대학논문집』 18, 1986 ; 안병욱, 「19세기 부세의 도결화와 봉건적 수취체제의 해체」『국사관논총』 7, 국사편찬위원회, 1989 ; 정진영, 「18, 19세기 사족의 촌락지배와 그 해체과정」『조선후기 향약연구』,민음사, 1990 ; 김인걸, 「조선후기 향촌사회 변동에 관한 연구 – 18, 19세기 '향권' 담당층의 변화를 중심으로」,서울대 박사학위논문, 1991 등

회의 지배 및 구조를 향권 담당층의 변화, 부세운영의 원리 또는 사족 지배체제의 해체를 통해서 접근하기도 하였다.[8] 한편으로는 19세기 향촌사회를 '수령-이·향 지배체제'로 설명하기도 한다.[9]

지방양반의 향촌지배는 18세기 이후 전개된 사회경제적인 변화에 따른 국가의 향촌통제책에 의하여 크게 제약될 수밖에 없었다. 따라서 이 시기 국가의 대향촌정책은 사족의 향촌지배에 큰 영향을 미치고 있었다.[10] 더욱이 부세賦稅의 금납화金納化와 더불어 진행된 환곡還穀의 고리대적 운영, 민고民庫의 설치 등은 지방 수령의 독자적인 재정기반의 확보를 가능케 하였다. 이것의 운영에 따라 수령권의 강화를 모색할 수 있게 되었다.[11] 이러한 사회경제적인 변화와 더불어 정치적으로 노론전제와 세도정치는 지방 사족의 중앙관료로의 진출을 차단하고 있었다.[12] 사족이 관직으로 진출할 수 없다는 것은 경제적인 몰락을 동시에 수반하는 것이었다.[13] 따라서 사족이 중앙 권력에서 소외되는 것에 비례하여 향촌사회에 대한 관심은 더 커질 수밖에 없었다. 이에 따라 지방양반은 향촌사회에서 자신들

참조.

8) 정진영, 앞의 책, 1988, 526쪽 참조.

9) 고석규, 「19세기 전반 향촌사회세력 간 대립의 추이-경상도 영양현을 중심으로」 『국사관논총』 8, 1989 ; 고석규, 「19세기 전반 향촌사회 지배구조의 성격-'수령-이·향수탈구조'를 중심으로」 『외대사학』 2, 1989 ; 고석규, 『19세기 조선의 향촌사회연구-지배와 저항의 구조-』, 서울대학교출판부, 1998 참조. 고석규는 처음에는 '수령-이·향 수탈구조'라고 표현했으나, 뒤에는 '수령-이·향 지배구조'로 그 표현을 바꾸었다.

10) 정진영, 「19세기 향촌사회 지배구조와 대립관계」 『1894년 농민전쟁연구 1』, 역사비평사, 1991, 279쪽.

11) 방기중, 「17·18세기 전반 금납조세의 성립과 전개」 『동방학지』 45, 1984 ; 방기중, 「조선후기 군역세에 있어서 금납조세의 성립과 전개」 『동방학지』 50, 1986 ; 김용섭, 「조선후기의 민고와 민고전」 『동방학지』 23·24합집, 1980 ; 장동표, 「조선후기 민고 운영의 성격과 운영권」 『이우성교수정년기념논총』, 1990.

12) 정진영, 앞의 논문, 1991, 281쪽 참조.

13) 정약용, 『譯註 牧民心書』 IV, 창작과비평사, 1993, 禮典 辨等條, 79쪽.

의 사회적 지위를 유지하는데 노력하면서 동시에 중앙권력에 대응하고 있었다. 지방양반은 그들의 향촌지배조직을 통해 일찍부터 중앙권력에 대한 견제의 방법으로 상소上疏·유소儒疏 등이나14) 무력동원으로 중앙권력에 대항하기도 하였다.15)

한편 19세기 부세운영은 군현의 개별적인 사정에 의해 다양한 형태로 전개되고 있었다.16) 그러나 수령권의 부세운영은 부민富民에 대한 수탈과 같은 직접적인 수탈을 통해서도 자행되고 있었다. 수령이 19세기 재정문제의 해결을 위해 선택할 수 있었던 방법의 하나로는 도결都結이 있었다.17) 그러나 도결은 당시 수령의 입장에서 선택할 수 있었던 방법 중의 하나일 뿐이었다. 수령은 좀 더 손쉬운 방법으로 토호와 부민들에 대한 직접적인 수탈을 선택 하였다. 부민수탈은 18세기 이후 권분勸分이라는 명목으로 일반적으로 행해지고 있었다.18) 이러한 19세기 부민수탈의 대표적인 사례로 보성寶城의 경우를 통해 살펴볼 수 있다. 1850년 전라도 보성에서 일어난 이 사건을 '경술사건庚戌事件'이라고 부를 수 있다.19)

---

14) 이수건, 「정조조의 영남만인소」『남명학』창간호, 영남대 국사학과, 1985 ; 「조선후기 영남유소에 대하여」『이병도박사구순기념한국사학논총』, 1987 참조.

15) 무신란이 대표적인 예이다. 이종범, 「1728년 무신란의 성격」『조선시대 정치사의 재조명』, 범우사, 1985 참조.

16) 중앙재정이 악화되어 이것이 전적으로 지방재정으로 전가되고, 농민의 저항과 이들만을 대상으로 한 부세운영이 어렵게 되었다. 이에 따라 향촌사회 세력 간의 힘 관계가 변화하였고 수령권의 부세운영은 국가의 법제적인 틀을 벗어나게 되었다. 정진영, 앞의 논문, 1991, 291쪽.

17) 도결이란 처음에는 대동미(大同米)와 전세미태(田稅米太)를 결전명색(結錢名色)으로 거두는 것이었다. 그러다가 잉여조(剩餘條)를 두어 환폐(還弊)나 군정(軍丁)의 허액(虛額)을 보충하게 하고, 나아가서는 환곡과 군역 그 자체와 잡역과 잡세를 화폐로 토지에 일괄 징수하는 것을 말하게 되었다. 이것은 결국 부세(賦稅)의 전세화(田稅化)를 의미하는 것이었다. 이러한 부세의 전세화는 기존의 부세운영원리와는 다른 것이었다. 정진영, 앞의 논문, 1991, 292~293쪽 참조.

18) 고동환, 「19세기 부세운영의 변화와 그 성격」『1894년 농민전쟁연구 1』, 역사비평사, 1991, 참조.

이 사건은 보성의 군수 고제환高濟煥이 고을의 환곡총수가 8만여 석에 이르게 되자 이를 채우기 위해 '부요권분富饒勸分'20)이라는 명분으로 부유층을 대상으로 이포액吏逋額을 충당하려 하면서 발생하였다. 특히 이 사건은 주모자 중의 한 명 이었던 송형순宋亨純의 아들 형제들이 정리한 것으로 보이는 『경술록庚戌錄』이라는 책을 통해 상세한 내용이 전해지고 있다.21) 이 때 권분의 주요 대상이 되었던 요호饒戶는 '육육요호六六饒戶', 즉 36명의 요호층饒戶層이었고, 그 중 향회鄕會를 이용하여 저항을 주도한 송형순宋亨純 포함한 7가家가 이른바 토호층土豪層이었다.22)

사족들은 수령의 이러한 권분勸分에 반대하여 향회를 개최하여 대응책을 모색하였다. 그러나 사족들의 이러한 반대에도 불구하고 수령은 권분 대상자의 재산목록을 작성하고 등급을 매겨 권분에 응하게 하였다. 이에 사족들은 다시 순천의 송광사에서 향회를 개최하여 반대 의사를 거듭 확

---

19) 이제까지 이 경술사건을 다룬 연구로는 다음과 같은 논문들이 있다. 정진영, 앞의 논문, 1991, 295~298쪽 ; 고석규, 『19세기 조선의 향촌사회연구』, 서울대출판부, 1998, 259~261쪽 ; 송찬섭, 『朝鮮後期 還穀制改革研究』, 서울대출판부, 2002, 81~88쪽 ; 趙湲來, 「제4절 朝鮮末期 지방행정의 파탄과 寶城 庚戌抗拒」, 寶城郡史編纂委員會, 『寶城郡史』, 全日實業(株)出版局, 1995, 283~288쪽 ; 이 연구들은 대체로 『경술록』의 기록에 입각하여 사족의 입장을 옹호하거나, '수령-이·향 지배체제' 아래에서의 읍내 대립관계를 파악하거나, 還政을 둘러싼 저항의 양상을 드러내고자 하였다. 본 글에서는 이러한 연구 성과를 적극 참조하되 이 사건을 지방양반의 구체적 권익 수호 활동에 초점을 맞추어 살펴보고자 한다.

20) 조선후기 勸分의 실태에 대해서는 이세영, 「조선후기의 勸分과 富民의 실태」『역사문화연구』제34집, 2009 참조.

21) 『경술록』 경술사건의 주모자 중의 한 명이던 宋亨純의 아들 宋元萬·宋處萬 형제들이 정리한 것으로 보인다. 이 자료는 상하 2책(宋乙錫氏 所藏 筆寫本, 上卷 82張 下卷 112張)으로서 상권은 사건전말에 관한 기록을 모은 것이며, 하권은 宋亨純家의 被禍事實을 정리한 것이다. 趙湲來, 「제4절 朝鮮末期 지방행정의 파탄과 寶城 庚戌抗拒」, 寶城郡史編纂委員會, 『寶城郡史』, 全日實業(株)出版局, 1995, 285쪽 참조 ; 본 글에서는 영인 출판된 『庚戌錄』, 보성문화원, 1993을 기본 자료로 사용하였다.

22) 『庚戌錄』, 1993, 116~117쪽, 121~123쪽 참조.

인하였다. 그리고 이들 중 일부는 상경하여 조정에 소소訴를 올려 문제가
확산되게 되었던 것이다.[23]

본래 보성의 환총은 2만 석이 되지 않는데 1808년부터 포흠이 시작되
어 그 액수가 7만 648석이나 되었다. 1849년 1만 2098석을 거두어 미봉은
6만 350석이었다.[24] 그 가운데 모조를 제하고 배봉하여 풍년에 수납하기
를 요구하였다. 그런데 중앙 정부에서는 이를 받아들이지 않았다.[25] 이에
수령은 이를 민간에서 수취하기로 하였다. 이 때 군수郡守 고제환高濟煥은
포흠 충완을 주로 부호층에 부담시켰다. 즉 부호층의 등급을 나누어 상호
上戶에게는 만 냥, 차호次戶에게는 7천~8천 냥, 하호下戶에게는 1백~2백 냥
씩 분배하였다. 특히 가장 부유하였던 송영宋櫨, 이규빈李奎彬, 박철상朴喆
相, 이장회李章會 등이 상호上戶로서 1만 냥씩, 박영환朴英煥, 이기백李基栢
이 차호次戶로서 7600냥과 7천 냥을 배정하였다. 이들은 본래 이서들과
결탁하여 방환防還, 방납防納 등으로 재산을 쌓아 나간 자들이었으므로 환
포에 대한 직접 책임이 있었다고 할 수 있다.[26] 그러므로 수령은 포흠의

---

23) 이 같은 내용은 관찬사료에서도 확인된다. 『日省錄』 및 『備邊司謄錄』 철종 원년 5
   월 9일, 6월 20일, 21일.
24) 미봉 가운데 死亡逋가 2만 9135석, 流絶民逋가 9102석, 합하여 3만 8238석이다.
   송찬섭, 앞의 책, 2002, 81쪽 참조.
25) 『備邊司謄錄』 237책 철종 1년 5월 9일 24책 170쪽. 보성의 유학 朴重爀에 의하면
   본래 환총이 미 2만 석 租 8천 석이었는데 1827년 감사 曹鳳振이 미 7천 석을 9읍
   으로 이송하여 남은 양은 2만 석이 되지 않았다고 한다. 따라서 이때부터 20여 년
   간 포흠이 8만 석으로 늘어난 셈이었다. 보성의 환곡운영은 폐단이 심하였다. 가령
   이서와 민간의 환곡운영 방식이 달라서 이서에게는 미 1석에 대전 1냥으로 받았고
   민간에는 전 1냥에 代米 16두 5승으로 받았다고 한다: 『庚戌錄』, 1993, 13~15쪽,
   「上言草」 1850년 2월.
26) 송찬섭, 앞의 책, 2002, 82쪽 참조 ; 『庚戌錄』, 1993, 138~141쪽, 庚申年(1860) 11
   월 27일 「幼學宋元萬所志」 '本邑還逋之魁於三百六十州 非直爲猾吏之弊也 是實奸
   富之罪也 夫防結防還 殘民之至 富戶之至利而猾吏之逋藪也 本邑自數十年以來 貧
   益貧富益富 而吏胥之逋於是焉年增歲加 多至八萬石之米則 所謂三十六富與一鄕饒
   戶 皆從八萬石虛逋中出也'.

책임자였던 이들에게 상당량의 몫을 부과하여 포흠을 충완하는 방법으로
삼았던 것이다. 그러나 사족들의 입장으로서는 이러한 방안을 받아들일
수 없었다. 따라서 사족들은 자신들의 권익을 지키기 위하여 관官에 저항
하였다. 1850년 정월 순천順天 송광사松廣寺에서 향회를 가진 사민士民 대
표들은 보성의 환폐還弊 실상과 고질화된 이서吏胥들의 작폐作弊를 조정에
고발하기로 하였다. 그 후 2월 10일 상경, 107명의 연서連署로 작성된 소
장疏章을 통해 복합상주伏閤上奏하였다. 이와 함께 영상領相 정원용鄭元容에
게도 본군本郡의 실정을 탄원 했다.[27] 그 결과 바로 다음날 대왕대비 김씨
의 엄명과 함께 현지조사가 이루어졌다. 그 결과 군수 고제환의 파직罷職
은 물론 당시의 사관査官이었던 능주목사綾州牧使 김진화金鎭華와 낙안군수
樂安郡守 김영기金永琦도 함께 처벌된 것으로 보인다.[28] 그리하여 이포吏逋
의 강제징수는 무위로 돌아가고 사민士民들은 환포還浦 납부納付를 면할
수 있게 되었다.[29] 그러나 그 이후 송형순宋亨純 가가家에서 계속적인 가해
자 처벌과 억울한 피해에 대한 각종 권리 구제 요청을 지속적으로 전개하
여 이 '경술사건'은 1862년(철종 13) 정월에 이르기까지 14년간에 걸쳐 계
속되었던 것이다.

2) 19세기 寶城 地方兩班의 實態

이제 이렇듯 향촌사회의 지배층으로서의 위상이 약해져 수탈의 대상이
되어가고 있던 지방양반의 실태를 살펴보기로 하자.

조선시대의 양반은 관료로서 국가기구를 장악하였을 뿐만 아니라, 지
방양반으로서 향촌사회까지도 지배하였다. 이 중 국가기구를 장악하고 있

---

27) 『備邊司謄錄』 第237冊, 哲宗元年 庚戌 2月 11日.
28) 『備邊司謄錄』 第237冊, 哲宗元年 庚戌 5月 初9日 記事 참조.
29) '경술사건' 후 환곡 미봉에 대한 처리 결과는 송찬섭, 앞의 책, 2002, 83쪽 참조.

던 관료들은 대부분 과거科擧 급제자及第者들이었다. 따라서 조선시대의 지배집단을 이해하기 위해서는 일차적으로 조선시대의 관료 충원기제인 과거제도를 연구할 필요가 있다.[30] 왜냐하면 과거에 급제하는 일이 지배 계층에 들어갈 수 있는 최선의 방법이었기 때문이다. 물론 조선 초기에 있어서는 과거 이외의 방법으로 지배계층이 되기도 하였다. 하지만 시간이 지날수록 과거의 중요성은 더욱 커져 갔던 것이다.[31] 이렇듯 조선시대 양반의 신분을 획득하고 지배집단으로서의 지위를 유지하는 가장 확실한 길은 과거에 합격하여 관직官職을 갖는 것이었다. 관직은 양반의 신분적 지위와 특권을 유지시켜주는 가장 중요한 요소였다. 또한 관직을 보유하는 것은 위세威勢를 가늠하는 척도였다. 그렇기에 양반 가문家門의 위세는 과거급제자의 숫자와 관직의 높고 낮음에 의하여 좌우되기까지 하였다.[32]

이렇듯 무엇보다도 조선시대에 있어 과거시험이란 사회적 진출의 관문이 되고, 사회적 지위 공인의 수단이 되며, 가문의 성쇠에 결정적인 영향을 주는 요인으로 작용했었다. 따라서 과거합격자 명부의 분석은 매우 긴요한 것이다.[33] 필자는 이러한 인식을 바탕으로 먼저 19세기 보성 거주 지방양반의 실태를 과거 합격 분석을 통해 살펴보고자 한다. 먼저 보성 거주 사족의 문과 급제 실태를 살펴보자.

조선시대 보성 거주 인물로『문과방목』에서 확인되는 인물은 23명이다. 이들 23명의 성관은 광주 이廣州 李 3명, 나주 정羅州 鄭 1명, 밀양 박密陽 朴 1명, 보성 선寶城 宣 1명, 장수 황長水 黃 1명, 장흥 임長興 林 4명,

---

30) 이창걸,「조선중기 지배집단의 사회적 배경에 관한 연구」『한국사회학회 93년 후기사회학대회 발표논문』, 1993, 64쪽.

31) 미야지마 히로시,「조선 후기 지배 계층의 재생산 구조」『한국사학보』제32호, 2008, 214쪽.

32) 이창걸, 앞의 논문, 1993, 64쪽.

33) 김동수,「조선시대 나주지방의 유력사족」『나주지방 누정문화의 종합적 연구』, 전남대학교출판부, 1988, 2~3쪽 참조.

죽산 안竹山 安 5명, 진주 정晉州 鄭 1명, 창녕 조昌寧 曹 1명, 칠원 윤漆原
尹 3명, 탐진 최耽津 崔 1명, 하동 정河東 鄭 1명이다. 이 중 가장 많은 문과
합격자를 배출한 성관이 죽산 안竹山 安, 다음이 장흥 임長興 林, 그리고
광주 이廣州 李, 칠원 윤漆原 尹씨 순이다. 사마시의 경우는 보성에서 가장
많은 입격자를 배출한 성관이 광주 이廣州 李 , 장흥 임長興 林, 죽산 안竹山
安 , 진원 박珍原 朴, 파주 염坡州 廉씨 순이었다. 결국 보성 거주 사족 중
사마시와 문과 모두에서 합격자를 가장 많이 배출하고 있는 주요 성관은
광주 이廣州 李 , 장흥 임長興 林, 죽산 안竹山 安씨 등이었음을 알 수 있다.
이들이 문과에 급제할 당시 평균 연령은 36.65세였다. 이 중 19세기에 급
제한 인물은 3명에 불과하다. 이 3명이 문과에 급제할 당시 연령은 각각
52세, 51세, 32세로 평균 45세였다. 〈표 2〉에서도 볼 수 있듯이 19세기에
들어 보성 거주자로 문과에 급제하는 경우가 매우 드물었고, 급제 연령도
많았다. 그만큼 지방 출신으로 문과에 급제하여 관직에 오르기가 어려웠다
는 것을 보여준다. 이들은 모두 경술사건 관련 자료에는 등장하지 않는다.

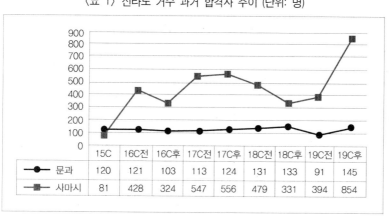

〈표 1〉 전라도 거주 과거 합격자 추이 (단위: 명)

	15C	16C전	16C후	17C전	17C후	18C전	18C후	19C전	19C후
문과	120	121	103	113	124	131	133	91	145
사마시	81	428	324	547	556	479	331	394	854

출전: 와그너·송준호 편저, 『보주 문과방목 CD-ROM』, 동방미디어주식회사, 2002.
　　　한국정신문화연구원, 『CD-ROM 사마방목』, 서울시스템주식회사, 2001.

〈표 2〉 보성 거주 과거 합격자 추이 (단위: 명)

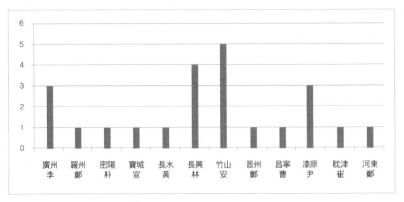

	15C	16C전	16C후	17C전	17C후	18C전	18C후	19C전	19C후
문과	1	3	4	0	2	5	5	0	3
사마시	2	13	14	12	11	10	7	7	28

출전: 와그너·송준호 편저, 『보주 문과방목 CD-ROM』, 동방미디어주식회사, 2002.
한국정신문화연구원, 『CD-ROM 사마방목』, 서울시스템주식회사, 2001.

〈표 3〉 조선시대 성관별 보성 거주 문과 급제자 수 (단위: 명)

출전: 와그너·송준호 편저, 『보주 문과방목 CD-ROM』, 동방미디어주식회사, 2002.

　다음으로 보성 거주 사마시 입격자 실태를 살펴보도록 하자. 보성 거주 인물로 사마시에 합격한 자는 『사마방목』에 총 104명이 나온다. 이를 분석하여 보면 보성에서 사마시에 입격자를 배출한 성관은 모두 42개 성관이다.

〈표 4〉 조선시대 성관별 보성 거주 사마시 입격자 수 (단위: 명)

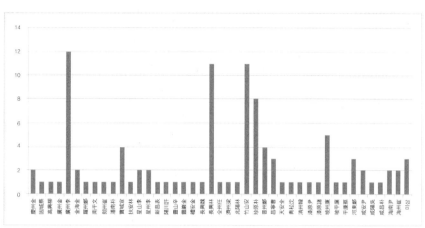

출전: 한국정신문화연구원, 『CD-ROM 사마방목』, 서울시스템주식회사, 2001.

경주 김慶州 金 2명, 고성 채固城 蔡 1명, 고흥 유高興 柳 1명, 광주 김廣州 金 1명, 광주 이廣州 李 12명, 김해 김金海 金 2명, 나주 정羅州 鄭 1명, 남평 문南平 文 1명, 낭주 최朗州 崔 1명, 반남 박潘南 朴 1명, 보성 선寶城 宣 4명, 부안 임扶安 林 1명, 성산 이星山 李 2명, 성주 이星州 李 2명, 신창 표新昌 表 1명, 양주 허陽川 許 1명, 영산 신靈山 辛 1명, 영암 김靈巖 金 1명, 예안 김禮安 金 1명, 장흥 위長興 魏 1명, 장흥 임長興 林 11명, 전주 임全州 任 1명, 제주 양濟州 梁 1명, 조양 임兆陽 林 1명, 죽산 안竹山 安 11명, 진원 박珍原 朴 8명, 진주 정晋州 鄭 4명, 창녕 조昌寧 曹 3명, 천안 전天安 全 1명, 청송 심青松 沈 1명, 청주 한清州 韓 1명, 칠원 윤漆原 尹 1명, 칠원 제漆原 諸 1명, 파주 염坡州 廉 5명, 파평 염坡平 廉 1명, 평강 채平康 蔡 1명, 하동 정河東 鄭 3명, 함안 윤咸安 尹 2명, 함양 오咸陽 吳 1명, 함창 박咸昌 朴 1명, 해남 윤海南 尹 2명, 해주 최海州 崔 2명, 그리고 본관이 확인되지 않는 인물이 3명이다. 이 중 가장 많은 사마시 입격자를 배출한 성관은 광주 이廣州 李 12명, 장흥 임長興 林 11명, 죽산 안竹山 安 11명, 진원 박珍原 朴 8명,

파주 염파州 廉 5명 순이다. 이 다섯 성관이 배출한 사마시 입격자가 모두
47명으로 약 45%를 차지한다.

이들 보성 거주 생원·진사들이 사마시에 입격할 당시의 신분을 알아보
기 위해 전력前歷을 정리해 보면 다음과 같다. 보성 거주 인물들이 사마시
에 입격할 당시의 신분은 교생校生이 2명, 강예습독講隸習讀이 1명, 유학幼學
이 97명, 업유業儒 1명, 훈도訓導 1명, 확인불가 2명이다. 전력 그 자체가 곧
응시자의 신분을 의미하는 것은 아니지만, 급제자의 전력 분석을 통해서 응
시자의 신분적 지위를 유추해 볼 수 있기 때문이다.[34] 이를 통해 보면 보성
에서 사마시에 입격할 당시의 신분은 유학幼學이 전체의 93.26%에 해당하
는 것을 알 수 있다. 대부분이 유학으로 존재하는 향촌사회 내에서 생원·진
사라는 신분의 획득은 우월적인 지위를 확보하게 되는 것이었다.[35]

그렇다면 보성 거주 사마시 입격자의 아버지의 사회적 지위는 어떠했
을까? 사마시 입격자 아버지의 사회적 지위에서 가장 많은 수를 차지하는
것은 관품官品이나 관직官職을 가지고 있었던 자로 47명(45.19%)이다. 다음
으로 학생學生이 36명(34.61%), 유학幼學이 14명(13.46%), 업유業儒가 1명, 허
통許通이 1명, 성균진사成均進士와 성균생원成均生員이 각 1명, 확인불가 3
명이다. 이를 통해 알 수 있는 것은 사마시 입격자의 상당수가 이미 상당
한 사회적 신분과 지위를 가지고 있는 집안의 자제였음을 알 수 있다. 다
시 말해 이미 어느 정도의 사회적 지위를 유지하고 있던 집안에서 사마시
입격을 위해 노력하고 있었다는 것을 알 수 있다. 한 가지 덧붙인다면 19
세기 이후 사마시 입격자 35명 중에서는 아버지의 사회적 신분이 관품官
品이나 관직官職을 가지고 있었던 자는 6명(17.14%)에 불과하고, 학생學生이
23명(65.71%), 유학幼學이 6명(17.14%)을 차지한다. 이는 아버지가 무직으로

---

34) 김창현, 「조선초기 문과급제자의 출신 배경」 『역사학보』 155, 1997, 26~27쪽 참조.
35) 최진옥, 「조선시대 평안도의 생원 진사시 합격자 실태」 『조선시대연구』 36, 2006,
    237쪽 참조.

남는 비율이 그만큼 증가했다는 것을 의미한다.[36] 이 같은 현상은 지방 거주 양반들의 관직 진출이 어려워지는 것과 관계가 있다. 그만큼 관직자를 배출한 가문이 소수가문에 국한되어 갔음을 말해 준다. 이러한 변화는 상대적으로 향촌사회에서 사회적 지위를 유지하는데 사마시에 입격하여 생원·진사가 된다는 것이 더욱 중요한 요인이 되고 있음을 말해 준다.[37] 왜냐하면 사마시 입격자들은 教導교도나 훈도訓導로 진출하거나 유호儒戶라 불리면서 군역도 면제받고 향촌 사회에서 자신들의 영향력을 행사할 수 있기 때문이다.[38] 생원·진사의 자격만으로도 최소한 면역 특권이 주어져 사회적으로 일정한 대우는 받을 수 있었던 것이다.[39]

다음으로 보성 거주 사마시 입격자의 입격시 연령을 살펴보면 평균 40세 이다.[40] 연령대별로는 10대 4명(4.49%), 20대 17명(19.1%), 30대 33명(37.07%), 40대 15명(16.85%), 50대 8명(8.98%), 60대 4명(4.49%), 70대 3명(3.37%), 80대 5명(5.61%)이다. 30대에 입격하는 경우가 가장 많고, 그 다음이 20대이다. 그러나 40대 이후에 입격하는 경우도 43% 이상이 된다. 특히 보성의 경우 70대와 80대 입격자도 다수 있는 것으로 보아 얼마나 오랜 기간 동안 사마시에 입격하고자 하였는지를 짐작하게 한다. 이렇듯 거의 평생을 거쳐 사마시에 입격하고자 하는 노력했다는 것은 그만큼 사마시 입격이 갖는 향촌 사회에서의 위상을 보여준다고 하겠다.

이상에서 살펴 본 바에 의하면 문과와 사마시 합격이 갖는 의미는 지방 양반에게는 매우 중요하였다는 것을 알 수 있다. 그럼에도 불구하고 현실

---

36) 최진옥, 『조선시대 생원진사연구』, 집문당, 1998, 250~251쪽 참조.
37) 최진옥, 앞의 책, 1998, 251~253쪽.
38) 『세종실록』세종7년 2월 갑인조 ; 최종택, 「여말선초 생원,진사」『사학연구』제54호, 1997, 69~70쪽 ; 김창현, 앞의 논문, 1997, 29쪽.
39) 이남희, 「과거제도, 그 빛과 그늘」『오늘의 동양사상』제18호, 2008, 125쪽.
40) 보성 거주 입격자 중『사마방목』에서 연령을 확인할 수 있는 인물은 총 89명이다. 이들의 사마시 입격 당시 평균 연령은 만 40.16세이다.

적으로는 문과에 급제하여 관직에 오를 수 있는 가능성이 극히 낮았다. 그나마 사회적 지위를 유지할 수 있는 수단으로 사마시에 입격하고자 노력하고 있었음을 알 수 있다. 하지만 〈표 2〉에서 보이는 바와 같이 사마시 입격자가 상대적으로 급격히 늘어나는 것은 19세기 후반 철종조~고종조의 특이한 현상이다. 이는 한편으로 입격자의 정액이 지켜지지 않고 증가하는 것과 관련이 있다.41) 그렇기에 경술사건이 일어났던 1850년 전후 사마시 입격자는 여전히 전체 사족 중의 극히 일부에 불과 했던 것이다. 이러한 상황에서 지방양반들은 자신들의 사회적 지위를 유지하기 위한 또 다른 방법을 모색하지 않을 수 없었을 것이다.

2. 權益 守護를 위한 地方兩班의 對應 方式

1) 合法的 權利 救濟 手段의 動員과 社會的 네트워크

이미 앞에서 보성의 지방양반들이 문과와 사마시에 합격하는 비율이 매우 낮았음을 살펴보았다. 이는 현실적으로 지방양반이 중앙 관직으로 진출하는 것이 매우 어려웠다는 것을 의미한다. 그렇기에 사족들은 다른 다양한 방법들을 동원하여 자신들의 신분적·사회적 권익을 유지하기 위해 적극적 노력을 전개하였다.42)

---

41) 이는 19세기 후반 사마시 입격률이 급격히 늘어나는 것으로 확인할 수 있다. 이는 지방양반들이 자신들의 사회적 지위를 유지하기 위하여 사마시 입격에 노력하고 있었음을 보여 준다. 하지만 이 같은 현상은 19세기 후반 구체적으로는 철종조 이후 고종조에 사마시 입격자의 액수가 지켜지지 않고 크게 증가했던 것과 관련 있다. 법정액수인 100명은 19세기 이전까지는 잘 지켜졌으나 19세기 후반부터는 지켜지지 않고 증가했던 것이다. 일례로 고종31년 마지막 식년시에서는 진사의 경우 법정액수의 10배가 넘는 1,055명을 입격시키기도 했다. 이에 대한 자세한 내용은 최진옥, 앞의 책, 40~41쪽 참조.

보성의 '경술사건'의 경우 사족들은 자신들의 이익이 위협 당하자 향회鄕會와 등소等訴를 통해 자신들의 권익을 수호하고자 했다. 향회와 등소는 모두 조선왕조의 법질서 내에서 허용된 합법적인 방법이었던 것이다. 또한 사족들은 이러한 합법적 방법을 행동으로 옮기기 위해 자신들의 사회적 네트워크를 이용하였다. 이제 그 구체적 내용을 살펴보기로 한다.

보성 '경술사건'의 계기가 된 수령의 권분勸分에 대하여 사족들은 먼저 향회鄕會를 소집하고 이에 대응하기 시작했다. 그 첫 번째가 기유년(1849) 12월 12일에 향중다사鄕中多士의 연명으로 보성 군수에게 올린 글이다.[43] 이 글에서 사족들은 '아전이 집어 쓴 공금을 민간이 보충하라는 것은 법法외의 일이며 부유층만 가려서 나누어 내게 한 것 또한 나라의 명령이 아닐 것'이라고 항변한다.[44] 그런데 이틀 뒤인 기유년 12월 14일에 성주城主[45]에게 올린 단자單子[46]에 보면 수령은 첫 번째 연명정소를 일종의 항

---

42) 정진영, 앞의 논문, 1991, 282쪽 참조.

43) 일종의 연명정소(聯名呈訴)라고 보여 진다. 정소(呈訴)란 민인(民人)이 각종 민원(民願)을 문서로 국가에 요구하고 청원하는 행위를 말한다. 조선시대 정소는 '소지(所志)'라고 하는 문서를 관에 제출함으로써 이루어졌다. 연명정소(聯名呈訴)는 정소활동 중에서 2인 이상의 연명으로 정소하는 것을 의미한다. 문서 양식도 '등장(等狀)'을 사용하였다. 김경숙, 「등장을 통해 본 조선후기 연명정소와 공론 형성」 『규장각』 36, 2010, 28쪽 참조.

44) 『庚戌錄』 12쪽.

45) 소지류에서 성주(城主)는 지방관을 말하며, 이때 성주에게 소지를 올리는 사람을 화민(化民)이라고 한다. 沈永煥, 「朝鮮時代 所志類의 着官 硏究」 『藏書閣』 14집, 2005, 83쪽 참조.

46) 조선시대 정소 문서인 소지류에는 상언, 단자, 상서, 발괄, 원정, 의송, 소장, 청원서, 소지 등 다양한 문서 양식들이 포함된다. 이들은 정소인의 신분 및 정소 단계에 따라 구별되어 사용되는 경향이 있었다. 『유서필지』에 의하면 상서와 단자는 양반 사족층이 정소할 때 사용하는 문서 명칭이었으며, 발괄과 원정은 범인(凡人)의 문서양식으로 특히 하층민들이 선호하였다. 관찰사, 암행어사 등 상급 기관에 정소할 때는 의송, 국왕에게 정소할 때는 상언과 격쟁원정을 사용하였다. 김경숙, 「等狀을 통해 본 조선후기 聯名呈訴와 公論 형성」 『규장각』 36, 2010, 29쪽 참조. 소지류(所志類) 문서에 관해서는 김경숙, 「조선후기 山訟 所志類의 文書樣式과 分類」 『규장각』 25,

명으로 인식하고, 그 주모자로 조일승曹日承, 이일항李一恒, 송형순宋亨純,
안영安欞 등을 지목하고 있다. 이에 이 사가四家에서 단자를 올려 해명하
고 있다.

한편으로 사족들은 자신들의 사회적 네트워크를 동원하였다. 이들의
사회적 네트워크를 확인할 수 있는 자료로는「양사재안養士齋案」과「향교
유안鄕校儒案」이 있다.47)「양사재안」은 '원안原案'과 '추록追錄'으로 되어
있다. '추록'은 재원을 확보하기 위해 작성된 것으로 보인다.「향교유안」
은 명분과 기강을 세워 신분질서의 혼란을 바로 잡는다는 명분에서 작성
되었다. 이 두 안案에 입록된 인물들이 보성의 대표적 지방양반들로서 '경
술사건'과 관련된 각종 등소에 참여한 것으로 확인된다.48)

기유년(1849) 12월 12일에 향중다사鄕中多士의 연명으로 군수에게 올린
글에 연서連書한 다사多士는 이진각李鎭珏, 이진용李鎭容, 이기대李箕大, 조
일승曹日承, 이일항李一恒, 송형순宋亨純, 안길환安吉煥, 이기룡李基龍, 안령安
欞, 김성환金成煥, 염재빈廉在斌, 손승렬孫承烈, 선달수宣達洙, 박영환朴永煥,
이일항李馹恒, 정시중鄭時中 등이다. 이들 중「양사재안 원안」에 입록되어
있는 사람은 朴永煥, 宣達洙, 安吉煥, 李一恒, 李鎭珏 등이다.「향교유안」에는
安吉煥, 李基龍이 입록되어 있다. 위의 인물 중 曹日承, 李一恒, 宋亨純, 安欞
등은 군수가 모해관가謀害官家의 주모자로 지목한 자들이다. 특히 송형순
宋亨純의 집안은 보성 '경술사건'에서 가장 큰 피해를 입었고, 그 아들들이
『경술록庚戌錄』을 남겼던 것이다.

이렇듯 보성의 사족들은 수령의 권분勸分에 대해 정소했으나 자신들의
의견은 무시되고 도리어 탄압되자 다시 비밀 향회를 소집하였다. 그리고

2002 참조.
47)『전남의 향교』, 전라남도, 1987에 수록되어 있다.
48) 물론 이들 중에는 신분상승한 인물도 상당수 있었을 것이다. 정진영, 앞의 논문,
1991, 297쪽 참조.

비용을 거둬 서울로 올라가 직접 임금과 비변사에 상언上言[49]과 정장呈狀
을 올렸다.[50]

1852년 2월 올린 상언초上言草에 연서連書한 사족士族은 박중혁朴重爀,
이기운李基運, 안시환安時煥, 이상오李象五, 조욱승曹旭承, 송형순宋亨純, 이일
항李一恒, 안격安格, 박중천朴重千, 양낙영梁洛榮, 김상원金相原, 박찬영朴贊英,
이재구李在九, 손탁孫倬, 이기종李基宗, 안수장安壽章, 조일승曹日承, 이우신李
友新, 이기섬李基暹, 임구상林究相, 박한상朴漢相, 송진효宋鎭孝, 임설재任說材,
염재석廉在錫, 박중환朴重煥, 조시옥趙時玉, 윤방검尹方俭, 조진영趙鎭英, 박권
한朴權漢, 양응진梁應鎭, 안명한安命漢, 염인변廉人釆, 안명규安命圭, 송헌순宋
憲純, 이기호李基昊, 양진품梁鎭品, 이경회李慶會, 염철환廉轍煥, 임정현任正鉉,
김지복金志福, 조경진曹慶振, 황재익黃在益, 정윤국鄭允國, 이기인李基寅, 허련
許璉, 양상호梁相浩, 안성덕安性德, 조석신曹錫臣, 문계윤文桂允, 안명묵安命默,
송영순宋永純, 안현수安賢秀, 선기중宣基中, 임량재林樑材, 소수민蘇洙敏, 채규
용蔡奎龍, 이기변李基釆, 안형환安馨煥, 오진풍吳鎭豊, 박중영朴重榮, 이언진李
彦鎭, 선송렬宣宋烈, 이기석李基錫, 정제택鄭濟澤, 이기성李基成, 김지하金志夏,
박중철朴重喆, 임규상林奎相, 정윤택鄭潤澤, 양진오梁鎭五, 최윤崔潤, 이기규李
基奎, 조진영趙鎭暎, 윤범순尹範純, 안영安林, 박중록朴重祿, 양기호梁起浩, 박
난혁朴蘭赫, 정성묵鄭誠默, 안명우安命禹, 이석회李碩會, 염진환廉鎭煥, 이유항
李有恒, 이진윤李鎭潤, 박기현朴基賢, 조석오曹錫五, 이기봉李基鳳, 허지許芝,
백기순白基珣, 염재설廉在卨, 양상원梁相原, 양진구梁鎭口, 성봉주成鳳柱, 문계

---

49) 조관을 비롯한 모든 사람들이 왕에게 下情上達할 수 있는 언론의 보편적인 방식으
로는 상소·상서·상언 등이 있었다. 조선초기에는 언관을 비롯한 조관들의 上達은
대부분 상소로 표기하였으나, 유생과 평민의 경우는 상서·상언으로 기록하는 것이
일반적이었다. 薛錫圭, 『朝鮮時代 儒生上疏와 公論政治』, 도서출판 선인, 2002, 26
쪽 참조.

50) 읍민들은 부당한 수취운영에 대하여 중앙의 조처를 기대하였다. 그 대상은 당시의
권부였던 비변사나 국왕이었다. 송찬섭, 『朝鮮後期 還穀制改革硏究』, 서울대출판
부, 2002, 85쪽 참조.

한문계漢文桂漢, 최창수崔昶秀, 유면수柳勉粹, 이삼회李三會, 정학수鄭學壽, 선광익宣光益, 이진학李鎭學, 김기원金琦源, 김종렬金鍾烈, 이덕오李德五 등이다.

이들은 스스로를 유학幼學으로 칭하고 있다.[51] 이들 중 「양사재안 원안」에 등재되어 있는 인물은 김종렬金鍾烈, 박난혁朴蘭赫, 박중록朴重祿, 선광익宣光益, 안현수安賢秀, 염인변廉人釆, 염철환廉轍煥, 이기규李基奎, 이일항李一恒, 이진학李鎭學, 임규상林奎相, 정성묵鄭誠默, 정윤택鄭潤澤, 정제택鄭濟澤, 조경진曹慶振, 채규용蔡奎龍, 최창수崔昶秀 등이다. 「양사재안 추입질」에는 박찬영朴贊英, 이기석李基錫, 이기호李基昊, 이덕오李德五, 이삼회李三會 등이 추록되어 있다. 「향교유안」에는 박기현朴基賢, 박중영朴重榮, 이기규李基奎, 이기섬李基暹, 이기변李基釆, 이기호李基昊, 임규상林奎相, 정성묵鄭誠默, 허련許璉 등이 입록되어 있다. 이를 통해 서울로 상경하여 상언上言을 올린 인물들이 보성의 사족들로서 이미 사회적 네트워크를 형성하고 있던 인물들이라는 것을 알 수 있다.

〈표 5〉 1852년 2월 上言草의 주요 내용과 連書한 士族

上言草의 주요 내용	「養士齋案」 '原案' 入錄人	「養士齋案」 '追錄' 入錄人	「鄕校儒案」 入錄人
간사한 아전들이 나라를 좀 먹고 환곡(還穀)을 축내어 백성들을 병들게 하였음. 본 고을의 환곡 팔만석의 결손은 모두가 이속들이 저지른 것임. 이들이 거짓 장부로 명단을 꾸며 勸分이라는 이름으로 사족들에게 강제로 세금을 매겼으니, 포리들의 죄를 율법으로 바로잡아 지역의 백성들이 생활할 수 있게 하고 교화가 변방에까지 두루 미치기를 정성을 다해 빈다는 내용.	金鍾烈, 朴蘭赫, 朴重祿, 宣光益, 安賢秀, 廉人釆, 廉轍煥, 李基奎, 李一恒, 李鎭學, 林奎相, 鄭誠默, 鄭潤澤, 鄭濟澤, 曹慶振, 蔡奎龍, 崔昶秀	朴贊英, 李基錫, 李基昊, 李德五, 李三會	朴基賢, 朴重榮, 李基奎, 李基暹, 李基釆, 李基昊, 林奎相, 鄭誠默, 許璉

그 후 다시 경술년(1850) 2월과 3월 26일, 그리고 4월 초1일과 초4일에

---

51) 『庚戌錄』, 1993, 15쪽.

계속해서 관찰사에게 의송議送52)을 올리고 있다. 경술년(1850) 2월에 올린 의송에 연서한 사족은 박찬영朴贊英, 손탁孫倬, 이기종李基宗, 안수언安壽彦, 조일승曺一承, 이우신李友新, 임구상任究相, 박한상朴漢相, 송진효宋鎭孝, 윤취성尹就成, 임설재任說材, 정유택鄭有宅, 김상원金相元, 염재석廉在錫, 박중환朴重煥, 안명집安命集, 윤범신尹範臣, 이기섭李基暹, 조시옥趙時玉, 안형환安馨煥, 양진품梁鎭品, 이경회李慶會, 염철廉轍, 임정현任正鉉, 김지복金志福, 조경진曺慶振, 황재익黃在益, 정윤국鄭允國, 이기인李基寅, 양상호梁相浩, 허련許璉, 안성득安性得, 조석신曺錫臣, 문계윤文桂允, 안명묵安命默, 안현수安賢秀, 송언순宋彦純, 선기중宣基中, 박권한朴權漢, 조진영趙鎭英, 윤학검尹鶴儉, 이기호李基昊, 안명규安命奎, 염인변廉仁采, 안명한安命翰, 양응진梁応鎭, 임량재任樑材, 소수민蘇洙敏, 채규용蔡奎龍, 이기변李基采, 박중영朴重榮, 오진풍吳鎭豊, 이언진李彦鎭, 선종렬宣宗烈, 이기석李基錫, 정제택鄭濟澤, 이기성李基成, 김지하金志厦, 박중영朴重英, 박규상朴奎相, 정윤택鄭潤澤, 최윤승崔潤昇, 양진오梁鎭五, 이기규李基圭, 조진영趙鎭暎, 윤범순尹範純, 안영安秇, 박중현朴重賢, 안명우安命禹, 이석회李錫會, 염진환廉震煥, 정성묵鄭誠默, 안명도安命燾, 이유항李有恒, 이진윤李鎭潤, 박기현朴基賢, 조석오曺錫吾, 박중록朴重祿, 이기봉李基鳳, 허지許芝, 염재설廉在卨, 양상원梁相源, 박란혁朴蘭赫, 양진구梁鎭口, 백기순白基珣, 문계한文桂漢, 최애수崔呁秀, 유면수柳勉粹, 이삼회李三會, 성봉주成鳳柱, 안격安格, 선응복宣應福, 안서安敍, 김종렬金鍾烈, 김식金植, 안령安欞, 채규진蔡奎鎭, 박민환朴敏煥, 정학수鄭學壽, 이덕오李德吾 등이다. 이들 중 「양사재안 원안」에 입록되어 있는 인물은 김식金植, 김종렬金鍾烈, 박란혁朴蘭赫, 박민환朴敏煥, 선응복宣應福, 안현수安賢秀, 염인변廉仁采, 이기규李基圭, 이유항李有恒, 임구상任究相, 임량재任樑材, 정성묵鄭誠默, 정윤택鄭潤澤, 정제택鄭濟澤,

---

52) 조선후기에는 관찰사에게 제출하는 소지류를 군현 단위에 제출하는 소지와 구별하여 '의송(議送)'이라 하였다. 김경숙, 「16세기 請願書의 처리절차와 議送의 의미」 『고문서연구』 24, 2004, 87쪽 참조.

조경진曺慶振, 채규용蔡奎龍, 최애수崔昹秀, 허련許璉 등이고, 「양사재안 추입질」에 들어 있는 인물은 박찬영朴贊英, 윤범신尹範臣, 이기석李基錫, 이기호李基昊, 이덕오李德吾, 이삼회李三會 등이다. 「향교유안」에는 박기현朴基賢, 박중영朴重榮, 박중영朴重英, 박중현朴重賢, 이기규李基圭, 이기섬李基暹, 이기변李基釆, 이기호李基昊, 정성묵鄭誠默이 등재되어 있다. 염재설廉在高은 「사마방목」에 의하면 1867년 식년式年 생원시生員試에 3등으로 입격한 사실을 확인할 수 있다.

〈표 6〉 1850년 2월 議送의 주요 내용과 連書한 士族

議送의 주요 내용	「養士齋案」 '原案' 入錄人	「養士齋案」 '追錄' 入錄人	「鄕校儒案」 入錄人
본 고을의 아전들이 환곡 8만석을 포탈하고 백성에게 횡포를 부리며 징수하고 있음. 조금 넉넉한 집에는 勸分이라는 이름으로 위협하며 강제로 징수하고, 응하지 않으면 죄를 씌워 욕을 보임. 환곡 8만석이 결손난 것은 모두가 아전들의 소행이니 법은 법대로 죄는 죄대로 다스려 주시기를 바람.	金 植, 金鍾烈, 朴蘭赫, 朴敏煥, 宣應福, 安賢秀, 廉仁釆, 李基圭, 李有恒, 任究相, 任樑材, 鄭誠默, 鄭潤澤, 鄭濟澤, 曺慶振, 蔡奎龍, 崔昹秀, 許 璉	朴贊英, 尹範臣, 李基錫, 李基昊, 李德吾, 李三會	朴基賢, 朴重榮, 朴重英, 朴重賢, 李基圭, 李基暹, 李基釆, 李基昊, 鄭誠默

경술년 3월 26일 의송議送에는 박찬영朴贊英, 이기종李基宗, 정학수鄭鶴壽, 안영수安韺秀, 선맹수宣孟洙, 이기성李基成, 윤방검尹邦儉, 임온任昷, 송진효宋鎭孝, 최창수崔昶秀, 조영진曺永振, 양낙영梁洛榮, 박중택朴重宅, 조동보趙東普, 이기필李基必, 박명제朴命濟, 안명수安命壽, 백기순白基珣, 이덕오李德五, 채규룡蔡奎龍, 염인순廉仁順, 손탁孫倬, 윤용성尹龍成, 이삼회李三會, 송진만宋鎭萬, 안각安桷, 박중천朴重千, 김상원金相源, 소수중蘇洙中, 문계윤文桂允, 임량재任樑材, 김종행金鍾行, 선시오宣時五, 조승구趙昇九, 박필형朴必馨, 정완변丁玩釆, 안영安榮, 최익수崔翼秀, 정인택鄭仁澤, 이운성李雲成, 박민환朴敏煥,

윤범신尹範臣, 임호수任虎洙, 황재익黃在益, 조원승曺源承, 김기원金琦源, 박동변朴東采, 정성묵鄭誠默, 최덕수崔德秀, 김지원金志元, 염철환廉轍煥, 박동환朴東煥, 성봉주成鳳柱, 임정현任正鉉, 양계진梁啓鎭 등이 연서하고 있다. 이들 중「양사재안 원안」에는 김종행金鍾行, 김지원金志元, 박민환朴敏煥, 박중택朴重宅, 염인순廉仁順, 염철환廉轍煥, 정성묵鄭誠默, 정인택鄭仁澤, 채규룡蔡奎龍, 최덕수崔德秀, 최익수崔翼秀 등이,「양사재안 추입질」에는 박동변朴東采, 박찬영朴贊英, 안각安桷, 윤범신尹範臣, 이덕오李德五, 이삼회李三會 등이 등재되어 있다.「향교유안」에는 김종행金鍾行, 박동환朴東煥, 박중택朴重宅, 안영수安韺秀, 윤범신尹範臣, 정성묵鄭誠默 등의 이름이 보인다.

〈표 7〉 1850년 3월 26일 議送의 주요 내용과 連書한 사족

議送의 주요 내용	「養士齋案」 '原案' 入錄人	「養士齋案」 '追錄' 入錄人	「鄕校儒案」 入 錄人
경술사건과 관련된 사족들의 구체적 피해 상황과 이의 주모자로 특정 아전을 지목하여 조사하고 국법에 따라 죄를 다스릴 것을 요청하는 내용.	金鍾行, 金志元, 朴敏煥, 朴重宅, 廉仁順, 廉轍煥, 鄭誠默, 鄭仁澤, 蔡奎龍, 崔德秀, 崔翼秀	朴東采, 朴贊英, 安 桷, 尹範臣, 李德五, 李三會	金鍾行, 朴東煥, 朴重宅, 安韺秀, 尹範臣, 鄭誠默

경술년 4월 초1일에 감영監營에 올린 의송議送에는 조영진曺永振, 이진춘李鎭春, 박동환朴東煥, 안백安栢, 조유趙濡, 박필익朴必益, 이운성李雲晟, 박진영朴晋英, 이상종李象宗, 안모安模, 나우규羅迂奎, 임학수林鶴洙, 윤범신尹範臣, 이기현李基炫, 안영安榮, 양윤호梁潤浩, 안영수安英秀, 박동변朴東采, 조윤봉趙胤鳳, 염재빈廉在斌, 이기섭李基暹, 이창회李昌會, 이기홍李基興, 조진영趙鎭榮, 문병렬文秉烈, 염상돈廉相燉, 임사욱任思郁, 정이헌丁以憲, 선달수宣達洙, 김종행金鍾行, 이진李鎭, 송영순宋永純, 정인엽鄭仁燁, 백기순白基垌, 임승수任昇洙, 이기춘李基春, 박중택朴重宅, 정동주鄭東柱, 김지하金志厦, 임우재任宇材,

안길환安吉煥, 송재명宋在明, 백기수白基洙, 박준한朴俊漢, 박동룡朴東龍, 조원趙瑗, 문주윤文柱允, 소인국蘇仁國, 채규성蔡奎成, 이영오李榮五, 이진초李鎭初, 송복순宋復純, 정가영丁家永, 선경흠宣敬欽, 성봉주成鳳柱, 윤방검尹邦儉, 이기팔李基八, 조원승曹源承, 김기원金琦源, 조시달趙時達 등이 연명정소하였다. 이들 중 「양사재안 원안」에는 채규성蔡奎成, 김지하金志厦, 김종행金鐘行, 문병렬文秉烈, 박준한朴俊漢, 박중택朴重宅, 박필익朴必益, 선달수宣達洙, 안백安栢, 안길환安吉煥, 이기현李基炫, 조유趙濡 등이, 「양사재안 추입질」에는 이기흥李基興, 이창회李昌會 등이 들어 있다. 「향교유안」에는 김종행金鐘行, 박동환朴東煥, 박중택朴重宅, 안영수安英秀, 윤범신尹範臣, 이기섬李基暹, 이기팔李基八, 임사욱任思郁 등이 등재되어 있다.

<표 8> 1850년 4월 초1일 議送의 주요 내용과 連書한 士族

議送의 주요 내용	「養士齋案」 '原案' 入錄人	「養士齋案」 '追錄' 入錄人	「鄕校儒案」 入錄人
경술사건의 조사 결과와 통보가 늦어지고 있는 것에 대한 불만과 빠른 처리를 요구하는 내용.	蔡奎成, 金志厦, 金鐘行, 文秉烈, 朴俊漢, 朴重宅, 朴必益, 宣達洙, 安 栢, 安吉煥, 李基炫, 趙 濡	李基興, 李昌會	金鐘行, 朴東煥, 朴重宅, 安英秀, 尹範臣, 李基暹, 李基八, 任思郁

경술년 4월 초 4일 다시 감영監營에 올린 의송議送에는 조영진曺永振, 이진춘李鎭春, 박동환朴東煥, 안백安栢, 조유趙濡, 박필익朴必益, 이운성李雲晟, 박진영朴晋英, 박학수朴鶴洙, 이상종李象宗, 안모安模, 나우규羅迂奎, 윤범신尹範臣, 이기현李箕鉉, 안영安榮, 양윤호梁潤浩, 안영수安馦秀, 박동변朴東采, 조윤봉曺允鳳, 염재빈廉在斌, 이기섬李基暹, 조동일趙東一, 이창회李昌會, 조일승曺日承, 이기흥李基興, 조진영趙鎭榮, 문병렬文秉烈, 염상돈廉相敦, 임사욱任思

郁, 정이헌丁以憲, 선달수宣達洙, 김종행金鍾行, 이진용李鎭容, 송영순宋永純, 정인엽鄭仁燁, 허련許璉, 박찬영朴贊英, 백기순白基珣, 임승수任昇洙, 이기춘李基春, 박중택朴重宅, 정동주鄭東柱, 김지하金志廈, 임우재任宇在, 안길환安吉煥, 송재명宋在明, 박준제朴俊濟, 백기휴白基休, 이기종李基宗, 박동룡朴東龍, 조원趙湲, 문주윤文柱允, 소인국蘇仁國, 채규성蔡奎成, 이영오李榮五, 이진초李鎭初, 송복순宋復純, 정종영丁宗永, 선경흠宣敬欽, 성봉주成鳳柱, 김기원金埼源 등이 연명정소하였다. 이들 중「양사재안 원안」에는 김지하金志廈, 문병렬文秉烈, 박중택朴重宅, 박필익朴必益, 백기휴白基休, 선달수宣達洙, 안백安栢, 안길환安吉煥, 조유趙濡, 조동일趙東一, 채규성蔡奎成, 허련許璉 등이 들어 있고,「양사재안 추입질」에는 박동변朴東采, 박찬영朴贊英, 이기흥李基興, 이창李昌會 등이 들어 있다.「향교유안」에는 박동환朴東煥, 박중택朴重宅, 안길환安吉煥, 윤범신尹範臣, 이기섭李基暹, 임사욱任思郁, 허련許璉 등의 이름을 찾아볼 수 있다.

〈표 9〉 1850년 4월 초4일 議送의 주요 내용과 連書한 士族

議送의 주요 내용	「養士齋案」 '原案' 入錄人	「養士齋案」 '追錄' 入錄人	「鄕校儒案」 入錄人
지난 의송의 요구에 따라 소장내용과 사실이 같은지 재조사하는 것에 대한 답변 내용. 다시 한 번 환곡 포탈이 아전들의 죄라고 주장하며 진실을 가려 밝혀 주시를 바라는 내용.	金志廈, 文秉烈, 朴重宅, 朴必益, 白基休, 宣達洙, 安 栢, 安吉煥, 趙 濡, 趙東一, 蔡奎成, 許 璉	朴東采, 朴贊英, 李基興, 李昌會	朴東煥, 朴重宅, 安吉煥, 尹範臣, 李基暹, 任思郁, 許 璉

이를 종합하여 정리해 보면 보성의 사족들은 자신들의 권익을 지키기 위해 기존 사족들의 사회적 네트워크를 이용하여 향회를 열고 연명聯名으로 중앙과 상급 기관에 정소呈訴하였던 것이다. 또한 국왕에게 직접 호소하는 방식인 격쟁擊錚도 이용되었다.53) 이렇듯 이들 사족들은 1차 정소기

관인 군현 정소呈訴, 관찰사 등 상급기관에 정소하는 의송議送, 최종 단계
인 국왕에게 정소하는 상언上言 등 모든 합법적 방법을 동원하여 자신들
의 권익을 지키고자 고군분투하였던 것이다. 뿐만 아니라 사족들은 다른
지방의 사족들과도 연계하고 있었다는 것을 확인할 수 있다.54) 사족들은
통문通文을 돌려 다른 지방 사족과 공동 대응을 모색하였던 것이다.

결과적으로 앞에서 설명한 바와 같이 이러한 보성 지방양반들의 공동
대응으로 '경술사건'은 사족들에게 유리하게 해결되었다. 그러나 이들 중
송형순宋亨純 집안만은 큰 피해를 입었고, 이에 대한 권리 구제를 위해 계
속적인 노력을 지속하였다. 그 경과가 『경술록庚戌錄』下의 주요 내용이다.
송형순의 아들들은 아버지의 억울한 죽음과 '경술사건'을 통해 입은 피해
를 구제 받기 위해 또 다시 자신들이 동원할 수 있는 합법적 권리구제
수단을 총동원하였다. 기록에 의하면 다음 〈표 10〉에서 볼 수 있는 바와
같이 1850년부터 1862년까지 총 39차례에 걸쳐 성주城主에 대한 정소呈訴,
관찰사에 대한 의송議送, 어사御使에 대한 격쟁擊錚 등을 끊임없이 하고 있
다. 이렇듯 지방양반은 자신의 권익을 수호하고 유지 또는 회복하기 위하
여 부단한 노력을 경주하고 있었음을 알 수 있다.

〈표 10〉 宋氏家의 呈訴

	보낸 일자	정소자	대상 관청	답변 일자	
1	1850. 12. 28	송씨가	성주		
2	1851. 01. 29	송씨가	성주		
3	1851. 2. 13	송씨가	어사또	1851. 2. 25	전주에서 우도어사
4	1851. 2. 28	송씨가	순찰사		

53) 보성의 경우 사민(士民)들이 집단으로 상경(上京)하였으며 그 가운데 격쟁도 있었
던 것으로 보인다. 『경술록』, 1993, 16~17쪽, 「備邊司草記」 '日昨臣之公退之路 見
退鄕士民聚立於路傍者 問其委折則似爲俱是寶城所居之人' ; 송찬섭, 『朝鮮後期 還
穀制改革硏究』, 서울대출판부, 2002, 86쪽 참조.
54) 『庚戌錄』 47~53쪽의 각종 통문(通文) 참조.

5	1851.윤8.18	송씨가	형조판서		
6	1851.09.	송씨가	성주	1851.09.13	갈담에서
7	1851.09.19	송씨가	순찰사		
8	1851.10.01	송씨가	성주		
9	1851.10.07	송씨가	순찰사		
10	1852.10.07	송씨가	성주		
11	18530.9.09	송씨가	순찰사		
12	1853.11.25	송씨가	성주		
13	1854.03.12	송씨가	순찰사		
14	1854.06.04	송씨가	어사또		장흥 출도 시
15	1854.07.02	송씨가	순찰사		
16	1856.03.11	송씨가	순찰사		
17	1856.07.	송씨가	성주		
18	1856.09.	송씨가	성주		
19	1856.10.05	송씨가	성주		보고자 이기헌
20	1856.10.10	송씨가	순찰사		
21	1856.11.24	송씨가	성주		
22	1856.11.29	송씨가			
23	1856.12.06	송씨가	순찰사		
24	1852.05.	송씨가	성주	1852.05.01	
25	1852.06.	송씨가	성주	1852.06.14	
26	1852.05.	송씨가	성주	1852.05.29	
27	1852.09.	송씨가	순찰사	1852.09.21	
28	1853.10.	송씨가	성주	1853.10.18	
29	1853.12.	송씨가	성주	1853.12.02	
30	1853.12.	송씨가	성주	1853.12.10	
31	1853.12.	송씨가	성주	1853.12.13	
32	1854.03.	송씨가	순찰사	1854.03.15	
33	1854.04.28	송씨가	성주		
34	1854.08.	송씨가	성주	1854.08.24	
35	1854.12.	송씨가	성주	1854.12.10	
36	1860.10.	송씨가	성주		

37	1860.11.	송씨가	순찰사	1860.11.10	
38	1860.11.27	송씨가	순찰사		
39	1862.01.17	송씨가	성주		

* 출처: 『庚戌錄』, 보성문화원, 1993.
* 처분 내용은 기록되어 있으나, 답변 일자는 명시되어 있는 경우가 많지 않다. 이 경우 일자가 명시되어 있는 경우만 표시하였다.
 표에서 '성주'는 보성 군수를, 순찰사는 감영의 관찰사를 가리킨다. 다시 말하면 먼저 당해 군수에서 정소하고, 다시 관찰사에게 의송하였음을 알 수 있다.

2) 記錄의 生産을 通한 正當化와 責任 轉嫁

 지방양반들의 권익수호 활동 중에 가장 주목할 만한 것은 바로 '기록記錄'의 생산이다. 이들은 기록을 생산하고, 유통하고, 남김으로서 자신들의 행위를 정당화하고 권익을 지켜나갈 수 있었던 것이다.

 역사는 기억이다. 그리고 그 기억은 기록을 통해 전해진다. 기록을 생산하고, 남기고, 전하는 자의 기억이 우리에게 전해지고 있는 것이다. 그 기억은 누구를 위한 기억인가? 조선시대의 대부분의 기록은 바로 지배계층인 양반들의 기록이며, 양반들을 위한 기억인 것이다. 보성 지방의 지방양반도 자신들의 행위를 정당화하고 권익을 수호하기 위해 기록을 남겼던 것이다. 바로 우리가 현재 보고 있는 『경술록』이라는 기록 자체가 바로 그 대표적 사례라고 할 수 있다. 보성의 지방양반으로 토호로까지 불리었던 집안에서 자신들의 억울함을 호소하고, 자신들의 행위를 합리화하고 정당화한 기록을 남김으로써 자신들의 권익을 수호하려 했던 것이다. 학자들을 포함하여 후대의 사람들이 이 기록에 의거하여 당시의 상황을 이해하게 됨으로써 우리는 『경술록』 저자의 시각에 동조하게 되는 부분이 있는 것이다.55)

55) 실제 보성의 '경술사건'에 관한 선행 연구 중에는 엄밀한 사료 비판 없이 『경술록』

이러한 기록에 의하면 모든 잘못은 단지 수령 권력에 아부함으로써 중간 수탈자로서 존재했던 향리에게 전가되고 있다.[56] 양반 사족들은 일반 백성들이 수령과 향리를 함께 성토하는 것에 반해 수령에 대해서는 변호하거나 옹호하는 입장을 보였다. 왜냐하면 수령과 양반 사족은 같은 계급적 입장에 서 있었기 때문이었다.[57]

조선시대 향리는 당대 사회에서 두렵고도 간교한 이미지로, 혹은 막대한 부를 축적할 수도 있는 직업으로 기억되고 있었다. 조선시대 향리층이 부정적인 인식을 갖게 된 일차적 책임은 향리 자신들에게 있을 것이다. 하지만 또 다른 중요한 원인은 지배계층이나 일반 백성 모두 당시의 사회적 모순에 대한 책임을 향리에게 전가했기 때문이라고도 할 수 있다.[58] 특히 조선후기 일반 백성들은 향리의 부세수탈 특히 향리의 포흠逋欠에 가장 분노하고 있었다. 하지만 향리의 세금 수탈이나 포흠은 향리의 개인적인 착복으로만 볼 수 없는 측면이 분명히 있었다. 이 포흠 문제는 당시의 지방재정과 관련하여 이해할 필요가 있다. 또한 조선후기의 지방재정은 국가의 재정운영과 밀접히 관련되어 있었다.[59] 하지만 일반 백성들은 국가의 재정구조나 운영방식을 이해할 수도 이해할 필요도 없었다. 따라

을 기록한 宋씨 가문의 입장에서 이 사건을 이해하고 있는 것을 확인할 수 있다.

56) 이훈상의 연구에 의하면 "향리집단은 양반집단 이상의 안정성과 지속성을 유지하였다고 한다. 이러한 고도의 장기적 안정성은 이 집단의 역기능에 대한 종래의 해석이 매우 일방적임을 시사해"준다고 한다. 또한 "양반사회의 구조적 모순의 한 단면에 지나지 않는 향리집단의 불법이나 부정은 으레 그 요인에 대한 검토 없이 과장되어 왔고, 이러한 편견은 조선시대를 연구하는 학자들에게 그대로 답습되고 있다."는 주장에 유의할 필요가 있다. 이훈상, 『全訂 조선후기의 향리』, 일조각, 1998, 4~6쪽 참조.

57) 권기중, 「향리에 대한 기억과 편견, 그리고 역사교육」『사림』 제32호, 2009, 122쪽 참조.

58) 『茶山詩文集』 권11 鄕吏論 ; 권기중, 앞의 논문, 2009, 124~125쪽 참조.

59) 손병규, 「조선후기 재정구조와 지방재정운영-재정 중앙집권화와의 관계」『조선시대사학보』 25, 2003, 139~140쪽 참조.

서 그들은 자신들을 직접적으로 수탈하는 것으로 보였던 향리에게 모든
책임을 돌렸던 것이다.[60] 그렇기에 향리가 항상 백성들을 수탈하고 자신
들의 사리사욕만을 탐하는 존재라는 인식을 재고할 필요가 있다.[61] 이렇
듯 향리는 국가의 구조적인 문제에서 발생하는 일반 백성들의 불평, 불만,
공격을 일선에서 받아냄으로써 지배계층을 보호하는 기능을 수행하기도
하였던 것이다.[62]

실제로 『경술록庚戌錄』의 내용을 보면 재지 사족들이 모든 잘못과 책임
을 향리들에게 전가하려는 경향을 엿볼 수 있다.

> 보성 幼學, 朴重爀, 李基運, 安時煥 등은 참으로 황공하게 머리를 조아리
> 고 백번 절하며 주상전하께 한 말씀 올리나이다.
> 대체로 간사한 아전들이 나라를 좀먹고 還穀을 축내어 백성들을 병들게 하
> 여 고칠 수 없게 한 것은 어느 고을이나 그렇지 않으리오마는 어찌 신 등이
> 사는 고을 같은 곳이 있겠습니까?
> 저희 고을 奸吏들이 지은 죄를 말하자면 손가락으로 이루 다 헤아릴 수 없
> 으며 붓으로 낱낱이 쓸 수가 없습니다.
> 한편에서는 각 면으로 아전들을 보내 가호수를 계산하여 마을마다 고기잡
> 듯, 사냥하듯, 집집마다 빗질하듯 하니 온 경내가 소동이 났고 서민들은 사방
> 으로 흩어져, 떠나버린 사람을 이루 다 헤아릴 수가 없으며 한편에서는 잡아서
> 고발합니다. 관가에서는 본 고을에 惟貞稅를 매년 쌀 23말을 거두어 갔는데,

---

60) 권기중, 앞의 논문, 2009, 120~121쪽 참조.
61) 향리의 수탈과 포흠을 국가 재정구조나 운영방식에서 이해하는 데는 다음의 논문
   들을 참고함. 한영국, 「호서에 실시된 대동법」(하), 『역사학보』14, 1961, 118~120
   쪽 ; 「호서에 실시된 대동법-호서대동법과의 비교 및 첨보-」(완), 『역사학보』24,
   1964, 92~98쪽 ; 김덕진, 『조선후기 지방재정과 잡역세』, 국학자료원, 1999, 27쪽 ;
   송양섭, 「조선시대 관권과 사족, 타협과 충돌」 『역사비평』65, 2003, 70~73쪽 참조 ;
   권기중, 「『부역실총』에 기재된 지방재정의 위상」 『역사와 현실』70, 2008 ; 손병
   규, 『조선왕조 재정시스템의 재발견-17~19세기 지방재정사 연구』, 역사비평사,
   2008, 336쪽 참조.
62) 송복, 「양반체제의 지배 지속성: 중인계급의 구성과 기능을 중심으로」 『사회계층 :
   이론과 실제』, 서울대 사회학연구회편, 다산출판사, 1991, 485~495쪽 참조.

지금은 45말로 배를 더해 징수하니 호적에 편입된 백성들이 어떻게 세를 내고 농사를 짓겠습니까? 형편을 보면 장차 가난한 자와 부자 모두가 시달려서 백성과 고을이 망할 수밖에 없습니다.

　이번에 팔만 석을 포탈한 것도 모두 이들의 농간으로 생긴 것입니다. 터무니없이 세를 매기고 허위로 명부를 작성한 것도 다 이들이 作奸하고 은닉한 것이며, 本官을 끌어들여 백성에게 관계없는 세금을 물리려고 계획한 것도 다 이들이 꾸민 것입니다.[63]

　이 내용을 보면 보성의 사족들이 환곡과 그 폐단을 아전들에게 돌리고 있는 것을 알 수 있다. 이는 당시의 지방 재정 시스템을 이들이 이해하지 못했거나 이해하려 하지 않았기 때문일 것이다. 여기서 우리는 부유한 양반들이 마치 가난한 백성들의 처지와 비슷한 것처럼 자신들을 합리화하고 있는 모습을 볼 수 있다.

　나라의 기강이 해이해짐에 아전을 법으로 다스리지 못하고 守令들은 공금을 써버리며, 鄕吏들은 나라 곡식을 도둑질하여 缺損을 채우려는 방법으로 민간에서 징수하려고 횡포하니, 무고한 서민들만 외딴 시골에서 큰 폐를 받고 있습니다.[64]

　엎드려 아룁니다. 저희들은 본 고을의 아전들이 포탈하고 횡포하게 징수한 사실을 閣下의 퇴근 길에 호소합니다.
　이만 석밖에 되지 않은 還穀이 지금 8·9만석에 이른 것도 이 아전들의 농간이며 아전들이 결손낸 것을 백성에게 징수하여 사방으로 흩어지고 헤매게 한 것도 이 아전들의 혹독함 때문입니다.[65]

　보성의 유생 朴贊英, 孫偉, 李基宗 등은 삼가 목욕재계하고 巡相 합하께 올리나이다.(중략) 본 고을의 아전들이 관곡을 포탈하고 백성에게 과중한 세금을 징수한지 오래입니다. (중략) 단지 8만석이 결손난 것은 모두가 이 아전들의 소행이며, 한홉 한되의 결손도 백성이 내지 않았습니다. (중략) 늘어놓은 말

---

63) 『庚戌錄』, 보성문화원, 1993, 13~16쪽, 上言草. 이하 밑줄은 필자의 강조.
64) 앞의 책, 1993, 16쪽, 備邊司草記.
65) 앞의 책, 1993, 17~18쪽, 備邊司 所呈狀.

대로 이 모두가 두 세명에 불과한 <u>간사한 아전들이</u> 저희끼리 서로 도둑질하고 농락하는 것으로써 백성들에게 원수 짓을 하고 있는 것입니다.[66]

더할 나위 없이 포탈했다면 누가 더 많고 누가 더 적은가에 대해서는 비록 본 고을 유림들이 아니라도 다 알고 있는 바입니다. 대체로 <u>아전들이 폐단을 일으킨 것</u>은 제멋대로 책임을 맡김으로써 권리가 커지고, 권리가 커지다 보니 포탈이 많아진 것은 당연한 이치입니다. 여러 사람이 손가락질하며 말하기를, 본고을의 괴수가 첫째는 임○○이고, 둘째는 김○○의 형제이며, 셋째는 최○○와 황○○입니다. 대개 이 다섯 <u>간사한 아전들의 권력</u>의 경중에 따라 그들이 포탈한 관곡의 양이 누가 많고 누가 적은가의 진실을 가히 알 수 있을 것입니다. 백성들의 포탈 유무는 본 고을에서 어찌 한되 한홉의 곡식이라도 백성들이 포탈했겠습니까?[67]

위와 같이 당시 사족들은 향리들의 포흠과 수탈에 '경술사건'의 모든 책임을 돌리고 있다. 하지만 당시 '경술사건'을 조사한 관리들의 조사서를 보면 보성의 사족들이 자신들의 책임을 향리들에게 전가하려 했던 것이 아닌가 하는 합리적 의심을 갖게 된다.

이른바 宋○○, 曺○○, 安○의 무리들은 다 같이 그 고을에서 정착한 下流들로서 살림이 조금 넉넉하매 분에 넘치는 사치를 하였다. 서울을 오르내리면서 <u>土族들과 손잡고</u> 토호로 군림하면서 무력과 억압으로 백성들의 재산을 갈취해 왔다. 뿐만 아니라 몇 배의 이득을 취해오면서 宋八甲, 曺四甲이라는 칭호까지 받았었다. 몇 십년간 세금과 환곡을 감액 받아 왔으니 이속들의 소굴이 되고 민읍의 병폐가 되어온 것도 이들로 말미암게 되었다. 이리하여 모두에게 해를 끼치게 되었으니 하찮은 일에도 소송하는 일이 많아졌고 <u>관의 일을 저희들 멋대로</u> 처리하였다.

또 조금이라도 뜻에 맞지 않으면 서찰을 갖추어 관에 올리면서 <u>이속과 향중 유림들을 위협</u>하여 갖가지 흉측한 짓을 자행했다. 이에 감히 누가 어떻게 할 수가 없었고 심지어는 살인까지 당하게 되어 도망친 사람도 있었다. 이러한 습관으로 말미암아 오늘날 일대의 변괴가 일어난 것이다.[68]

---

66) 앞의 책, 1993, 19~21쪽, 보성의 유림들이 올린 글.

67) 앞의 책, 1993, 25~28쪽, 다시 監營에 올리는 원장.

이와 같이 전라감영全羅監營에서 보내온 공문의 내용을 보면 '경술사건'을 주도했던 보성의 지방양반들이 토호로서 백성들을 수탈하고 있음을 보여준다. 또한 '경술사건'을 조사한 능주綾州·낙안 군수樂安 郡守가 올리는 조사서에서도 사족들의 잘못과 책임을 지적하고 있다.[69]

실제 향리들의 포흠의 상당 부분은 양반 토호들과 관련이 있었던 것이다. 양반 토호는 농민의 직접적인 수탈자로서 포흠은 이들과 향리들의 결탁 관계에서 형성된 것들이었다.[70] 뿐만 아니라 같은 사족이었던 『경술록』을 저술한 송宋씨 집안에서도 양반 토호의 이러한 향리들과의 결탁 관계에 책임을 묻고 있다.

> 기유년(1849) 겨울 아전들이 써버린 팔만 석 때문에 전 고을 30여가호가 횡포를 입고 징수를 당하게 되었습니다. 그때 만 냥씩 배당된 사람이 세집이었고 3,4천 냥이나 혹은 5,6백 냥씩 차례대로 빠짐없이 배정되었습니다. 또 李章會, 安檖, 李奎彬 등 세 사람에게는 각각 만 냥씩을 내게 하였습니다.(중략)
> 애초에 아전들이 써버리고 민간에게 강제로 징수하게 된 것도 이 세 사람들로 말미암은 것이었습니다. 그들은 한 고을 부호로 전답과 환곡에 대한 세금을 감액 받아오고 돈빚도 주고하여 권력 있는 아전의 무리들과 대대로 그 이익을 함께 나누어 먹었습니다.[71]

68) 앞의 책, 1993, 43~45쪽, 全羅監營에서 보내온 공문.
69) 앞의 책, 1993, 28~39쪽, 綾州·樂安 郡守가 올리는 조사서: "일괄 조사하여 물은 즉, 그들이 지적한 내용은 해당 군수가 分徵의 일로 친히 관내의 부자들에게 권하였고, 또 향인들이 모인 자리에서 자신이 직접 수량을 배정하고 명단을 기록하라고 하니 향인들 가운데 혹 여기에 응하는 이도 있었고 불응한 이도 있었으나 그 외의 관내 모든 백성들에게는 나누어 징수한 일이 없습니다. (중략) 鄕儒들이 순천 송광사에 모여서 上京하자는 말이 나오자 그중 宋稷, 朴命煥, 李鎭弘, 宣孟洙 등이 路資를 백성에게 걷기로 했으나 수가 너무 많다고 복내면장과 동민이 노자를 거두는 일로 호소문을 올린 즉, 관에서 병졸들을 보내 네 사람을 잡아다 백성에게 돈을 거둔 죄로 가두었다가 삼일 뒤에 방면했습니다. 그들이 소위 還逋 사건으로 뜻밖의 재앙에 걸렸다는 말은 만번 옳지 못합니다."
70) 정진영, 앞의 논문, 1991, 298~299쪽 참조.
71) 『庚戌錄』, 보성문화원, 1993, 132~133쪽.

사실 경술년(1850) 한 해 동안 본 고을에서 환곡을 써버리고 결손을 내게
된 것은 바로 교활한 아전들이 아니라 바로 간사한 부호들입니다. 이렇게 세금
이나 환곡을 눈감아 주는 것은 영세한 백성들에게는 극히 불리한 병폐가 되었
습니다. 반대로 부호들에게는 유리한 이득을 가져다 줬는데 이것이 교활한 아
전들에게 부정을 저지를 수 있는 늪을 만들어 주었던 것입니다.72)

이는 '경술사건'의 원인이 된 보성의 포흠은 향리와 양반 토호 또는 부
민이 결탁하여 발생한 것이라는 주장이다. 이렇듯 실제로 19세기 우리가
향리의 수탈로만 이해하고 있는 부분은 지방재정의 구조적 측면에서 이해
해야 할 부분이 있는 것이다.73) 이 시기 엄청난 양으로 증가된 환곡의 포
흠은 부민권분이나 도결을 통해서 해결되고 있었던 것이다.74) 이는 군역
軍役과 전세田稅에 있어서도 마찬가지였다. 특히 지주의 부담이던 전세田稅
는 대부분의 지역에서 소농층에게 전가되고 있었다.75) 그렇기에 소농층
은 사족 또는 토호의 향촌 지배에 저항하고 있었던 것이다.76) 다시 말해
사족 또한 농민 수탈의 주체였던 것이다. 그럼에도 불구하고 사족들은 자
신들의 모든 책임을 향리들에게 전가하는 모습을 보여 왔던 것이다.

---

72) 앞의 책, 1993, 138~141쪽.
73) 양진석, 「18, 19세기 환곡에 관한 연구」『한국사론』21, 1989에서는 19세기 중반
    대부분의 지역에서 지방재정의 부족분을 메우기 위한 방편으로 실시한 환곡의 진
    분(盡分)과 가분(加分)은 도리어 수령과 향리의 수탈을 증가시켜 재정을 더욱 압박
    하는 작용을 하였다고 섬명하고 있다.
74) 한편에서는 여전히 소빈농층에게 전가되고 있었고, 삼정문란이 소빈농에 대한 수탈
    이었다는 사실도 기존의 연구에서 주장되고 있다.
75) 정약용, 『譯註 牧民心書』II, 창작과비평사, 1995, 戶典六條, 稅法下, 264쪽.
76) 이 시기의 항조(抗租)와 거납(拒納)과 도망(逃亡), 그리고 동약(洞約)에의 저항과
    분동(分洞)의 요구 등은 소빈농층(小貧農層)의 사족 또는 토호층에 대한 저항이었
    고, 나아가서 관(官)과 봉건체제(封建體制)에 대한 투쟁의 구체적인 표현이기도 하
    였다. 정진영, 앞의 논문, 1991, 299~300쪽 참조.

結　論

이 책은 조선시대 지방양반의 존재양상의 실체를 다양하고 구체적인 지역 사례 연구를 통해 밝히고자 한 것이다.

이를 위하여 제1부에서는 '지방양반과 과거'에 대하여 살펴보았다. 지방양반들이 향촌사회에서 자신들의 사회적 지위를 유지하기 위한 방법 중에 가장 중요한 것이 과거科擧 합격이었다. 물론 지방양반들이 자신들의 사회적 위상과 지위를 지키기 위한 방법은 여러 가지가 있었다. 그럼에도 불구하고 역시 가장 중요한 것은 과거였고, 지방양반들은 과거에 합격하기 위하여 그 무엇보다도 힘써 노력하였다. 이를 구체적으로 보여 줄 사례들이 전라도 장성과 나주의 지방양반들이다.

제1부 제1장에서는 전라도 장성 사례를 중심으로 과거합격자를 통해 지방양반들의 실태를 살펴보았다. 전라도 장성은 호남 유학의 산실이었다. 예로부터 장성은 학문을 대표하는 지역으로 널리 알려져 왔다. 그 대표적 인물로서 하서河西 김인후金麟厚는 유학儒學의 원조元祖로 알려졌다. 그리고 노사蘆沙 기정진奇正鎭은 육대六大 성리학자性理學者로 알려진 인물이었다. 다시 말해 장성은 학문적 명성이 자자한 학자들이 배출된 지역으로 그 명성만으로도 지방양반으로서의 사회적 위세를 유지할 수 있었던 지역이었다. 그렇기에 이 지역 지방양반들은 이러한 현조顯祖의 명성에 힘입어 사족으로서의 사회적 위상을 쉽게 유지할 수 있었다고 여겨진다. 하지만 과연 그들이 조상의 명성만 가지고 사회적 지위와 위상을 유지할 수 있었을까? 사족이 향촌 사회에서 자신들의 신분적 지위를 유지하기 위한 방법은 여러 가지가 있었다. 그러나 그 중에서도 가장 중요한 것은 역시 과거科擧 합격이다. 장성 사족들은 뛰어난 조상의 명성으로 쉽게 자신들의 사회적 지위를 유지할 수 있었을 것임에도 과거 합격을 위한 노력을

게을리 하지 않았다. 특히 하서 김인후나, 노사 기정진과 같은 전국적으로 유명한 뚜렷한 현조가 있는 집안에서조차 과거합격을 위한 노력을 지속적으로 하였고 많은 합격자를 배출한 것을 확인할 수 있었다. 이는 조선시대 지방양반들이 지방 양반으로서 자신들의 사회적 지위와 위세를 유지하기 위하여 여러 가지 노력을 경주하였으나 역시 가장 중요한 것은 과거 합격자를 많이 배출하는 것이었음을 알 수 있게 해준다.

제1부 제2장에서는 전라도 나주 사례를 중심으로 지방양반과 사마시의 관계를 살펴보았다. 특히 아직 연구가 미진한 호남 지방 사족에 대한 보다 구체적 이해를 위해 호남 지역에서도 그 대표적 지역의 하나인 나주 지역 사족을 그 분석 대상으로 하였다. 이를 통해 지방 거주 사족들이 사회적 지위를 유지하기 위한 여러 노력 가운데 사마시 입격이 갖는 의미를 밝히고자 했다. 조선시대 지방 사족들은 그들이 속한 지역사회의 지배세력으로 존재하며 영향력을 행사하였는데 과거 합격자는 사족 내에서도 우위를 차지한다. 특히 사마시 입격자인 생원·진사는 수적인 면에서 문과 급제자의 3배가 넘는데다 재지적인 성격이 강해 사족 내에서 차지하는 비중은 상당히 컸다. 이들 중 많은 수가 향촌사회에 머물면서 그 사회의 지도자로서 막강한 영향력을 행사하였다. 이들은 향촌사회에서 양반으로서 근간을 이루고 막강한 영향력을 행사하였다. 그러므로 사마시 입격자의 실태 분석은 지방 사족의 사회적 지위를 파악하는데 필수적이다. 연구 결과 나주 거주 사족으로 사마시에 합격한 자는『사마방목』에는 323명,『속수나주군지』에는 669명,『금성연계방안』에는 453명,『나주상재청금록』에는 476명이 실려 있다. 이들 자료를 분석하여 보면 나주에서 생원 진사를 배출한 성관은 모두 70개이다. 이 중 사마시 합격자를 다수 배출한 주요 성관이 나주 나羅, 나주 임林, 나주 정鄭, 나주 오吳와 같이 나주를 본관으로 하는 토성집단이다. 다른 한편 주목할 것은 이들 주요 성관의 사마시 합격자 배출추이와 나주 거주 전체 성관의 사마시 합격자 배출추이가

대체로 일치한다는 사실이다. 이는 이들 나주를 본관으로 하는 주요 성관의 변화 추이가 나주 전체 사족의 변화를 주도하고 있다는 것은 보여주는 것이다. 이 같은 사실은 결국 이들 주요 성관이 나주의 지배 사족이라는 것을 나타내는 것이라 하겠다. 다음으로 사마시에 입격할 당시의 사회적 신분을 알아보기 위해 생원 진사의 전력前歷을 살펴본 결과는 다음과 같다. 즉 나주의 생원·진사들이 사마시에 입격할 당시의 신분은 유학이 전체의 88.23%에 해당한다. 이는 대부분이 유학으로 존재하는 사족층 내에서 생원 진사의 취득은 향촌사회 내에서 우월적인 지위를 확보하는 것이라는 것을 알 수 있게 해준다. 나주 거주 생원과 진사의 사마시 입격시 평균 연령은 36.39세이다. 연령대별로는 30대에 입격하는 경우가 가장 많고, 그 다음이 20대이다. 그러나 4·50대에 입격하는 경우도 30% 정도 되는 것으로 보아 많은 사람이 오랜 기간 동안 생원·진사시에 입격하고자 하였음을 알 수 있다. 이는 향촌 사회에서는 생원과 진사로서 누릴 수 있는 사회적 지위와 연관이 있는 것으로 보인다. 다시 말해 향촌 사회에서 생원과 진사는 사족으로서 상당한 사회적 지위를 차지하고 있었던 것으로 여겨진다. 한편 나주 거주 사족의 문과 급제 실태를 살펴보면 다음과 같다. 『문과방목』에 의하면 조선시대 나주에서 문과 급제자를 배출한 성관은 모두 42개이다. 이들 성관 중 가장 많은 급제자를 배출한 성관은 나주 나씨, 나주 임씨, 양성 이씨, 함평 이씨의 순이다. 이는 전체 문과 급제자 중 약 31.1%를 차지한다. 여기에 2명 이상의 급제자를 배출한 성관 15개를 더하면 모두 67명으로 전체의 약 74.44%에 달한다. 이는 소수의 특정 성관에 문과 급제자가 집중되고 있음을 보여준다. 이와 함께 호남의 대표적 동인계 양반사족인 나주 나씨가가 가장 많은 문과 급제자를 배출하고 있다는 것이 주목된다. 이는 대체로 서인계 사족들이 우세를 보이는 호남에서 나주가 동인세력의 근거지가 될 수 있는 이유를 시사한다고 하겠다. 이와 같은 경향은 사마시 입격자 실태를 통해서도 확인된다. 나주 거주자로서 문과에 급제한 인물의 본인 전력을 살펴보면 생원과 진사는 16세기를 기점으로, 관직관품자는 17세기를 기점으로 계속적인 감소를 보여주고 있다. 반면 유학은 17세기를 기점으로 급증하고 있음을 알 수 있다. 생원·진사의 비중이 지속적으로 낮아지는 이유는 조선 후기로 오면 문과 응시의 자격조건이 생원·진사일 것을 요구하지 않았다는 것과 관련이 있다. 반면에 유학의 비중이 높아지고 있는 것은 조선후기 전국적 경향과 일치한다. 시기별 문과 급제자 평균 연령은 16세기 38.52세, 17세기 41.28세, 18세기 39.91세, 19세기 38세이다. 이는 문과 급제시 평균 연령은 시기에 따라 크게 변하지 않고 있음을 보여 준다. 이는 전국적인 문과 급제자의 연령 분포가 조선후기로 갈수록 고령화되고 있는 것과는 대조를 보여준다. 아버지의 사회적 지위와 문과 급제자와의 관계는 대체적으로 조선 전기에는 관직관품자의 자제의 문과 급제율이 높았고, 후기로 가면 유학 출신자의 자제가 많아짐을 알 수 있다. 이는 지방 사족의 사회적 지위가 후기로 갈수록 낮아지고 있음을 보여준다. 이는 문과 급제자가 서울 중심의 특정 소수가문 곧 벌열閥閱들에 집중되는 현상과 관련이 있다고 하겠다. 문과 급제자가 응시한 과거 종류별 분포상황을 살펴보면 나주 거주 문과 급제자의 56.66 %가 식년시에 급제하였다는 것을 알 수 있다. 이는 지방 거주 사족들이 식년시를 선호했다는 것을 의미한다. 식년시는 주로 시골 출신들이 많이 급제한 반면, 별시는 갑자기 실시되는 관계로 한양의 권세가 자제들의 합격률이 높았다는 연구결과와도 합치된다. 시기별로 보면 식년시 합격자는 대체로 고른 분포를 보인 반면에 별시 급제자는 16세기를 기점으로 급감하고 있음을 알 수 있다. 이는 별시가 서울 근교 출신자에게 유리했다는 기존의 연구결과를 나주의 경우에서도 확인할 수 있는 것이었다. 나주 거주 사마시 입격자 중 문과 급제자는 약 10% 정도이다. 이는 사마시 입격자 대부분이 생원과 진사로 존재하고 문과 급제를 통해 사회적 지위가 상승되는 경우가 드물다는 것을 의미한다. 한편 사마시 입격 후 문과 급제시까지 걸린 기간은 평균 11.1년이다. 이는 문과 급제자라해도 평균 10년 이상을 생원·진사라는 사회적 지위를 유지했음을 알 수 있다. 결국 사마시 입격을 통해 얻게 되는 생원·진사라는 사회적 지위는 문과 급제가 어려운 상황에서 향촌 사회 지배 사족으로서의 위상에 상당한 기여를 하고 있음을 보여준다. 나주 거주자로 사마시에 입격한 자의 아버지가 관직 소유자인 비율은 16세기를 정점으로 후기로 갈수록 크게 줄어들고 있다. 이를 통해 생원 진사 가문의 정치적 지위가 조선 후기로 가면 갈수록 상대적으로 낮아지고 있음을 알 수 있다. 이에 반하여 17, 18세기에 이르면 학생과 유학의 비율이 증가하고 있다. 특히 학생 비율의 증가가 눈에 띈다. 이처럼 학생과 유학의 비율이 증가한다는 것은 아버지가 무직으로 남는 비율이 그만큼 증가했다는 것을 의미한다. 이와 같은 현상은 관직에 나가는 양반 사족의 수가 상대적으로 적어지고 후기로 갈수록 지방양반들의 관직 진출이 어려워지는 것과 관계가 있다. 또한 그만큼 관직에 나가기 어려웠으며 관직자를 배출한 가문이 소수가문에 더욱 국한되어 갔음을 말해 준다. 이러한 변화는 상대적으로 사마시에 입격하여 생원·진사가 된다는 것이 향촌사회에서 양반 지위를 유지하는데 더욱 중요한 요인이 되고 있음을 알 수 있게 해준다. 이렇듯 조선시대 지방에 거주했던 사족들은 자신들의 사회적 지위를 유지하기 위하여 많은 노력을 기울였다. 그 여러 노력 중에 가장 중요한 것이 바로 문과 급제를 통한 관직 획득이다. 하지만 현실적으로 조선시대 전 시기를 통해 지방 거주 사족이 문과를 통해 관직에 진출하는 것은 매우 힘든 일이었다. 특히 조선 후기로 갈수록 서울과 지방 사족 간의 관직 진출 격차는 더욱 커져 갔다. 이러한 현실 속에 지방 사족이 자신들의 사회적 지위를 유지하기 위해 포기할 수 없었던 것 중에 하나가 바로 사마시司馬試이다. 사마시 입격은 곧바로 입사가 보장되지는 않지만 국가로부터 사족으로서의 지위를 공인받게 된다는 점에서 지방 사족에게는 대단히 중요했던 것이다. 사마

시에 입격하여 생원 진사가 된다는 것이 향촌사회에서 양반 사족으로서의
신분과 지위를 유지하는데 더욱 중요한 요인이 되고 있음을 확인할 수 있
었다.

제2부에서는 지방양반과 향교의 관계를 중심으로 살펴보았다. 향교는
지방의 중심 교육기관이었을 뿐만 아니라 지방양반들의 결집처이기도 하
였다. 동시에 향교는 지방양반들이 자신들의 영향력을 행사하는 기관으로
서의 역할을 하기도 하였다. 그러므로 지방양반과 향교와의 관계를 밝히
는 것은 지방양반의 실체를 밝히는 중요한 관건이 될 것이다.

제2부 제1장에는 지방양반의 모습을 청금안을 중심으로 살펴보았다.
필자가 살펴 본 청금안은 당시 나주향교에 적을 두고 있던 양반유생의 명
단이다. 이들의 입록과정에서 나타나는 특징의 하나는 어느 시점에서 유
생들이 청금안에 입록되면 그 다음에 작성되는 청금안에는 더 이상 입록
되지 않는 것이 아니라 그 중 일부는 거듭 입록된다. 이는 향교에서 수학
할 수 있는 연령에 제한이 있었고, 청금록의 작성 이유 중 하나가 과거
응시와 관계가 있었으므로 과거에 합격하면 더 이상 입록되지 않았던 것
이다. 다시 말해 연령을 초과했거나 과거에 합격한 자들은 명단에서 제외
되고, 그렇지 않은 자는 거듭 입록되었던 것이다. 이와 같이 어느 한 해의
청금안에 입록된 유생이 이어서 작성된 청금안에 중복되어 있다는 사실로
미루어볼 때 결국 이 청금안은 어느 한 시점에 있어서 특정한 범주 내의
유생을 모두 수록한 명단이라는 것을 알 수 있다. 또한 나주의 청금안에
입록되어 있는 유생의 수를 조사해 보면 청금안의 유생수는 정액定額이
없었다는 것을 알 수 있다. 또한 유생의 수가 시대의 경과에 따라 대체로
증가하고 있었다. 한편 조선후기 특히 18~19세기에 이르면 향안이 파기
되어 사족들의 이해를 대변하지 못하였다. 그러나 향안과 달리 향교는 꾸
준히 사족 중심으로 운영되고 있었다. 이는 향청, 향안, 서원 등의 변질과
붕괴로 말미암아 향교가 사족들의 중요한 활동장소가 되었기 때문이다.

나주 향교의 청금안에 다른 지역보다 많은 유생이 입록되어 있는 것은 나주의 사족들이 향교에 적극적으로 관여하고 있음을 보여주는 것이다. 보다 구체적으로 청금안을 살펴보면 1713년『계사안』에서 1892년『임진안』까지 입록되어 있는 유생의 총 수는 3,062명이다. 이 중 입록인원이 100명 이상인 주요 성씨는 순서대로 이李, 김金, 정鄭, 나羅, 유柳, 임林, 오吳, 최崔씨 등이다. 이들 여덟 성씨를 합한 인원이 2,509명으로 전체 입록인원의 81.93%를 차지하고 있다. 그런데 이들 성씨는 전통적으로 나주를 지배해 왔던 주요 성씨들이다. 이를 통해 알 수 있는 것은 결국 나주의 지배층을 이루고 있던 지방양반들이 청금안에서도 주류를 이루고 있다는 사실이다. 다시 말하면 청금유생으로 입록될 수 있는 자들은 나주에서 지방양반으로 상층 지배성관이라는 것이다. 다음으로 19세기 이후의 청금안 자료를 살펴보면 시대가 지날수록 다양한 성관과 인물이 참여하고 있다는 것을 알 수 있다. 이는 향촌사회 지배세력인 양반 사족의 외연이 확대되고 있음을 보여주는 것이다. 이는 향촌사회 지배세력에 변화가 일어나고 있음을 보여주는 것이다. 그러나 이를 좀 더 구체적으로 살펴보면 나주를 본관으로 하는 토성을 중심으로 하는 전통적 지배성관이 여전히 절대적 비중을 차지하고 있음을 확인할 수 있다. 이는 실질적으로 지배 사족의 위상은 크게 흔들리지 않고 있음을 의미한다고 하겠다. 한편으로 이러한 청금유생과 과거와의 관계를 살펴보면 사마시나 문과에 많은 합격자를 배출한 성관과 청금안에 많이 입록되어 있는 성관이 거의 일치하고 있다. 이는 과거 입격을 통해 사회적 지위를 공고히 했던 유력 지배 성관이 조선후기로 갈수록 청금안에 입록하여 향교를 장악하고 있었음을 보여준다고 하겠다. 결국 나주를 지배해 왔던 주요 지방양반의 위세와 비중은 결코 줄어들지도 크게 변화하지도 않고 있음을 알 수 있다. 향촌 사회를 지배해 왔던 지방양반들은 시대가 흐르면서 향리층을 비롯한 향족들의 도전 속에서 보다 다양한 세력을 끌어들여 그 지배세력의 범위는 확대하였으나 그 주도권을 잃지 않고 있었다는 것을 확인할 수 있었다. 즉 청금안 분석 결과 전통적인 나주의 유력 성씨들의 비중은 변함이 없었다. 또한 19세기 이후의 청금안 자료에서는 이전보다 다양한 성관과 인물이 참여하고 있으나, 토성을 중심으로 하는 전통적 지배성관이 여전히 절대적 비중을 차지하고 있었다. 이는 실질적으로 지배 사족의 위상은 크게 흔들리지 않고 있다는 것을 알 수 있게 해준다. 뿐만 아니라 이러한 재지 사족의 나주 지역에서의 위세와 비중은 조선말 이후에도 크게 변화하지 않고 있음도 주목된다.

제2부 제2장에는 지방양반의 향교 운영에 대하여 살펴보았다. 조선 후기 사회변화 속에서 지방양반의 동향을 살펴봄으로써 이들의 향촌지배의 실상과 대응 양상을 순천의 사례를 통해 살펴본 것이다. 기존의 연구를 통해 순천은 지방양반의 지위가 조선후기 이후에도 큰 변화 없이 유지되었다고 알려져 있다. 그러나 본 연구를 통해 순천도 새로운 세력의 도전을 받았고, 기존의 권위를 유지하고 강화하려는 지방양반의 끊임없는 노력이 있었음을 확인할 수 있었다. 이제 그 구체적 실상을 살펴보면 다음과 같다. 우선 순천의 지방양반들은 임진왜란 이후 향안을 작성하면서 향촌 운영의 주도권을 장악하였다. 임진왜란 이후 향안의 폐기 현상이 일어났던 다른 지역과는 다르게 향안 조직이 새롭게 형성되는 것은 순천지방이 갖는 하나의 특징이다. 이러한 향안체제는 1669년부터 서서히 변화하기 시작한다. 결국 1721년을 끝으로 순천에서는 더 이상 향안이 작성되지 않는다. 이는 향안이 그 기능을 상실하였음을 보여주는 것이다. 그러나 향안에 입록되었던 사족의 향촌운영권이 상실되었던 것은 아니다. 이들은 향안 대신 향집강안을 작성하기 시작하였다. 이때가 1732년부터이다. 이는 순천 지방의 지방양반이 이제 향청이 아닌 향교를 중심으로 지역사회 운영의 주도권을 행사하려 했음을 의미한다. 그러나 이러한 향집강체제에도 변화가 생기기 시작하였다. 19세기 이후에는 향안 입록 주도권을 가졌

던 전통적 지방양반 이외의 다양한 성관에서 향집강에 참여하고 있다. 그럼에도 불구하고 전통적 지방양반의 위상은 크게 약화되지는 않은 것으로 보인다. 하지만 전통적 지방양반층은 자신들의 입지를 더욱 강화하기 위해 노력한다. 그 가장 대표적 노력이 바로 양사재의 건립이다. 양사재의 건립은 지방양반층이 관권의 대표자인 수령과 협력하여 자신들의 신분과 지위를 유지하고자 하는 의지의 표현이라 할 수 있다. 실제로 순천 향교에 남아있는 19세기 이후『양사재유사안』을 분석해보면 그 유사의 대부분을 전통적 지방양반층이 맡고 있음을 알 수 있다. 마지막으로 순천 향교에 남아있는『청금록』을 통해 지방양반의 위상을 살펴볼 수 있다.『청금록』은 향교에 출입하던 유생의 명단을 기록한 장부로서 지방양반의 실체를 보여주는 자료이다. 이『청금록』을 분석한 결과 순천의 전통적 지방양반층이 청금유생으로 다수 등재되어 있음을 확인하였다. 그러나 전통적 지방양반층 외에 다수의 성관이 참여하고 있었다. 특히『향집강안』이 작성되기 시작하는 1732년을 전후로 하여 다수의 성관이『청금록』에서 제외되거나 새로이 입록되고 있다. 그럼에도 불구하고 전통적 지방양반층은 여전히 다수를 차지하면서 청금유생으로 존재하고 있었다. 이와 같은 사실들을 종합하여 볼 때 지방양반층은 조선후기 사회변화 속에서도 자신의 신분과 지위를 유지하여 왔음을 알 수 있다. 이들은 지역사회에서 자신의 위상을 유지하고 확대하기 위해 사회변화에 대응하여 자기 변신과 다양한 활동을 전개해 왔던 것이다.

　제2부 제3장은 향교와 지방양반의 노비 경영에 대하여 살펴보았다. 특히 이 장은 17세기 조선시대 교노비의 실태에 대한 하나의 사례 연구이다. 현재 전라도 장흥 향교에는 17세기 향교 노비안이 남아있어 당시 교노비의 실태를 확인할 수 있다. 이를 통해 지방양반들이 향교와 향교의 노비들을 어떻게 경영하였으며, 이를 통하여 자신들의 사회적 지위를 어떻게 유지해 나갔는지에 살펴보고자 하였다. 노비奴婢에 대해서는 비교적

일찍부터 그 연구가 이루어져 왔다. 특히 해방 이후 노비연구는 대부분 공노비公奴婢에 치중되었고, 사노비私奴婢에 대한 연구는 1980년대 이후에 본격적으로 이루어졌다.[1] 고문서 연구가 활발해지면서 풍부해진 사노비 연구는 최근 호적대장 분석을 통한 연구로 더욱 발전하고 있다.[2] 이에 반해 공노비에 대한 연구 특히 이 중 교노비校奴婢에 대한 연구는 흔치 않다. 향교의 경제기반이라는 측면에서 교노비를 살펴 본 연구가 있으나[3] 교노비의 구체적 실태를 파악하는 연구는 거의 없는 형편이다. 이는 기본적으로 자료적 한계에서 기인한 것으로 여겨진다. 다행스럽게 조선시대 도호부都護府였던 전남 장흥 향교에는 17세기에 작성된 3책冊의 교노비안이 남아 있다.[4] 본 연구는 이를 바탕으로 17세기 장흥부 향교 노비[校奴婢]의 실태를 분석하였다.

교노비는 태종대에 학전學田과 함께 지급되었다.[5] 그 후 『경국대전』에 府의 향교는 30명, 대호호부大都護府, 목牧의 향교는 25명, 도호부都護府의

---

1) 公奴婢에 대한 대표적 연구로는 平木實, 『朝鮮後期 奴婢研究』, 지식산업사, 1982을, 1950년대 한국 노비의 사회경제적 성격에 대한 연구로는 金錫亨, 『朝鮮封建時代 農民의 階級構成』, 과학원출판사, 1957(신서원 재편집본, 1993)을, 노비의 사회경제사적 측면에 대한 연구로는 李榮薰, 「古文書를 통해 본 朝鮮時代 奴婢의 經濟的 性格」 『한국사학』 9, 1987 ; 「조선사회 牽居·外居 구분 재고」 『秋堰權丙卓화갑기념논총 한국근대경제사 연구의 성과』 2, 1989 ; 『朝鮮後期 社會經濟史』, 한길사, 1988 ; 「한국에 있어서 노비제의 추이와 성격」 『노비·노예·농노 - 예속민의 비교사 -』, 역사학회편, 1998을, 私奴婢에 대한 연구로는 金容晩, 「朝鮮中期 私奴婢 研究」, 영남대 박사학위논문, 1990을, 사회학 분야의 노비 연구로는 池承種, 「조선전기 노비신분에 대한 사회사적 연구」, 서울대 박사학위논문, 1993을, 노비정책의 규명에 초점을 맞춘 연구로는 全炯澤, 「조선 후기의 私奴婢 정책」 『성곡논총』 18, 1987 ; 『조선후기노비신분연구』, 일조각, 1989를, 좀 더 자세한 노비에 대한 연구사 검토는 안승준, 『조선전기 私奴婢의 사회 경제적 성격』, 경인문화사, 2007, 3~12쪽을 참조.
2) 권기중, 「18세기 단성현 관노비의 존재형태」 『한국사연구』 131, 2005, 285~286쪽.
3) 윤희면, 「조선후기 향교의 경제기반」 『한국사연구』 제61·62호, 1988 참조.
4) 전라남도, 『전남의 향교』, 1987 참조.
5) 『태종실록』 권26 태종 13년 11월 정해조.

향교는 20명, 군현郡縣의 향교는 10명으로 법제화되었고,6)『대전회통大典會通』에 이르기까지 변동이 없었다.7) 하지만 17세기 장흥부 향교에는 법적으로 정해진 수보다 훨씬 많은 교노비가 존재하고 있었다. 장흥부 향교에 있는 1634년의『갑술노비안』에는 총 726명의 노비명이 수록되어 있고, 이 중 죽거나 늙어 제외된 노비의 수 246을 빼면 480명의 노비가 있었다. 1639년의『기묘노비안』에는 총 732명의 노비명이 기록되어 있고, 이 중 죽거나 늙어 제외된 241명을 빼면 491명의 노비가 있었던 것을 알 수 있다. 대체로 노奴와 비婢의 비율을 비슷하나 노奴가 약간 더 많았던 것을 알 수 있다. 이러한 노비의 수는『경국대전』에 도호부의 향교 노비의 수가 20명으로 법제화 되어 있었던 것과 비교해보면 대단히 많다는 것을 알 수 있다. 이렇듯 교노비의 수가 많았던 이유는 크게 세 가지 정도로 정리해 볼 수 있다. 첫째 양천교혼良賤交婚과 일천즉천一賤則賤의 원칙에 따른 노비수의 증가를 들 수 있다. 둘째는 17세기가 사림의 시대로서 향촌 지배세력인 재지사족在地士族의 영향력 확대와 그 세력 결집체라고 볼 수 있는 향교의 위세 증가를 생각할 수 있다.8) 그리고 셋째로 교노비의 역役 부담이 양인과 크게 차별되지 않았던 것을 들 수 있다. 이미 살펴본 바와 같이 장흥의 교노비들은 향교에 직접 입역立役하기보다는 다른 지역에 거주하면서 주로 향교에 신공身貢을 바쳤던 것이다. 그 부담이 양인들에 비해 그리 크지 않았던 것으로 보인다. 이는 노비추쇄안에서 보이듯이 도망하거나 신공하지 않아 향교에서 추쇄한 노비의 수가 그리 많지 않다는 점에서 알 수 있다. 다음으로 노비의 가계를 살펴보았다.『갑술노비안』에는 총 726명의 기재 노비 중 2세대형이 가장 많은 40가족이 나타난다. 다음

---

6)『경국대전』권5 刑典 外奴婢條.

7) 윤희면, 앞의 논문, 1988, 256쪽.

8) 조선 후기 지방양반의 실태와 향교의 향촌 사회 지배 동향에 대해서는 박진철,「朝鮮後期 鄕校의 靑衿儒生과 在地士族의 動向」『한국사학보』제25호, 2006 ;「조선 후기 순천 지방양반의 향촌지배 실태와 동향」『담론201』제10권 1호, 2007 참조.

으로 3세대형이 27가족, 4세대형이 12가족, 5세대형이 8가족, 6세대형이
2가족, 그리고 7세대형이 1가족이 보인다. 『기묘노비안』은 총 732명의 기
재 노비 중 2세대형이 33가족으로 가장 많고, 그 다음으로 3세대형이 32
가족이 나타난다. 4세대형은 11가족, 5세대형은 10가족이다. 6세대형과 7
세대형이 각각 1가족이 보인다. 이들 노비 가계의 특징은 어떤 원칙에 의
한 체계적인 계승이 이루어지지는 않는다는 것이다. 노비 가계는 노奴에
의해 계승되거나 비婢에 의해 계승되기도 한다. 또 장자상속長子相續이나
말자상속末子相續 같은 어떤 특정 소생所生이 가계를 계승한다는 원칙 같
은 것은 보이지 않는다. 즉 어떤 규칙성이 발견되지는 않는다. 이는 노비
의 경우 가계를 승계한다는 의미보다 노비 신분을 승계한다는 의미가 컸
기 때문이다. 그러나 이러한 노비 가계의 특징은 앞으로 보다 많은 사례
연구를 통해 보다 확실한 규명이 필요할 것이다.

　장흥 향교의 교노비 혼인형태를 살펴 본 결과는 교비校婢가 양인 남자
와 결혼하는 경우가 가장 많고, 다음으로 교노校奴가 양인 여자와 혼인하
는 경우가 많았다. 이는 교노의 사비私婢와의 혼인은 향교에는 아무 이익
이 되지 않기 때문에 향교의 이익이 되지 않는 교노와 사비의 혼인을 꺼
려했을 가능성이 크다. 다만 이러한 문제가 발생하지 않을 교비의 반노班
奴와의 혼인이 거의 없는 것은 특징적이라 할 수 있다. 장흥 교노비의 거
주지는 교저와 향교와 가까운 지역에 거주하는 노비들도 여럿 있다. 그러
나 향교와 상당한 거리에 있는 지역에 거주하는 노비들이 보다 많았던 것
으로 보인다. 이들은 향교에 입역하여 노동력을 제공하기 보다는 일정한
현물을 납부하는 납공노비였을 것으로 보인다. 다음으로 17세기 장흥 교
노비의 평균 연령은 38세 정도이다. 奴의 평균 연령은 37세 정도이고, 비
婢의 평균 연령은 39세 정도로 비婢의 평균 연령이 약간 높게 나타난다.
연령별 분포를 보면 20~30대가 가장 많고, 다음으로 40대, 10대의 순으로
많게 나타난다. 물론 노비안에 기재되어 있는 모든 노비의 연령을 모두

확인한 것이 아니라 단언할 수는 없지만 대체로 입역이나 수공이 가능한 젊은 노비들을 중점적으로 관리한 것으로 추정할 수 있다.

노비 추쇄와 관련하여 장흥 향교에 있는 『계유십이월추쇄노비안』에는 총 55명의 추쇄 노비명이 기록되어 있다. 이는 『갑술노비안』의 생존 노비 총수의 11.4%에 해당한다. 이 중 18 가구家口가 '수공收貢'으로 기록되어 있다. 이는 추쇄노비 대부분이 신공노비였거나 입역노비였을지라도 추쇄를 통해 납공노비화한 것일 가능성을 보여준다. 결국 장흥 향교의 노비 추쇄는 신공을 바치지 않고 있던 노비를 신공이 가능한 상태로 되돌려 놓기 위한 것이었다. 『계유추쇄질』에는 총 52명의 추쇄 노비명이 기록되어 있으며, 『기묘노비안』 노비 총수의 10.6%에 해당한다.

이상과 같이 17세기 장흥 향교 노비의 실태를 살펴보았다. 하지만 자료의 한계로 인하여 노비 증감의 장기 추세 등은 확인하지 못하였다. 하지만 이 연구는 하나의 사례연구로서 부족한 조선시대 교노비 연구에 하나의 보탬이 될 것을 기대하면서 구체적 실태 파악에 주력하였다.

제3부는 지방양반의 권익 수호 방식에 대하여 살펴보고자 하였다. 우선 제3부 제1장에서는 지방양반의 사회적 연대를 전라도 구례 사례를 중심으로 살펴보았다. 조선후기 지방양반은 향촌에 대대로 거주하며 향교와 서원 등을 통해 지역을 지배하던 계층이었다. 이들에 대한 기존의 연구는 대부분 중앙과 정치적으로 연계되었거나, 사족의 영향력이 큰 지역, 지역을 대표하는 유명한 가문 등을 중심으로 이루어져왔다. 그러나 지방양반이라고 모두 관리를 배출하거나 정치적으로 세력이 컸던 것은 아니었다. 조선후기에는 오히려 관직에 진출하지 못하거나, 관직에 나갔더라도 미관 말직에 불과했던 가문들이 많았다. 그러므로 조선후기 지방양반을 바르게 이해하기 위해서는 다양한 계층의 지방양반이 존재하였음을 먼저 인식하여야 한다. 그리고 이들에 대한 구체적인 사례연구가 필요하다. 이 장에서는 이러한 인식을 바탕으로 과거합격자 배출이 매우 적어 관직 진출이

어려웠던 대표적 지역인 구례의 지방양반을 연구 대상으로 삼았다. 구례
는 조선시대 전라도 지역에 설치되었던 56개 군현 중 호구에 있어 거의
최하위에 해당되며, 토지도 매우 열악하였다. 이렇듯 토착적 기반도 약했
고 관직에도 거의 진출하지 못했던 구례 지역의 지방양반이 어떠한 방식
으로 향촌을 지배하면서 자신들의 지위를 유지하였는지 살펴보았다.

구례의 사족은 과거科擧 합격률이 대단히 저조하였다. 이는 이들이 관
직을 통해 중앙에 진출하거나 이를 바탕으로 향촌 사회를 지배하는 것이
쉽지 않았다는 것을 의미한다. 과거 합격이 어려웠던 구례 사족의 경우
자신들의 사회적 지위를 유지하고 향촌 사회를 지배하기 위해서 그들은
자신들의 사회적 연대를 모색했던 것이다. 그 결과가 『향안鄕案』이다. 향
안이 처음 작성되는 17세기 구례의 사족은 처음 향안에 등재되었던 11원
향가元鄕家를 중심으로 14개 성씨가 지배 사족으로 존재하고 있었다. 이들
은 17세기 동안 계속해서 『향안』을 작성하면서 연대하고 있었다. 이들은
과거 합격을 통해 관직에 나가는 경우는 거의 없었다. 하지만 이들은 이
러한 사족 간의 상호연대를 통하여 지방양반으로서의 사회적 지위와 향촌
지배력을 유지하고 있었던 것이다. 그러나 『향안』을 중심으로 연대하였
던 지방양반들의 위상은 17세기 말부터 서서히 흔들리기 시작하였고, 이
들은 자신들의 사회적 지위와 향촌 지배력을 유지하기 위하여 새로운 방
안을 모색하지 않을 수 없었다. 이러한 변화를 엿볼 수 있는 자료가 바로
『청금안』이다.

17세기 말부터 18세기에 구례의 지방양반들은 『향안』의 작성을 중단
하고 『청금안』을 작성하기 시작한다. 이 『청금안』을 분석한 결과 대체로
『향안』이 작성되던 17세기의 지배 사족이 『청금유안』이 작성되는 17세
기 말에서 18세기에도 대체로 유지되는 것으로 보인다. 하지만 일부 성씨
가 지방양반에서 탈락하고 18세기에는 새로운 향촌 지배세력으로 새로운
지방양반이 편입되는 것을 알 수 있다. 구례의 지방양반들은 『청금안』을

작성하고 이를 통한 상호연대를 통해 향교를 장악하여 향촌을 지배하였던 것이다. 하지만 이들은 19세기에 자신들의 지위를 유지하기 힘들어지자 『청금안』을 더 이상 작성하지 않았다. 19세기 지방양반들의 위상이 위협받고 있었다는 것은 유학幼學의 수가 증가하고 있음을 통해서도 알 수 있다. 이를 확인할 수 있는 것이 구례 향교에 전해지고 있는 『유학안幼學案』이다. 이 『유학안』을 통해 확인할 수 있는 구례의 19세기 유학의 수는 『향안』과 『청금안』 등에 등재되어 있는 지방양반의 거의 20배에 달하고 있다. 이는 유학이 모두 지배 신분으로서의 양반은 아니었다는 것을 반증하고 있다. 하지만 이는 새롭게 부상하는 세력이 기존의 지배세력인 지방양반을 위협하고 있었다는 것을 보여주는 것이기도 하다. 이렇듯 19세기에 이르러 지방양반들은 자신들의 사회적 위상이 위협받는 상황 속에서 더 이상 『청금안』도 작성하지 않았다. 그 대신 그들은 청금계靑衿契를 결성하고 『청금계안』을 만들었다. 이렇듯 지방양반들은 자신들의 사회적 지위를 유지하고 동시에 향촌 사회를 지배하기 위해 연대하면서 활동하였던 것이다. 이 『청금계안』을 통해 19세기 이후 구례 지방양반에 약간의 변화가 생겼다는 것을 알 수 있다. 그럼에도 불구하고 17세기 『향안』이 작성되기 시작한 이래 전통적인 지방양반이었던 고高·유柳·박朴·양梁·오吳·왕王·이李·장張·정鄭·최崔·한韓씨 등은 19세기까지 여전히 그 위세를 유지하고 있는 것을 볼 수 있다.

이와 같이 구례의 지방양반은 17세기에 처음 『향안』을 통해 연대하였다. 이후 이들은 17세말부터 18세기에 『청금유안』을 통해 향교를 중심으로 결속하였다. 그리고 새로운 세력의 도전 속에 이들은 19세기 이후에는 『청금계안』을 작성하면서 여전히 지방양반으로서 연대하고 있었음을 확인할 수 있었다. 이렇듯 지방양반들은 자신들의 사회적 지위를 유지하고 동시에 향촌 사회를 지배하기 위해 끊임없이 연대하면서 활동하였던 것이다.

제3부 제2장에서는 지방양반의 청원 활동을 살펴보았다. 이를 위하여

경상도 합천지역을 중심으로 지방양반들의 사회적 연대와 동향 그리고 청원 활동 등을 확인하고자 하였다.

17세기 숙종의 갑술환국 이후 중앙 정계에 진출하기 어려웠던 것이 경상도 지역 지방양반들의 현실이었다. 특히 1728년 무신란戊申亂을 계기로 합천陜川 지역은 중앙 관직으로의 진출은 거의 불가능하였다. 이를 실증적으로 보여주는 것이 그들의 과거합격 실태이다. 중앙 관직으로의 진출의 가장 중요한 통로가 바로 문과 급제이다. 하지만 합천 지역 지방양반들은 무신란 이후 18세기에는 단 한 명도 문과에 급제하지 못하였다. 정조대正祖代 이후 조금씩 남인에 대한 배려가 생겨났다. 19세기 고종대高宗代에는 정치적 필요성에 따라 남인의 중앙 관직으로의 진출의 길이 열렸음에도 합천 거주 문과 급제자 수는 2명에 그쳤다. 17세기 이전까지 경상도 전체에서 합천 거주 문과 급제자의 비율이 2.5% 정도였다. 그러나 무신란 이후 18~19세기에 경상도 전체에서 합천 거주 문과 급제자의 비율은 0.4% 정도로 이전에 비해 1/5도 되지 못하였다. 이는 무신란 이후 합천 거주 지방양반들의 중앙 관직으로의 진출은 거의 불가능했음을 보여준다.

이렇듯 문과 급제가 거의 불가능했을 때 지방양반들은 자신들의 사회적 지위를 유지하기 위하여 사마시 합격에 노력하였다. 하지만 무신란 이후에는 사마시 입격률도 현저히 저하되고 있었음을 확인할 수 있었다. 이와 같이 문과를 통해 중앙 관직에 진출하거나, 사마시 입격을 바탕으로 사회적 지위를 유지하기가 쉽지 않았던 것이 무신란 이후 경상도, 특히 합천 지역 지방양반의 실태였다. 이러한 가운데 이들은 자신들의 불명예를 씻고 사회적 지위를 향상시키거나 유지하기 위한 다른 노력을 경주하게 된다. 그 일례가 바로 지방양반들의 사회적 연대와 청원활동이다. 이러한 지방양반들의 활동을 확인하기 위하여 『양진당실기養眞堂實記』에 실려 있는 여러 자료를 중심으로 경상도 합천 지역 사족들의 실태를 살펴보았다. 특히 1728년 무신란 이후 지방양반들이 자신들의 사회적 지위를 지키기 위해 어떻게 연대하고 활동하였는지에 주목하였다. 그 중에서도 무신란의 합천陝川지역 주동자였던 조성좌曹聖佐의 가까운 친척이었던 양진당養眞堂 조한유曹漢儒와 그의 후손들, 그리고 이들과 연대한 경상도 지방양반들의 청원활동에 주목하였다. 합천陝川을 중심으로 한 경상도 지역 사족들은 무신란 이후 반역향으로 낙인찍혔다. 이로 인해 중앙 관직으로의 진출이 막히는 등 여러 가지 불이익을 당하고 있었다. 이에 이들은 자신들의 불명예를 씻고 사회적 지위를 유지할 수 있는 방법을 모색하였다. 이들은 무신란 이후 위축된 자신들의 사회적 지위와 위세를 지키고 회복하기 위하여 연대하여 청원 활동 등을 전개하였던 것이다. 그러한 노력의 일환이 양진당 조한유의 충의忠義에 대한 포증褒贈을 청원하는 연명상소聯名上訴였다. 『양진당실기』에 들어있는 내용으로 보아 무신란이 일어난 다음해인 1729년 기유년부터 합천을 중심으로 한 경상도 지방양반들이 여러 차례 연명정소聯名呈訴했던 것을 알 수 있다. 현재『양진당실기養眞堂實記』에는 지방양반들이 연명정소하면서 올린 9가지의 등장等狀이 남아 있다. 1824년의「향장鄕狀」과「도장道狀」, 1827년과 1833년, 그리고 1834년의「도장道狀」과 1874년의「수의장繡衣狀」과「도장」, 1878년의「수의장」, 그리고 1896년의「수의장」등이 그것이다. 이들 자료를 통해 1728년 무신란 이후 중앙정계로의 진출이 막히고, 사회적 위세가 약해진 지방양반의 실태를 확인할 수 있었다. 이들은 자신들의 사회적 위세를 회복하기 위해 상호 연대하였다. 또한 청원활동 등을 통해 자신들의 명예를 회복하기 위한 끊임없는 노력을 경주하였던 것이다. 이들은 이러한 청원활동을 통해 상호 연대하면서 자신들 의견을 결집하고 하였고, 집단 행동을 통한 威勢를 과시하였다. 이렇듯 조선후기 지방양반들은 자신들의 사회적 지위를 유지하기 위한 상호 연대하면서 청원 활동 등 다양한 노력을 끊임없이 전개하고 있었던 것이다.

제3부 제3장에서는 지방양반의 위상 변화와 대응 방식에 대하여 살펴

보았다. 조선후기 특히 19세기 세도정치기 지방양반들의 사회적 위상은
갈수록 약해지고 있었다. 이들이 전통적으로 가지고 있었던 '양반'이라는
신분적 우위는 관직에의 접근성이 약해짐에 따라 약화될 수밖에 없었다.
지방양반으로서의 향촌사회 지배력은 '수령-이·향 지배체제'의 확립과 '향
品鄕品'과 '신향新鄕' 등의 도전으로 분화되고 약화되었다. 이렇듯 약화된
위상 속에서 지방양반들은 일반 농민과 함께 또 다른 수탈의 대상으로 전
락하고 있었다. 그 대표적 사례가 1850년 전라도 보성寶城에서 발생한 '경
술사건庚戌事件'이다. 이 사건은 전라도 보성 지방의 지방양반들이 수령의
권분勸分에 대항하여 일으킨 집단 반발 사건이라고 할 수 있다. 이 사건을
통해서 우리는 당시 지방양반들의 위상이 어떻게 변화하고 있었는지를 알
수 있다. 지방양반들이 자신들의 권익을 지키기 위해 어떠한 자원들을 동
원할 수 있었고 실제 동원했는지도 파악할 수 있었다. 그리고 과거科擧 합
격자 분석을 통해 보성 지방 사족의 실태에 접근해 보았다. 조선시대 양
반이 신분을 획득하고 지배집단으로서의 지위를 유지하는 가장 확실한 방
법이 과거에 합격하여 관직을 갖는 것이기 때문이다. 하지만 19세기에 들
어 보성 거주자로 문과에 급제하는 경우는 매우 드물었다. 또한 사마시
입격률도 그리 높지 않았다. 이는 당시 지방 출신 사족이 문과에 급제하
여 관직에 오르기가 매우 어려웠으며, 향촌에서의 사회적 지위 유지에 유
리한 사마시 입격도 어려웠던 것을 보여 준다. 이것이 당시 지방양반의
현실적 모습이었던 것이다. 이러한 상황에서 지방양반들의 권익을 침해하
는 사건이 발생하는데 그것이 바로 '경술사건'이었다. 이 사건은 19세기
수령권의 권분을 통한 수탈 대상에서 사족도 예외가 아니었음을 보여 준
다. 이에 사족들은 자신들이 동원할 수 있는 모든 방법을 동원하여 자신
들의 권익을 지키고자 노력하였다. 보성의 사족들은 자신들의 이익이 위
협 당하자 향회鄕會와 등소等訴를 통해 자신들의 권익을 수호하고자 했다.
향회와 등소는 모두 조선왕조의 법질서 내에서 허용된 합법적인 방법이었

다. 동시에 이들은 자신들의 사회적 네트워크를 활용하였다. 이들의 사회적 네트워크를「양사제안養士齋案」과「향교유안鄕校儒案」과 같은 자료를 통해 확인할 수 있었다. 이와 같은 사회적 네트워크와 합법적 방법을 총동원하여 대응한 결과 군수는 처벌받고 사족들은 환포납부를 면하게 되었던 것이다. 그러나 이러한 결과에 만족하지 못했던 사족인 송형순宋亨純家에서는 이후에도 10여 년간 계속해서 정소呈訴 등을 통한 권리 구제 활동을 전개하였다. 더 나아가『경술록庚戌錄』이라는 기록을 통해 자신들을 정당화하고, 그 책임을 향리들에게 전가하기도 하였다.

이렇듯 19세기 지방양반들의 위상은 나날이 약해지고 있었다. 사족들 사이의 연대도 각자의 이해관계 속에 분열되었고, 일반 백성들의 지지도 이끌어내지 못하였다. 이 또한 19세기 지방양반의 정치·사회적 위상을 반영하는 것이었다. 그럼에도 불구하고 조선의 지방양반들은 약화된 사회적 위상 속에서 자신들의 권익을 수호하기 위하여 모든 수단을 강구하면서 고군분투하고 있었던 것이다.

참고문헌

제1부 제1장

1. 자료

『萬家譜』, 民昌文化社, 1992.

『萬姓大同譜』上·下, 1931.

『庚寅八月日 長城府靑衿案』

『蔚山金氏族譜』3冊, 1977.

『長城鄕校誌』, 호남문화사, 1992.

『全南의 鄕校』, 전라남도, 1987.

『幸州奇氏族譜』, 1957.

『黃州邊氏大同譜』, 1988.

서울대학교도서관 편, 『國朝人物考』3책, 서울대학교출판부, 1992.

와그너·송준호 편저, 『보주 문과방목 CD-ROM』,동방미디어주식회사, 2002.

한국정신문화연구원, 『CD-ROM 사마방목』, 서울시스템주식회사, 2001.

2. 단행본

김현영, 『조선시대의 양반과 향촌사회』, 집문당, 1999.

미야지마 히로시, 『나의 한국사 공부』, 너머북스, 2013.

미야지마 히로시/ 노영구 옮김, 『양반 – 역사적 실체를 찾아서』, 강, 2001.

송준호, 『조선사회사연구』, 일조각, 1987.

정진영, 『조선시대 향촌사회사』, 한길사, 1988.

존 B. 던컨 지음, 김범 옮김, 『조선 왕조의 기원』, 너머북스, 2013.

최진옥, 『조선시대 생원 진사 연구』, 집문당, 1998.

3. 논문

김용덕, 「鄕規硏究」『한국사연구』54, 1986.

김창현, 「조선초기 문과급제자의 출신 배경」『역사학보』제155, 1997.

김창현, 「조선초기 文科의 운영실태」『사학연구』제55·56합집, 1998.

미야지마 히로시, 「조선 후기 지배 계층의 재생산 구조」『한국사학보』제32호, 2008.

박지현, 「朝鮮後期 長城地方 士族의 動向」, 한국정신문화연구원, 석사학위논문, 1993.

박진철, 「조선후기 향교의 청금유생과 지방양반의 동향」『한국사학보』제25호, 2006.

박진철, 「조선시대 지방 거주 사족의 사회적 지위 유지 노력과 사마시」『이화사학 연구』41권, 2010.

송준호, 「이조생원·진사시의 연구」, 문교부학술연구보고서, 1969.

원창애, 「문과방목에 담긴 양반사회의 구조와 변화」『한국사 시민강좌』제46집, 2010.

이원명, 「조선조 '주요 성관' 문과급제자 성관분석 -『문과방목』을 중심으로 -」『사 학연구』제73호, 2004.

이종일, 「조선후기 사마방목의 분석」『법사학연구』제11호, 1990.

장재천, 〈조선시대 과거제도와 시험문화의 고찰〉, 〈〈한국사상과 문화〉〉제39집, 2007.

차장섭, 「조선후기 문과급제자의 성분」『대구사학』제47집, 1994.

최윤진, 「고창향교 동·서재 유생안에 대한 검토」『송준호교수 정년기념논총』, 1987.

한만봉·정덕희·김진욱, 「과거제도 시험주기의 정책 분석」『담론201』8-4, 2005.

한만봉·정덕희·김진욱, 「조선왕조 과거제도가 현대정책에 주는 의미」『공공정책 연구』제18호, 2005.

제1부 제2장

자료

『朝鮮王朝實錄』

『錦城蓮桂榜案』

『羅州上齋靑衿錄』

『羅州鄕校誌』
『續修羅州郡誌』
『國朝文科榜目』영인본 4권, 태학사, 1984.,
『司馬榜目』영인본 26권, 국학자료원, 1994.
와그너·송준호 편저, 『보주 문과방목 CD-ROM』, 동방미디어주식회사, 2002.₩
한국정신문화연구원, 『CD-ROM 사마방목』, 서울시스템주식회사, 2001.

2. 단행본

김현영, 『조선시대의 양반과 향촌사회』, 집문당, 1999.
송준호, 『이조생원·진사시의 연구』, 대한민국 국회도서관, 1970.
이성무, 『한국의 과거제도』, 집문당, 2000.
정진영, 『조선시대 향촌사회사』, 한길사, 1999.
최진옥, 『조선시대 생원진사연구』, 집문당, 1998.

3. 논문

김동수, 「조선시대 나주지방의 유력사족」『나주지방 누정문화의 종합적 연구』, 전
        남대학교출판부, 1988.
김창현, 「조선초기 문과의 운영실태」『사학연구』제55·56합집, 1998.
김창현, 「조선초기 문과급제자의 출신 배경」『역사학보』제155, 1999.
김현영, 「조선시기 '사족지배체제론'의 새로운 전망 - 16세기 경상도 성주지방을
        소재로 하여 - 」『한국문화』23, 1999.
미야지마 히로시, 「조선 후기 지배 계층의 재생산 구조」『한국사학보』제32호,
        2008.
박진철, 「조선시대 향직운영체계의 변화와 나주의 호장층」『이화사학연구』제31
        집, 2004.
박진철, 「조선후기 향교의 청금유생과 지방양반의 동향」『한국사학보』제25호,
        2006
우인수, 「정여립 역모사건의 진상과 기축옥의 성격」『역사교육논집』제12집,
        1988.
윤희면, 「조선후기 향교의 청금유생」『동아연구』17 , 1989.
원영환, 「조선시대 생원·진사시와 춘천사회의 특성」『강원문화사연구』제3집,

1998.

이남희, 「과거제도, 그 빛과 그늘」『오늘의 동양사상』 제18호, 2008.

이성임, 「16세기 양반사회의 "선물경제"」『한국사연구』 130, 2005.

이원명, 「조선조 '주요 성관' 문과급제자 성관분석 -『문과방목』을 중심으로-」『사학연구』 제73호, 2004.

이종일, 「조선후기 사마방목의 분석」『법사학연구』 제11호, 1990.

이창걸, 「조선중기 지배집단의 사회적 배경에 관한 연구」『한국사회학회 93년 후기사회학대회 발표논문』, 1993.

장재천, 「조선시대 과거제도와 시험문화의 고찰」『한국사상과 문화』 제39집, 2007.

전경목, 「조선후기 지방유생들의 수학과 과거 응시」『사학연구』 제88호, 2007.

차장섭, 「조선후기 문과급제자의 성분」『대구사학』 제47집, 1994.

최종택, 「여말선초 생원,진사」『사학연구』 제54호, 1997.

최진옥, 「조선시대 평안도의 생원 진사시 합격자 실태」『조선시대연구』 36, 2006.

한만봉·정덕희·김진욱, 「과거제도 시험주기의 정책 분석」『담론201』, 8-4 , 2005.

한만봉·정덕희·김진욱, 「조선왕조 과거제도가 현대정책에 주는 의미」『공공정책연구』 제18호, 2005.

제2부 제1장

자료

『靑衿案』(癸巳靑衿案, 1713)

『隨行案』(癸丑隨行案, 1733)

『靑衿案』(丙辰靑衿案, 1736)

『錦城蓮桂榜案』(1836)

『羅州上齋靑衿錄』(1836)

『靑衿案』(壬辰靑衿案, 1893)

『全南道靑襟案』(1921)

『羅州靑襟案』(1930)

『春秋契案』(1912)

『辛巳儒林案』(1941)

『羅州鄕校誌』
『續修羅州郡誌』
와그너·송준호 편저,『보주 문과방목 CD-ROM』, 동방미디어주식회사, 2002.
한국정신문화연구원,『CD-ROM 사마방목』, 서울시스템주식회사, 2001.

2. 단행본

강대민, 1998,『한국의 향교연구』, 경성대학교출판부, 1998.
윤희면,『조선후기 향교연구』, 일조각, 1990.
전라남도,『전남의 향교』, 1987.
정진영,『조선시대 향촌사회사』, 한길사, 1998.

3. 논문

강대민,「조선후기 향교의 재정적 기반」『부산사총』2, 1986.
고영진,「조선사회의 정치 사상적 변화와 시기구분」『역사와현실』18호, 1995.
김경옥,「조선후기 동성마을의 형성배경과 사족들의 향촌활동」『지방사와 지방문
    화』, 학연문화사, 2003.
김동수,「16~17세기 호남사림의 존재형태에 대한 일고찰」『역사학연구』7집,
    1977.
김동수,「조선시대 나주지방의 유력사족」『나주지방 누정문화의 종합적 연구』, 전
    남대학교출판부, 1988.
김성우,「조선사회의 사회 경제적 변화」『역사와현실』18호, 1995.
김용덕,「조선후기 향교 연구 - 호남을 중심으로 -」『한국사학』5, 1983.
김인걸,「조선후기 향안의 성격변화와 지방양반」『김철준박사화갑기념사학논총』,
    1983.
김인걸,「조선후기 향촌사회 권력구조 변동에 대한 시론」『한국사론』19, 1988.
김현영,「조선시기 '士族支配體制論'의 새로운 전망 - 16세기 경상도 星州地方을
    소재로 하여 -」『한국문화』23, 1999.
김호일,「조선후기 향교 조사보고」『한국사학』5, 1983.
김호일,「조선후기 향교 조사연구」『중앙사론』, 1985.
박진철,「조선시대 향직운영체계의 변화와 나주의 호장층」『이화사학연구』제31
    집, 2004.

박진철,「한말 나주읍 향리사회의 지속성과 변화」『대동문화연구』제51집., 2005.

송찬식,「조선 후기 교원생고」『국민대학 논문집:인문과학편』11, 1977.

오종록,「중세후기로서의 조선사회 – 조선사회의 성립을 중심으로」『역사와 현실』 18호, 1995.

윤희면,「朝鮮後期 鄕校校任」『이병도박사구순기념한국사학논총』, 1987.

윤희면,「朝鮮後期 鄕校의 靑衿儒生」『동아연구』제17집, 서강대 동아연구소, 1989.

이범직,「조선 전기의 교생신분」『한국사론』3, 1976.

이성무,「조선초기의 향교」『한파 이상옥박사 회갑기념논문집』, 1969.

이정우,「조선후기 在地士族의 동향과 儒林의 향촌지배 – 전라도 錦山郡 書院·鄕 校의 치폐와 古文書類의 작성을 중심으로 –」『조선시대사학보』7, 1998.

정승모,「書院·祠宇 및 鄕校 組織과 地域社會體系(上)」『태동고전연구』제3집, 1987.

정승모,「書院·祠宇 및 鄕校 組織과 地域社會體系(下)」『태동고전연구』제5집, 1989.

정진영,「조선후기 향촌 양반사회의 지속성과 변화상(1)」『대동문화연구』35집, 1999.

최영호,「幼學·學生·校生考 – 17세기 身分構造의 변화에 대하여 –」『역사학보』 제101집, 1984.

최윤진,「高敞鄕校 東·西齋 儒生案에 대한 檢討」『송준호교수 정년기념논총』, 1987.

한동일,「조선시대 향교의 교생에 관한 연구」『인문과학』10, 1981.

제2부 제2장

자료

『鄕案 一(萬曆三十年正月日順天府儒鄕座目)』(1605)

『鄕案 二(天啓三年五月日順天府儒鄕座目)』(1623)

『鄕案 三(庚辰七月十九日順天府儒鄕座目)』(1640)

『鄕案 四(庚辰十月二十六日順天府儒鄕座目)』(1640)

『鄕案 五(癸未八月初七日順天府儒鄕座目)』(1643)

『鄕案　六(己酉六月十五日順天府儒鄕座目)』(1669)

『鄕案　七(甲戌三月二十六日順天府儒鄕座目)』(1694)

『鄕案　八(辛丑四月二十九日庚辰八月初十日案復籍鄕案)』(1721)

『鄕案　九(辛丑四月二十九日庚辰十月日案復籍座目)』(1721)

『鄕執綱案(雍正十年壬子十二月初十日鄕執綱案)』(1732)

『執綱案(己巳十月初四日執綱案)』(1749)

『鄕校執綱案』1·2

『順天執綱案』(1962)

『辛丑九月日儒案』(1661)

『甲辰九月日別儒案』(1664)

『丁未五月日別儒案』(1667)

『戊午八月日靑衿錄』(1678)

『壬申三月日順天府靑衿錄』(1692)

『癸酉六月日順天府靑衿錄』(1693)

『乙亥八月日順天府靑衿錄』(1695)

『丁丑五月日順天府靑衿隨行案』(1697)

『己卯十二月日順天府靑衿隨行案』(1699)

『己卯十二月日順天府老儒案』(1699)

『辛巳三月日順天府靑衿隨行案』(1701)

『壬午五月日順天府老儒案』(1702)

『乙未四月日順天府別儒案』(1715)

『癸卯六月日順天府靑衿隨行案』(1723)

『癸卯六月日順天府別案』(1723)

『丙午十二月日靑衿案』(1726)

『丙午十二月日靑衿隨行案』(1726)

『丙午十二月日靑衿赴擧案』(1726)

『丙午正月日鄕校儒生案』(1726)

『乙卯八月日順天縣靑衿隨行案』(1735)

『乙卯八月日順天縣靑衿赴擧案』(1735)

『辛酉五月日順天府儒案』(1741)

『壬戌四月日順天府靑衿隨行案』(1742)

『庚午正月日順天府靑衿隨行案』(1750)

『丁丑九月日順天府靑衿赴擧案』(1757)

『辛巳三月日順天府靑衿隨行案』(1761)

『庚子十二月日鄕校移建願納儒生案』(1780)

『丁丑八月日鄕校祭服願納儒生案』(1817)

『癸未十二月日鄕校齋服儒生案』(1823)

『戊子十月日鄕校祭服願納儒生案』(1828)

『庚子三月日鄕校齋服儒案』(1840)

『壬寅十一月日鄕校祭服儒生案』(1842)

『壬寅十一日鄕校齋服儒生案』(1842)

『己酉四月日鄕校西齋儒生案』(1849)

『己酉四月日鄕校齋服儒生案』(1849)

『乙卯正月日鄕校西齋儒生案』(1855)

『癸酉二月日元案儒生案』(1873)

『癸酉二月日祭服儒生案』(1873)

『丙子二月日祭服儒生案』(1876)

『辛巳二月日鄕校齋服儒生案』(1881)

2. 단행본

김용덕, 『향청연구』, 한국연구원, 1978.

김현영, 『조선시대의 양반과 향촌사회』, 집문당, 1999.

윤희면, 『조선후기 향교연구』, 일조각, 1990.

3. 논문

강대민, 「북도지방의 양사기구에 관한 소고」『정신문화연구』17권4호, 1994.

김인걸, 「조선후기 향촌사회 권력구조 변동에 대한 시론」『한국사론』9, 1988.

박진철, 「조선후기 향교의 청금유생과 지방양반의 동향」『한국사학보』제25호, 2006.

순천향교, 「자료편」『순천향교사』, 2000.

윤희면, 「양사재의 설립과 운영실태」『정신문화연구』17권4호, 1994.

윤희면, 「순천향교의 설립과 그 변천과정」『순천향교사』, 순천향교, 2000.

이해준, 「조선후기 신분제의 동요」『순천시사 - 정치·사회편』, 순천시사편찬위원회, 1997.

정순우, 「조선후기 양사재의 성격과 교육활동」『정신문화연구』17권4호, 1994.

정승모, 「사원·사우 및 향교 조직과 지역사회체계(하)」『태동고전연구』제5집,
1989.

정승모, 「향집강안을 통해 본 조선 후기 순천이 향권추이」『순천향교사』, 순천향
교, 2000.

정진영, 「조선후기 양사재의 성격 - 수령권과의 관계를 중심으로 - 」『정신문화연
구』17권4호, 1994.

정진영, 「1894년 농민전쟁기 향촌지배층의 동향」『1894년 농민전쟁연구 5』, 역사
비평사, 1997.

조원래, 「승평지해제」『승평지』, 순천대학 남도문화연구소, 1988.

조원래, 「조선 전기 순천지방의 신흥사족과 향중인물」『순천향교사』, 순천향교,
2000.

제2부 제3장

자료

『崇禎紀元後甲戌四月日長興府校上奴婢案』

『崇禎紀元後己卯十一月長興府校上奴婢案』

『崇禎紀元後三甲子三月日長興府校上奴婢案』

『癸酉十二月推刷奴婢案』

『癸酉年推刷秩』

『朝鮮王朝實錄』

『經國大典』

『續大典』

2. 단행본

김석형, 『朝鮮封建時代 農民의 階級構成』,과학원출판사, 1957(신서원 재편집본,
1993)

김용만, 『朝鮮時代 私奴婢研究』, 집문당, 1997.

김재득 편, 『고문헌용어해례』, 배영사, 1982.

四方 博, 『朝鮮社會經濟史硏究』, 圖書刊行會, 1976.

손병규, 『호적』, 휴머니스트, 2007.

안승준, 『조선전기 私奴婢의 사회 경제적 성격』, 경인문화사, 2007.

이상백, 『한국사』 근세전기편, 을유문화사, 1962.

이영훈, 『朝鮮後期 社會經濟史』, 한길사, 1988.

전라남도, 『전남의 향교』, 1987.

전형택, 『조선후기노비신분연구』, 일조각, 1989.

지승종, 『조선전기 노비신분연구』, 일조각, 1995.

최재석, 『한국가족연구』, 1982.

최재석, 『한국가족제도사연구』, 일지사, 1996.

平木實, 『朝鮮後期奴婢制研究』, 지식산업사, 1982.

허흥식, 『高麗社會史研究』, 일조각, 1983.

3. 논문

권기중, 「18세기 단성현 관노비의 존재형태」 『한국사연구』 131, 2005.

김경숙, 「16, 17세기 노양처병산법」 『역사와 현실』 67, 2008.

김성우, 「16세기 良少賤多현상의 발생과 국가의 대응」 『경제사학』 제29호, 2000.

김안숙, 「효종년간 노비추쇄도감설치의 배경과 성격」 『嶠南史學』 2, 영남대학교 국사학회, 1986.

김용만, 「朝鮮中期 私奴婢 硏究」, 영남대 박사학위논문, 1990.

문숙자, 「조선후기 노비 家系와 婢-筆岩書院 〈奴婢譜〉의 분석의 통하여-」 『여성과 역사』 제11집, 2009.

문숙자, 「16-17세기 兩班家 노비 가족의 존재 형태」 『고문서연구』 제32호, 2008,

문숙자, 「18~19세기 재령이씨가 호구단자를 통해 본 노비 가계」 『장서각』 제21집, 2009.

박노욱, 「조선시대 고문서상의 용어검토-토지·노비문기를 중심으로-」 『동방학지』, 1990.

박용숙, 「조선후기향촌사회연구」, 경북대학교 대학원 사학과 박사학위논문, 1986.

박진철, 「조선후기 순천 지방양반의 향촌지배 실태와 동향」 『담론201』 제10권 1호, 2007.

박진철, 「朝鮮後期 鄕校의 靑衿儒生과 在地士族의 動向」『한국사학보』제25호, 2006.

四方博, 「李朝人口に關する身分階級別的觀察」『朝鮮經濟の研究』第三, 東京帝國大學法學會, 1938.

四方博, 「李朝人口に關する一研究」『朝鮮社會法制史研究』, 東京帝國大學法學會, 1937,

신인선, 「조선 후기 사노비의 존재양상」, 인하대학교 교육대학원 석사학위논문, 2010.

양영조, 「여말선초 양천교혼과 소생에 관한 연구」『청계사학』3, 1986.

윤희면, 「조선후기 향교의 경제기반」『한국사연구』제61·62호, 1988.

이상백, 「賤者隨母法－양천교혼출생자의 신분귀속문제」『진단학보』26·27·28, 1964.

이성무, 「조선시대 노비의 신분적 지위」『한국사학』9집, 1988.

이성무, 「조선초기 노비의 종모법과 종부법」『역사학보』115, 1987.

이영훈, 「古文書를 통해 본 朝鮮時代 奴婢의 經濟的 性格」『한국사학』9, 1987.

이영훈, 「조선사회 率居·外居 구분 재고」『秋堰權丙卓화갑기념논총 한국근대경제사 연구의 성과』2, 1989.

이영훈, 「한국사에 있어서 奴婢制의 추이와 성격」『노비·농노·노예－예속민의 비교사』, 일조각, 1998.

이장희, 「노비제의 붕괴」『한국사』15, 국사편찬위원회, 1976.

이해준, 「朝鮮後期 湖西地方 兩班家 奴婢所有 實態」『佳洋林湖洙教授華甲紀念論文集(湖西史學 제8·9집)』, 1981,

임상혁, 「1586년 이지도·다물사리의 소송으로 본 노비법제와 사회상」『법사학연구』제36호, 2007.

전형택, 「조선 후기의 私奴婢 정책」『성곡논총』18, 1987.

정현재, 「조선초기의 노비법제」『경상사학』2, 1986.

지승종, 「조선전기 노비신분에 대한 사회사적 연구」, 서울대 박사학위논문, 1993.

한상권, 「15세기 노양처교혼의 정책과 교혼실태」『고문서연구』29, 2006.

한영국, 「조선중엽의 노비결혼양태(상)」『역사학보』75·76합집, 1977.

한영국, 「조선중엽의 노비결혼양태(하)」『역사학보』77집, 1978.

제3부 제1장

1. 자료

『天啓六年丁卯(一六二七) 十二月 日 鄕案』

『仁祖十七年己卯(一六三九) 九月二日 鄕案』

『孝宗七年 丙申(一六五六) 十一月二十七日 鄕案』

『孝宗八年 丁酉(一六五七) 六月 日 鄕案』

『肅宗二十年甲戌(一六九四) 二月 日 鄕案』

『辛未二月 日 靑衿儒案』(1691년 숙종17)

『癸酉八月 靑衿老儒』(1693년 숙종19)

『戊戌七月 日 靑衿儒案』(1718년 숙종44)

『辛丑三月 日 靑衿儒案』(1721년 경종원)

『乙巳四月 日 靑衿儒案』(1725년 영조원)

『壬子二月 日 靑衿儒案』(1732년 영조8)

『艮田面幼學案』『界寺面幼學案 明倫堂重修幼學收錢案』

『馬山面幼學案(甲申十月日) 明倫堂重修鳩財案』

『文尺面幼學案(甲申十月日)』－崇禎紀元後四 歲在甲申十月日 明倫堂重修

『放光面幼學案(甲申臘月日) 甲申月日 明倫堂重修幼學名帖』

『龍川面幼學案(甲申十月)』－歲在甲申十月日 明倫堂重修

『吐旨面幼學名帖案(甲申十月日)』

『縣內面幼學名案(甲申十月十七日)』

『靑衿契名案 崇禎後二百十一年己亥』(憲宗五年, 1839)

『靑衿契名案 崇禎二百二十年甲戌』(憲宗十四年, 1848)

『靑衿契改案 名案 丁巳』(哲宗八年, 1857)

『世宗實錄地理志』

2. 단행본

『求禮郡誌』上, 구례군지편찬위원회, 2005

『구례향교지』, 구례향교지편찬위원회, 1990.

『전남향교문화사』하, 전라남도향교재단, 2004.

『戶口總數』, 서울大學校奎章閣, 1996.

권경안, 『큰산아래사람들－구례의 역사와 문화』, 향지사, 2000.

김현영, 『조선시대의 양반과 향촌사회』, 집문당, 1999.

손병규, 『호적』, 휴머니스트, 2007.

와그너·송준호 편저, 『보주 문과방목 CD-ROM』, 동방미디어주식회사, 2002.

윤희면, 『조선후기 향교연구』, 1990.

이해준, 김인걸 외, 『조선후기 사회사 연구법』,한국정신문화연구원, 1993.

전경목, 『고문서를 통해서 본 우반동과 우반동 김씨의 역사』, 신아출판사, 2001.

전라남도, 『전남의 향교』, 1987.

정진영, 『조선시대 향촌사회사』, 한길사, 1998.

한국역사연구회, 『조선시기 향촌사회사 연구의 성과와 전망』, 1998.

한국정신문화연구원, 『CD-ROM 사마방목』, 서울시스템주식회사, 2001.

3. 논문

강대민, 「한말 향교유림의 동향 연구 – 영남지방의 향교를 중심으로 – 」『부산사학』 17, 1989.

金恩英, 「朝鮮後期 求禮 開城王氏家門의 成長과 顯祖 顯揚活動」, 전남대학교 대학원 사학과 석사학위논문, 2006.

김경옥, 「조선후기 동성마을의 형성배경과 사족들의 향촌활동」『지방사와 지방문화』, 학연문화사, 2003.

김용덕, 「조선후기 향교 연구 – 호남을 중심으로 – 」『한국사학』 5, 1983.

김용덕, 「조선후기 향교연구」『한국사학』 5, 1983.

김은영, 「조선후기 구례 개성왕씨가의 고문서 검토」『고문서연구』 제31호, 2007

김준형, 「향안입록을 둘러싼 경남 서부지역 사족층의 갈등 – 진주향안을 중심으로」 『조선시대사학보』 33, 2005.

김호일, 「조선 후기 향교 조사연구」『중앙사론』 4, 1985.

김호일, 「조선후기 향교 조사보고」『한국사학』 5, 1983.

미야지마 히로시, 「조선 후기 지배 계층의 재생산 구조」『한국사학보』 제32호, 2008.

朴眞哲, 「朝鮮時代 地方 居住 士族의 社會的 地位 維持 努力과 司馬試 – 羅州 居住 司馬試 入格者 實態 分析을 中心으로 – 」『이화사학연구』 41집, 2010.

박진철, 「조선후기 향교의 청금유생과 지방양반의 동향」『한국사학보』 제25호, 2006.

송준호, 「조선의 양반제를 어떻게 이해할 것인가」『조선사회사연구』, 일조각, 1987.

송찬식, 「조선 후기 교원생고」『국민대학 논문집:인문과학편』 11, 1977.

안광호, 「朝鮮後期 求禮 五美洞 文化柳氏의 移住와 定着 過程」『조선시대사학보』 30, 2004.

윤희면, 「조선후기 향교의 청금유생」『동아연구』 17, 1989.

이범직, 「조선 전기의 교생신분」『한국사론』 3, 1976.

이성무, 「조선초기의 향교」『한파 이상옥박사 회갑기념논문집』, 1969.

이정우, 「19-20세기초 공주지방 유림의 동향과 향촌활동의 성격변화－서원, 향교의 운영과 고문서류의 작성을 중심으로－」『충북사학』 11, 12합집, 2000.

이정우, 「조선후기 지방양반의 동향과 유림의 향촌지배－전라도 금산군 서원, 향교의 치폐와 고문서류의 작성을 중심으로－」『조선시대사학보』 7, 1998.

이정우, 「조선후기 회덕지역 사족의 향촌지배 연구」, 충남대 박사학위논문, 1997.

이창걸, 「조선중기 지배집단의 사회적 배경에 관한 연구」『한국사회학회 93년 후기사회학대회 발표논문』, 1993.

전경목, 「조선말기 어느 窯戶富民家의 身分上昇을 위한 노력－전라도 구례현의 ‘절골김씨’ 고문서를 중심으로－」『호남문화연구』 31, 2002.

정승모, 「書院·祠宇 및 鄕校 組織과 地域社會體系(上)」『태동고전연구』 제3집, 1987.

정진영, 「4장 양반들의 생존 전략에서 얻은 통찰: 조선의 유교적 향촌 공동체」『500년 공동체를 움직인 유교의 힘』, 글항아리, 2013.

최승희, 「조선후기〈유학〉·〈학생〉의 신분사적 의미」『국사관논총』 1, 국사편찬위원회, 1989.

최승희, 「조선후기 양반의 사환과 가세변동」『한국사론』 19, 1989.

최영호, 「유학·학생·교생고」『역사학보』 101, 1984.

최윤진, 「高敞鄕校 東·西齋 儒生案에 대한 檢討」『송준호교수 정년기념논총』, 1987.

한동일, 「조선시대 향교의 교생에 관한 연구」『인문과학』 10, 1981.

제3부 제2장

1. 자료

『朝鮮王朝實錄』

『承政院日記』
『經國大典』
『大明律』
『養眞堂實記』

2. 단행본

최진옥, 『조선시대 생원진사연구』, 집문당, 1998, 204족 〈표5-13〉 참조.

와그너·송준호 편저, 『보주 문과방목 CD-ROM』, 동방미디어주식회사, 2002.

한국정신문화연구원, 『CD-ROM 사마방목』, 서울시스템주식회사, 2001 참조.

강성위 역, 『養眞堂實記國譯本』, 도서출판 한림원, 2008 참조.

이원명, 『조선시대 문과급제자 연구』, 국학자료원, 2004.

3. 논문

고수연, 「『戊申倡義錄』을 통해 본 18, 19세기 嶺南 南人의 정치동향」 『역사와 담론』 제65집, 2013.

고수연, 「1728년 무신란과 청주지역 사족동향」, 충북대학교대학원사학과 박사학위논문, 2008.

고수연, 「1728년 湖西地域 戊申亂의 叛亂軍 성격」 『역사와 실학』 44, 2011.

김경숙, 「15세기 정소(呈訴) 절차와 관찰사의 역할」 『역사와 현실』 59, 2006.

김경숙, 「等狀을 통해 본 조선후기 聯名呈訴와 公論 형성」 『규장각』 36, 2010.

김창현, 「조선초기 문과급제자의 출신 배경」 『역사학보』 제155, 1997.

김학수, 「葛庵 李玄逸 研究－政治活動을 중심으로－」 『朝鮮時代史學報』 4, 1998.

박노석, 「조선시대 전주출신의 문과 급제자 현황」 『전북사학』 제30호, 2007.

박진철, 「19세기 조선 지방양반의 위상 변화와 권익 수호 방식」 『한국민족문화』 49집, 2013.

박진철, 「향교 문서를 통해 본 조선후기 지방양반의 실태와 사회적 연대」 『영남학』 제26호, 2014.

박진철, 「조선시대 지방 거주 사족의 사회적 지위 유지 노력과 사마시」 『이화사학연구』 제41집, 2010.

설석규, 「拙齋 柳元之의 理氣心性論 辨說과 政治的 立場」 『朝鮮史研究』 6, 1997.

신항수, 「17세기 중반 洪汝河의 田制認識」『韓國思想史學』8, 1997.

신항수, 「17세기 후반 嶺南 南人學派의 經世論」, 고려대학교 석사학원논문, 1993.

오갑균, 「영조 무신란에 관한 고찰」『역사교육』21, 1977.

우인수, 「17世紀 初半 政局下 旅軒 張顯光의 位相」『旅軒 張顯光의 學文과 思想』, 금오공과대학교 선주문화연구소, 1994.

우인수, 「18세기 초 鄭萬陽·葵陽 兄弟의 改革論」『이수건교수 정년기념 한국중세사논총』, 2000

우인수, 「立齋 鄭宗魯의 嶺南南人 學界內의 位相과 그의 現實 對應」『東方漢文學』25, 2003.

우인수, 「塤·篪叟 鄭萬陽·葵陽 형제의 시대와 그들의 현실 대응」『동방한문학』제28집, 2005.

우인수, 「塤叟 鄭萬陽의 土地制度 改革論」『退溪學과 韓國文化』35-2, 2004.

李根浩, 「英祖代 戊申亂 이후 慶尙監司의 收拾策」『영남학』제17호, 2010.

이근호, 「조선후기 남인계 가문의 정치 사회적 동향-한음 이덕형 가문을 중심으로-」『역사와 담론』제69집, 2014.

이상옥, 「영조 무신란의 연구」『우석사학』2, 1969.

이수건, 「晩學堂裵尙瑜硏究」『嶠南史學』5, 1990.

이수건, 「密菴 李栽 家門과 嶺南學派」『密菴 李栽硏究』, 영남대학교 출판부, 2001.

이수건, 「旅軒 張顯光의 政治社會思想」『嶠南史學』6, 1994.

李樹健, 「正祖朝 嶺南萬人疏」『嶠南史學』1, 1985.

이수건, 「朝鮮後期 '嶺南'과 '京南'의 提携」『민족사의 전개와 그 문화(상)』, 이우성교수정년기념논총, 1990.

이수건, 「朝鮮後期 嶺南儒疏에 대하여」『李丙燾九旬紀念韓國史學論叢』, 1987.

이우성, 「지방토호 대 중앙권력층의 투쟁」『경상남도지』상, 1959.

이우성, 「初期實學과 性理學의 關係-磻溪 柳馨遠의 경우-」『동방학지』58, 1988.

이원균, 「英祖 戊申亂에 對」하여-嶺南의 鄭希亮亂을 중심으로-」『釜山史學』2, 1971.

이재철, 「18世紀 慶尙右道 士林과 鄭希亮亂」『大邱史學』31, 1986.

이재철, 「朝鮮後期 大邱地域 西人勢力의 動向」『대구사학』76, 2004.

이종범, 「1728년 무신란의 성격」, 연세대학교사학과 석사학위논문, 1984.

이종범, 「여러 지역 항쟁과 '무신란'」『한국사』36, 국사편찬위원회, 1997.

이태진, 「18세기 南人의 정치적 쇠퇴와 嶺南地方」『민족문화논총』11, 1990.

정만조, 「肅宗後半~英祖初의 政局과 密菴 李栽의 政治論」『密菴 李栽研究』, 영남대학교 출판부, 2001.

정진영, 「19세기 후반 영남유림의 정치적 동향」『지역과 역사』4, 1997.

정호훈, 「17세기 후반 영남남인학자의 사상－이현일을 중심으로－」『역사와 현실』13, 1994.

차장섭, 「조선후기 문과급제자의 성분」『대구사학』제47집, 1994.

최종택, 「여말선초 생원,진사」『사학연구』제54호, 1997.

한만봉·정덕희·김진욱, 「과거제도 시험주기의 정책 분석」『담론201』8-4, 2005.

제3부 제3장

1. 자료

『朝鮮王朝實錄』

『日省錄』

『備邊司謄錄』

『庚戌錄』

「養士齋安」

「鄕校儒案」

와그너·송준호 편저, 『보주 문과방목 CD-ROM』, 동방미디어주식회사, 2002.

한국정신문화연구원, 『CD-ROM 사마방목』, 서울시스템주식회사, 2001.

2. 단행본

고석규, 『19세기 조선의 향촌사회연구』, 서울대출판부, 1998.

김덕진, 『조선후기 지방재정과 잡역세』, 국학자료원, 1999

김현영, 『조선시대의 양반과 향촌사회』, 집문당, 1999.

미야지마 히로시, 『나의 한국사 공부』, 너머북스, 2013.

寶城郡史編纂委員會, 『寶城郡史』, 全日實業(株)出版局, 1995.

薛錫圭, 『朝鮮時代 儒生上疏와 公論政治』, 도서출판 선인, 2002.

손병규, 『조선왕조 재정시스템의 재발견－17~19세기 지방재정사 연구』, 역사비평사, 2008.

송찬섭, 『朝鮮後期 還穀制改革研究』, 서울대출판부, 2002.

이훈상, 『全訂 조선후기의 향리』, 일조각, 1998.

전라남도, 『전남의 향교』, 1987

정약용, 『譯註 牧民心書』II, 창작과비평사, 1995.

정약용, 『譯註 牧民心書』IV, 창작과비평사, 1993.

정진영, 『조선시대 향촌사회사』, 한길사, 1988.

최진옥, 『조선시대 생원 진사 연구』, 집문당, 1998

3. 논문

고동환, 「19세기 부세운영의 변화와 그 성격」『1894년 농민전쟁연구 1』, 역사비평사, 1991.

고석규, 「19세기 전반 향촌사회 지배구조의 성격 - '수령 - 이·향수탈구조'를 중심으로」『외대사학』 2, 1989.

고석규, 「19세기 전반 향촌사회세력 간 대립의 추이 - 경상도 영양현을 중심으로」『국사관논총』 8, 1989.

권기중, 「『부역실총』에 기재된 지방재정의 위상」『역사와 현실』 70, 2008.

권기중, 「향리에 대한 기억과 편견, 그리고 역사교육」『사림』 제32호, 2009.

김경숙, 「16세기 請願書의 처리절차와 議送의 의미」『고문서연구』 24, 2004.

김경숙, 「等狀을 통해 본 조선후기 聯名呈訴와 公論 형성」『규장각』 36, 2010.

김경숙, 「조선후기 山訟 所志類의 文書樣式과 分類」『규장각』 25, 2002.

김동수, 「조선시대 나주지방의 유력사족」『나주지방 누정문화의 종합적 연구』, 전남대학교출판부, 1988.

김용섭, 「조선후기의 민고와 민고전」『동방학지』 23·24합집, 1980.

김인걸, 「조선후기 향촌사회 변동에 관한 연구 - 18, 19세기 '향권' 담당층의 변화를 중심으로」, 서울대 박사학위논문, 1991.

김창현, 「조선초기 문과급제자의 출신 배경」『역사학보』 제155, 1997.

김창현, 「조선초기 문과의 운영실태」『사학연구』 제55·56합집, 1998.

김현영, 「조선시대 향촌사회사연구의 새로운 진전을 위하여」『역사와 현실』 4, 1990.

미야지마 히로시, 「조선 후기 지배 계층의 재생산 구조」『한국사학보』 제32호, 2008.

박노석, 「조선시대 전주출신의 문과 급제자 현황」『전북사학』 제30호, 2007.

박진철, 「조선시대 지방 거주 사족의 사회적 지위 유지 노력과 사마시」 『이화사학연구』 제41집, 2010.

방기중, 「17·18세기 전반 금납조세의 성립과 전개」 『동방학지』 45, 1984.

방기중, 「조선후기 군역세에 있어서 금납조세의 성립과 전개」 『동방학지』 50, 1986.

손병규, 「조선후기 재정구조와 지방재정운영 – 재정 중앙집권화와의 관계」 『조선시대사학보』 25, 2003.

송 복, 「양반체제의 지배 지속성: 중인계급의 구성과 기능을 중심으로」 『사회계층 : 이론과 실제』, 서울대 사회학연구회편, 다산출판사, 1991.

송양섭, 「조선시대 관권과 사족, 타협과 충돌」 『역사비평』 65, 2003.

沈永煥, 「朝鮮時代 所志類의 着官 研究」 『藏書閣』 14집, 2005.

안병욱, 「19세기 부세의 도결화와 봉건적 수취체제의 해체」 『국사관논총』 7, 국사편찬위원회, 1989.

안병욱, 「조선후기 자치와 저항조직으로서의 '향회'」 『성심여자대학논문집』 18, 1986.

양진석, 「18, 19세기 환곡에 관한 연구」 『한국사론』 21, 1989.

원영환, 「조선시대 생원·진사와 춘천사회의 특성」 『강원문화사연구』 제3집, 1998.

이남희, 「과거제도, 그 빛과 그늘」 『오늘의 동양사상』 제18호, 2008.

이성임, 「16세기 양반사회의 "선물경제"」 『한국사연구』 130, 2005.

이세영, 「19세기 농촌사회의 계급구조 – 富民·饒戶의 願納기록을 중심으로 – 」 『한신논문집』 제8집, 1991.

이세영, 「조선후기의 勸分과 富民의 실태」 『역사문화연구』 제34집, 2009.

이수건, 「정조조의 영남만인소」 『남명학』 창간호, 영남대 국사학과, 1985.

이수건, 「조선후기 영남유소에 대하여」 『이병도박사구순기념한국사학논총』, 1987.

이종범, 「1728년 무신란의 성격」 『조선시대 정치사의 재조명』, 범우사, 1985.

이종일, 「조선후기 사마방목의 분석」 『법사학연구』 제11호, 1990.

이창걸, 「조선중기 지배집단의 사회적 배경에 관한 연구」 『한국사회학회 93년 후기사회학대회 발표논문』, 1993.

장동표, 「조선후기 민고 운영의 성격과 운영권」 『이우성교수정년기념논총』, 1990.

정진영, 「16, 17세기 지방양반의 향촌지배구조와 성격」 『역사와 현실』 3, 1989.

정진영, 「18, 19세기 사족의 촌락지배와 그 해체과정」 『조선후기 향약연구』, 민음사, 1990.

정진영, 「19세기 향촌사회 지배구조와 대립관계」『1894년 농민전쟁연구 1』, 역사
　　　비평사, 1991.

차장섭, 「조선후기 문과급제자의 성분」『대구사학』 제47집, 1994.

최종택, 「여말선초 생원, 진사」『사학연구』 제54호, 1997.

최진옥, 「조선시대 평안도의 생원 진사시 합격자 실태」『조선시대연구』 36, 2006

한상권, 「조선후기 향촌사회와 향촌사회조직 연구현황」『한국 중세사회 해체기의
　　　제문제』(하), 1987.

한만봉·정덕희·김진욱, 「과거제도 시험주기의 정책 분석」『담론201』 8-4, 2005.

한영국, 「호서에 실시된 대동법」(하), 『역사학보』 14, 1961.

한영국, 「호서에 실시된 대법－호서대동법과의 비교 및 첨보－」(완), 『역사학보』
　　　24, 1964.

찾아보기

박진철

저자 박진철은 경희대학교 사학과를 졸업하고 같은 학교에서 석사학위를 원광대학교에서 박사학위를 받았다. 조선대, 원광대, 광주대, 동신대, 열린사이버대학교 등에서 강의하였으며 성균관대학교 대동문화연구원 연구교수를 거쳐 현재 조선대학교 자유전공학부 교수로 재직하고 있다.

논문으로는 「朝鮮 末期 ‘重記’ 資料를 通해 본 安東鎭과 그 屬邑의 軍備 實態」(2017), 「朝鮮時代 科擧 合格者를 通해 본 在地士族의 實態」(2015), 「조선후기 재지사족의 존재 실태와 청원 활동」(2015), 「鄕校 文書를 通해 본 朝鮮後期 在地士族의 實態와 社會의 連帶」(2014), 「19世紀 朝鮮 在地士族의 位相 變化와 權益 守護 方式」(2013), 「17世紀 朝鮮 長興 鄕校의 校奴婢 實態」(2012), 「朝鮮時代 地方 居住 士族의 社會의 地位 維持 努力과 司馬試」(2010), 「古文書로 본 17世紀 朝鮮 水軍 軍船의 武器體系」(2009), 「1693년 ‘重記’를 通해 본 全羅道 羅州 牧의 軍備 實態」(2009), 「日帝下 羅州郡 社會主導層의 實態와 動向」(2007), 「朝鮮後期 順天 在地士族의 鄕村支配 實態와 動向」(2007), 「朝鮮後期 鄕校의 靑衿儒生과 在地士族의 動向」(2006), 「韓末 羅州邑 鄕吏社會의 持續性과 變化」(2005), 「朝鮮時代 羅州 地方 吏胥의 組織과 擔當 家系」(2005), 「朝鮮時代 鄕職運營體系의 變化와 羅州의 戶長層」(2004) 외에 여러 편이 있다.

저서로는 『朝鮮時代 鄕吏層의 持續性과 變化』(2007), 『저항과 지향』(2011), 『한국사의 시공』(2012) 등이 있고, 공저로 『한말 일제하 나주지역의 사회변동 연구』(2008)가 있다.

朝鮮時代 地方兩班의 存在樣相

초판 1쇄 인쇄 ㅣ 2017년 12월 13일
초판 1쇄 발행 ㅣ 2017년 12월 20일

지 은 이   박진철

발 행 인   한정희
발 행 처   경인문화사
총 괄 이 사   김환기
편   집   김지선 한명진 박수진 유지혜
마 케 팅   김선규 하재일 유인순
출 판 번 호   제406-1973-000003호
주   소   파주시 회동길 445-1 경인빌딩 B동 4층
전   화   031-955-9300 팩   스   031-955-9310
홈 페 이 지   www.kyunginp.co.kr
이 메 일   kyungin@kyunginp.co.kr

ISBN   978-89-499-4320-6 93910
값 23,000원